Graciliano Ramos:

A MELANCOLIA E AS IRONIAS DA MEMÓRIA

Graciliano Ramos:

A MELANCOLIA E AS IRONIAS DA MEMÓRI

ANA MARIA ABRAHÃO S. OLIVEIR

Coordenação Editorial: Sálvio Nienkötter
Editor executivo: Claudecir de Oliveira Rocha
Editor adjunto: Daniel Osiecki / João Lucas Dusi
Capa: Paula Villa Nova
Arte da capa: Amanda Abrahão
Produção: Cristiane Nienkötter
Diagramação: Caroline Costa e Silva

Dados internacionais de catalogação na Publicação (CIP)
Angelica Ilaqua CRB-8/7057

S. Oliveira, Ana Maria Abrahão.
Graciliano Ramos : a melancolia e as ironias da memória / Ana Maria Abrahão S. Oliveira. 2ª ed. - Curitiba : Kotter Editorial, 2022.
244 p.

ISBN 978-65-5361-066-8

1. Ramos, Graciliano, 1892-1953 - Crítica e interpretação. I. Título "Graciliano Ramos: a melancolia e as ironias da memória"

22-1612 CDD B869.939

KOTTER EDITORIAL

Kotter Editorial
Rua das Cerejeiras, 194
82700-510 | Curitiba - PR
+55 41 3585-5161
www.kotter.com.br | contato@kotter.com.br

Feito o depósito legal
2ª edição
2022

Para minha mãe, Regina Abrahão (in memoriam),
com amor, imensa saudade e eterna gratidão.
Para minhas filhas, Amanda e Isadora,
Amor para sempre.

Graciliano Ramos

Falo somente com o que falo
Com as mesmas vinte palavras
girando ao redor do sol
que as limpa do que não é faca:

de toda uma crosta viscosa,
resto de janta abaianada,
que fica na lâmina e cega
seu gosto da cicatriz clara.

Falo somente do que falo:
do seco e de suas paisagens,
Nordestes, debaixo de um sol
ali do mais quente vinagre:

que tudo reduz ao espinhaço,
cresta o simplesmente folhagem,
folha prolixa, folharada,
onde possa esconder-se na fraude.

(...)

Falo somente para quem falo:
quem padece sono de morto
e precisa um despertador
acre, como o sol sobre o olho:

que é quando o sol é estridente,
a contrapelo, imperioso,
e bate nas pálpebras como
se bate numa porta a socos.

João Cabral de Melo Neto

Sumário

Apresentação, 15

Introdução, 17

1. Ironia e teor de testemunho em Memórias do cárcere, 21

1.1 Memórias do cárcere: uma escrita da experiência como testemunho, 32

1.2 Tempo e construção da subjetividade em *Memórias do cárcere*, 51

1.3 Impasses da escrita memorial, 56

1.4 Escrita como dívida , 62

1.5 Escrita e o valor das insignificâncias, 69

1.6 A linguagem do corpo na escrita das Memórias , 78

2. Infância como contraparte de Memórias do cárcere: duas faces da rememoração, 85

2.1 A fortuna crítica de Infância, 86

2.2 Infância em Berlim de Walter Benjamin e Infância de Graciliano Ramos, 97

2.3. Recordação, memória e afeto, 104

2.3.1 Recordação, experiência e esquecimento, 107

2.4 Infância: romance de formação moderno?, 112

2.4.1 Breve histórico do gênero Bildungsroman, 113

2.4.2. O romance de formação no Brasil e a obra de Graciliano Ramos, 119

2.4.3 Infância: aproximação com o romance de formação, 122

2.5 Infância: a descoberta de si e de um mundo nada paradisíaco, 131

2.6. Infância como construção literária, 139

2.7 A inserção no universo das letras, 148

2.8 A infância e formação do leitor Graciliano Ramos, 156

3. A escrita melancólica na obra de Graciliano Ramos, 175
3.1 Conceito de melancolia, 175
3.2. A melancolia na literatura brasileira, 177
3.3. As *Memórias do cárcere* como rememoração da própria obra: traços melancólicos, 181
3.3.1 A escrita metalinguística em Graciliano Ramos: uma rememoração crítica com um viés melancólico, 189
3.4 A escrita melancólica em Memórias do cárcere: uma leitura à luz da teoria freudiana, 198
3.5 , A escrita melancólica em Infância: solidão e melancolia 213
4. Palavras finais, 221
Bibliografia, 225

À professora Susana Kampff Lages, pela orientação precisa, segura e extremamente competente, e pelo incentivo para que eu publicasse este livro.

Ao CNPq, pela concessão da bolsa de estudos no Doutorado.

À minha família e, em especial, à minha mãe, Regina Abrahão (in memoriam), que me deu o suporte necessário para que eu pudesse estudar, trabalhar e realizar meus sonhos.

A minhas filhas, Amanda e Isadora, razão maior da minha vida, pelo amor e pela compreensão.

A Gilberto Simplício, pelo incentivo e pelo apoio de sempre.

A todos os amigos e todas as amigas com quem compartilhei minhas alegrias, dúvidas e angústias, durante a escrita destas páginas.

APRESENTAÇÃO

O livro *Graciliano Ramos: A melancolia e as ironias da memória*, de Ana Maria Abrahão dos Santos Oliveira, nos mostra de que maneira a ironia é construída como importante estratégia utilizada em *Infância* e em *Memórias do cárcere* e, ainda, como mecanismo contrário aos influxos melancólicos da escrita memorialística.

A autora analisa a fundo os textos e demonstra de que modo a ironia – com seus diferentes recursos, contradições implícita e explícita, contra verdade e até mesmo como ambiguidade argumentativa – se constitui como elemento estruturador do pensamento e da linguagem do escritor, se revelando como estratégia que o impulsiona em direção à uma maior compreensão de si mesmo, da condição humana e da literatura.

Uma das perspectivas da autora é a de que a constante e profunda reflexão acerca da condição humana e a maneira com que o escritor memorialista destaca tanto o seu olhar muito particular quanto os seus sentimentos, por excelência, ambivalentes e próprios do humano, contribuem para situar Graciliano e sua escrita no espaço fronteiriço em que, embora a ironia seja pensada a partir do texto literário, ela se situa e se projeta para além da própria linguagem que a materializa.

A ironia se fundamenta no duplo e, como tal, se abre à elaboração de alternativas de reconstrução do próprio sujeito da enunciação, de suas memórias e de maneiras de escrevê-la. Ao se abrir ao diverso e ao modo como ele se apresenta, o escritor acaba por se situar no fronteiriço espaço entre o "eu" e o "outro", no limiar das negociações da alteridade. Negociações articuladas à maneira como o escritor elabora a ironia, pressupondo a presença de um interlocutor e se lançando à possibilidade de alargamento da consciência em relação ao que é alvo de críticas, de questionamentos, ou mesmo ao que se inclina à argumentação.

Escritor que preserva a liberdade e a autonomia criativas e também compreende a relevância da ironia para a re-construção não só da memória como do próprio olhar de quem a resgata e, por extensão, da elaboração da escrita e de como, por meio dela, re-elabora a si mesmo – sempre em um contínuo processo.

A ironia está presente, dentre outros, como estratégia contrária à melancolia e, simultaneamente, sintoma dos influxos da memória; como uma espécie de "arma" utilizada para elaborar o vivido e dar conta do que, para Graciliano, só foi possível re-elaborar através da palavra; na maneira como o escritor se posiciona no mundo. Mesmo se sentindo preso às suas memórias e às circunstâncias em que se encontrava no momento em que escreveu as duas obras, ainda assim, dispunha de liberdade criativa. Liberdade para escolher entre o que se apresenta ao escritor e o que se quer ou não afirmar; liberdade para transitar pelos projetos ético e estético; liberdade para elaborar a linguagem, mantendo-se na soleira da porta, ou seja, no espaço limiar entre "um" e "outro".

O livro apresenta análises muito ricas. Embora o foco da discussão seja a presença da melancolia e da ironia como princípios estruturadores da escrita de Graciliano Ramos, a análise vai ainda além de *Infância* e *Memórias do Cárcere* e se estende a outras obras do autor, demonstrando muita propriedade não só sobre o que se propõe abordar, mas em relação ao conjunto das obras do escritor; ao que produziu a crítica; e mesmo quanto a maneira como compreende a literatura enquanto sistema e constrói leituras da melancolia como possível traço aglutinador entre Graciliano, Machado de Assis, Lima Barreto, Monteiro Lobato, Mário de Andrade e Clarice Lispector. Sendo que o grande diferencial, ou melhor, o traço inovador deste livro está em demonstrar de que maneira a ironia se constitui como principal estratégia retórica de Graciliano Ramos, além de contribuir para a construção da reflexão acerca de como o escritor vê e re-vê o mundo, de como interage com ele, de como reconstrói suas memórias e de como – diante de tanta melancolia – transforma a vida em processo criativo.

Waldilene da Silva Miranda

Doutora em Estudos Literários – Universidade Federal de Juiz de Fora (MG)

INTRODUÇÃO

Minha lembrança não é uma lembrança da cena,
mas lembrança da palavra, simples lembrança
dessa letra transformada em palavra.
(PEREC, p.95, 1995)

Este livro[1] pretende analisar os textos memorialísticos *Infância* (1945) e *Memórias do cárcere* (1953), do escritor alagoano Graciliano Ramos (1892-1953), tendo, como fio condutor, o estudo da construção do discurso irônico na obra que atua como mecanismo de defesa contra os influxos melancólicos[2] presentes na escrita do autor.

Inicialmente, refletiremos acerca da procedência da palavra memória, que é de origem latina e deriva de *menor* e *oris* e significa "o que lembra", reportando-se assim, ao passado; portanto, ao já vivido[3]. Tendo como traço primeiro, remeter, de imediato, a algo de cunho individual, o que delimita o seu conceito, a memória pode também se construir, uma vez que está inserida numa existência social, de

1 Este livro é oriundo de minha tese de doutorado, "Memória, testemunho e escrita melancólica em *Memórias do cárcere* e *Infância, de Graciliano Ramos*", defendida em 2014, no Instituto de Letras da Universidade Federal Fluminense (Niterói/RJ), com algumas adaptações.

2 Frias (2009) destaca que a temática da melancolia pode ser estudada por várias áreas do conhecimento, dentre as quais "pela filosofia, pela literatura, pelas artes plásticas, pela psicanálise, pela psiquiatria, pela psicologia, pela antropologia etc. Uma questão à qual o termo 'interdisplinar' se ajusta perfeitamente" (FRIAS, 2009, p. 13).

3 Padrós, Enrique Serra. "Usos da memória e do esquecimento na História", 2012.

modo coletivo, isto é, nas relações entre o sujeito e uma existência social, ou seja, nas relações entre o indivíduo e o grupo social ao qual pertence. Baseando-se nessa definição de memória, que não é apenas individual, mas também coletiva, como aponta Halbwachs[4], a lembrança configura-se como uma reconstrução do passado com a participação de informações recolhidas no presente e, além disso, é enriquecida por outras reconstituições elaboradas em épocas passadas e de onde a imagem do passado manifesta-se de forma já bem transformada.

A escrita do passado[5] que se faz no presente traz em seu bojo um componente melancólico: é impossível resgatar os fatos passados exatamente como aconteceram, mesmo que o narrador tenha presenciado esses acontecimentos, ou seja, tenha sido uma testemunha das ocorrências relatadas em sua narrativa.

Nesse sentido, um narrador, ao representar as suas vivências do passado, por vezes, dolorosas, pode utilizar determinados recursos linguísticos, como a ironia, para expressar o seu viés melancólico. Dessa forma, pretendemos focalizar as dimensões autobiográfica e testemunhal na escrita de Graciliano Ramos, em *Memórias do cárcere* e *Infância*[6], tendo como norte para orientação de nossa leitura a presença de dois elementos centrais para a análise dessas obras: a ironia e a melancolia.

O discurso irônico de Graciliano Ramos atua como um mecanismo de defesa contra os influxos melancólicos presentes em sua escrita, aspecto que, a nosso ver, deve ser evidenciado pela fortuna crítica como um elemento peculiar às narrativas das *Memórias do cárcere* e de *Infância.*

---

4 Cf. Halbwachs, M. *A memória coletiva*. Centauro, 2006, p.31-32.

5 Conforme Adorno (1995), para se reescrever o passado, "o que se pretende [...] é encerrar a questão do passado, se possível, inclusive, riscando-o da memória. [...]O desejo de libertar-se do passado justifica-se: não é possível viver à sua sombra e o terror não tem fim quando culpa e violência precisam ser pagas com culpa e violência; e não se justifica porque o passado de que se quer escapar ainda permanece muito vivo" (ADORNO, 1995, p. 29).

6 Edições utilizadas: RAMOS, Graciliano. *Memórias do cárcere*. 37ª ed. Rio de Janeiro: Record, 2001 e RAMOS, Graciliano. *Memórias do cárcere*. 1ª ed. Supervisão: Wander Melo Miranda. Rio de Janeiro: Record, 2008; RAMOS, Graciliano. *Infância*. Supervisão: Wander Melo Miranda. Rio de Janeiro: Record, 2006. RAMOS, Graciliano. *Infância*. 38ª ed. Supervisão: Wander Melo Miranda. Rio de Janeiro: Record, 2006.

No primeiro capítulo, dedicamos nossa análise, inicialmente, a um breve levantamento teórico sobre a figura da ironia, para, em seguida, investigarmos algumas de suas manifestações ao longo da obra, empreendendo uma pesquisa sobre a fortuna crítica das *Memórias*. Nessa parte, destacam-se a dimensão testemunhal e a questão da ligação entre experiência e escrita – traço peculiar na obra de Graciliano Ramos, como afirmou o próprio escritor em várias passagens de *Memórias do cárcere* e ao longo de sua vida, à família, aos amigos e em entrevistas.

Também nesse capítulo, analisaremos as peculiaridades da construção da linguagem nas *Memórias*, cuja leitura desperta no leitor não só a curiosidade sobre as informações de cunho histórico, mas, sobretudo a singularidade do estilo conciso e irônico de Graciliano Ramos que, num constante processo de autoquestionamento, busca a matéria de suas narrativas nas banalidades (aos olhos de outrem), nas pequenezas do cotidiano.

Para finalizar esta parte, há um estudo sobre a relevância das marcas presentes no corpo do preso que sofreu toda a sorte de humilhações. As feridas – físicas ou emocionais – permanecem no corpo daquele que viveu no cárcere e se constituem como um dos principais instrumentos na construção da narrativa.

No segundo capítulo, temos como foco o romance memorialístico *Infância*, que, a nosso ver, mantém um constante diálogo com *Memórias do cárcere*. Veremos, primeiramente, como a noção de infância, da forma como a compreendemos na atualidade, é relativamente recente, fazendo uma leitura da concepção dessa fase da existência com reflexões de filósofos como Walter Benjamin, Montaigne, Descartes e Rousseau.

A questão da educação familiar do menino de *Infância* e de sua relação com a aprendizagem da leitura e da escrita são pontos fundamentais, segundo a fortuna crítica, para tentar explicar a obra ficcional e memorialística do autor. É nessa narrativa que Graciliano Ramos vai revelar uma descoberta fundamental para sua vida: as palavras são "armas terríveis". Essas armas serão o instrumento essencial para se autoquestionar e questionar os valores, as instituições e as injustiças presentes na sociedade.

A aproximação do texto memorialístico *Infância* do gênero romance de formação, o *Bildungsroman*, é outro ponto que também será investigado nesse capítulo. Por fim, discutiremos como a formação do escritor-leitor Graciliano Ramos é representada nas memórias da infância e como essa formação terá papel primordial na vida do adulto escritor.

No terceiro e último capítulo, trataremos mais detalhadamente do tema da escrita melancólica e sua relação com o discurso irônico utilizado pelo autor Graciliano Ramos em *Memórias do cárcere* e *Infância*, além de mencionarmos também outros exemplos de representação da melancolia na literatura brasileira. Essa análise terá como principal apoio teórico os estudos psicanalíticos de Sigmund Freud sobre melancolia. A teoria psicanalítica possui, como base, para os seus estudos, a observação dos sintomas apresentados pelo indivíduo que se relacionam com a primeira infância, portanto, a maneira como o indivíduo constrói, sob o ponto de vista linguístico, as suas experiências infantis, o que pode ser identificado na escrita do autor alagoano. Nesse capítulo também, dedicamos nossa análise, mais especificamente, ao estudo da escrita melancólica que se manifesta através do discurso irônico – tema de grande relevância para a fortuna crítica da obra de Graciliano Ramos.

1. Ironia e teor de testemunho em Memórias do cárcere

Na obra do escritor Graciliano Ramos, literatura e experiência aglutinam-se, ou seja, configuram-se como "urdidura de uma trama comum" (MIRANDA, 2004, p.8). Romances, memórias, contos e textos circunstanciais tendem a legitimar a sua afirmação. Perguntado sobre o fato de sua obra ser autobiográfica, afirma categoricamente: "Nunca pude sair de mim mesmo. Só posso escrever o que sou. E se as personagens se comportarem de modos diferentes, é porque não sou um só" (RAMOS, 2014, p. 198). Ultrapassando a questão da escrita intimamente unida à experiência, sobressai-se na obra do autor, a questão de que cada livro representa um experimento estético inovador[7].

Para ler a obra do autor, conforme assinala Candido (1992), o leitor deverá se preparar para empreender uma experiência que se desenvolve em diferenciadas etapas: "[que] principiada na narração de costumes, termina pela confissão das mais vívidas emoções pessoais" (CANDIDO, 1992, p.13). Nesse sentido, escreveu os romances *Caetés* (1933), *São Bernardo* (1934), *Angústia* (1936) e *Vidas secas* (1938), e, por fim, publicou *Infância* (1945), *Memórias do cárcere* (1953) livros de memórias, *Viagem* (1954), *Linhas tortas* (1962), *Viventes das Alagoas* (1962), sendo os quatro últimos, publicações póstumas.

Memórias do cárcere e *Infância* serão analisados, nesse livro, como obras complementares. Inicialmente, examinaremos a fortuna crítica das *Memórias*, tendo como fio condutor a seguinte questão: de que modo o discurso irônico é utilizado na escrita de Graciliano Ramos, como um mecanismo de defesa dos influxos melancólicos presentes em seus textos?

7 Como afirma Marcelo Coelho (2011), talvez seja possível dizer "Graciliano Ramos, no momento de começar a escrever um livro, recusava qualquer repertório; afasta-se de todo modelo; está próximo de uma linguagem zero, de um 'nada' do estilo" (COELHO, 2011, p. 293) para, dessa forma, iniciar uma nova experiência estética.

Com relação à ironia, o conceito milenar atribuído a esta figura de linguagem, conforme assinala Berrendonner (1981), tornou-se um lugar comum e está marcado pela contradição. Segundo o linguista, "a ironia está na significação global do enunciado de uma contradição lógica"[8] (BERRENDONNER, 1981, p. 175), como se lê nesse trecho das *Memórias,* em que o narrador destacou a cadeia a um lugar propício para fazer a correção de *Angústia,* livro que acabara de escrever: "A cadeia era o único lugar que me proporcionaria o mínimo de tranquilidade necessária para corrigir o livro" (RAMOS, 2001, p. 45, v. 1). Esse exemplo é paradigmático da ironia de Graciliano Ramos, marcada pela referência à própria escrita e à construção da própria obra.

Ainda em referência ao discurso irônico, Berrendonner mostra-se contrário à concepção de ironia dicionarizada, como em Henri Morier (1961). "Figura da retórica pela qual se exprime o oposto do que se quer"[9] (MORIER, 1961, p.127). Esse conceito de ironia apresentado como uma figura de retórica em que se diz o contrário do que parece ser, mostra-se insuficiente, por isso Berrendonner estabelece uma classificação dos tipos de ironia, levando em conta as contradições inerentes a essa figura de retórica: a contradição explícita, a contraverdade e a contradição implícita.

Desse modo, Berrendonner concebe uma classificação de contradições irônicas ou antífrases em que distingue três tipos: a contradição em que se explicita o conteúdo literal do enunciado, como se lê nas *Memórias:* "Naquele momento a ideia de prisão dava-me quase prazer, via ali um princípio de liberdade."(p. 45, v. 1)[10] [11]; o outro caso em que uma declaração é

8 Tradução nossa. "*dans la signification globale de l'énonvé, d'une contradiction logique.*"

9 Tradução nossa. "*Figure de rhétorique par laquelle on exprime le contraire de ce que l'on faire entendre.*"

10 A partir dessa citação, mencionaremos apenas a página e o volume da obra, visto que retiramos os trechos da edição: RAMOS, Graciliano. *Memórias do cárcere.* São Paulo: Record,2001. Vol. 1 e 2.

11 Esse discurso do narrador, além do teor irônico, remete à questão do masoquismo moral, como assinalou Freud (2011), em "O problema econômico do masoquismo" (1923), em que afirma que, no masoquismo moral, "o que importa é o sofrimento mesmo [...] o verdadeiro masoquista sempre oferece a face quando vê perspectiva de receber uma bofetada" (FREUD, 2011, p. 174), ou seja, há uma eminente necessidade de punição, o que revela um elo com o estado melancólico (FREUD, 2011) tema sobre

desmentida, uma informação situacional ou contextual que deve ser levada em contas pelos falantes, – como está nesse trecho das *Memórias,* em que o memorialista questiona o papel do Presidente – "Mas o Presidente da República era um prisioneiro como nós; puxavam-lhe os cordões e ele se mexia, títere, paisano movido por generais." (p. 291, v.1) – e, por último, aquela em que ocorre uma inferência na qual há duas contradições explícitas, como lemos nas *Memórias*, quando o narrador critica os maus tratos recebidos pelos presos que estavam no porão do navio *Manaus* e também a presença dos passageiros que permaneciam alheios ao que acontecia no porão: "Afinal, que valíamos nós? Estávamos ali mortos em decomposição, e era razoável evitarem o contágio. Bom que se conservassem longe[12]" (p. 138, v. 1).

O linguista também assinala o estudo da ironia como ambiguidade argumentativa. Certos enunciados seriam mais propensos a interpretações antifrásicas[13] em oposição a outros, o que caracterizaria o contraste entre esses enunciados. Conforme Berrendonner (1981), "já foi demonstrado que algumas proposições se prestam voluntariamente a interpretações antifrásicas e outras não"[14] (BERRENDONNER, 1981, p. 182).

Assim, para Berrendonner, certas expressões possuem uma tendência natural a interpretações antifrásicas, ao contrário de outras, o que as colocaria em oposição, uma especificidade da antífrase.

De outro ponto de vista bastante interessante para refletirmos sobre a obra de Graciliano Ramos, construindo uma diferente concepção a respeito da ironia, Sperber e Wilson (1978) assinalam que o discurso irônico é o resultado

---

o qual discutiremos no capítulo 4 desse livro.

12 Essa passagem será retomada quando outro aspecto da obra for abordado.

13 De acordo com o *E-Dicionário de Termos Literários Carlos Ceia*, a antífrase é "recurso teórico próximo da ironia, do eufemismo, do sarcasmo e da sátira que consiste na utilização de uma palavra ou expressão com sentido contrário àquele que normalmente denota. Pode-se falar também de antífrase quando se tenta atenuar uma ideia negativa, utilizando palavras optimistas. [...] A estrutura mais comum da antífrase é a que respeita a seguinte regra: o elemento positivo serve para evidenciar o valor negativo subentendido, atenuando imperfeições, faltas ou vícios" (CEIA, 2013).

14 Tradução nossa. "*il a déjá* été *observe que certaines propositions se prêtent volontiers à des interpretations antiphrastiques, et d'autres non.*"

de uma metacomunicação. Para esses autores, a ironia pode ser descrita como resultado de uma menção ou alusão. Esse recurso linguístico seria utilizado não para falar da realidade, mas para falar sobre esta de modo alusivo. Segundo Sperber e Wilson (1978), "as menções são interpretadas como o eco de um enunciado ou de um pensamento cujo locutor compreende ou assinala a falta de justeza ou de pertinência"[15] (SPERBER e WILSON, 1978, pp.408-409). Portanto, para Sperber e Wilson, a ironia presente no discurso funciona como um "eco" de uma informação ou pensamento cuja falta de clareza o locutor deseja enfatizar. Em muitos momentos da obra de Graciliano Ramos, esse eco se fará sentir. Esse eco irônico, essa alusão a uma norma que é subtraída, funciona como evocação de uma lembrança. Dessa maneira, em *Memórias do cárcere*, o narrador, baseando-se nas lembranças da infância, referiu-se, ironicamente, ao comportamento do menino tímido e do adulto escritor: "Débil, submisso à regra, à censura e ao castigo, acomodara-me a profissões consideradas honestas" (p. 178, v. 2). Aqui, a regra era ser obediente e não transgredir as normas. Assim, de modo irônico, o narrador faz alusão às "profissões honestas", como a de escritor, para não infringir as regras pré-estabelecidas, remetendo-se ao seu comportamento de quando era uma criança, cuja realidade era difícil, devido aos maus tratos, como veremos mais adiante. O tratamento recebido na cadeia trazia-lhe de volta a dura realidade vivida no passado distante.

Diante de uma realidade imperfeita, podemos sempre "mencionar ironicamente a norma, é preciso evocar a lembrança de um temor ou de um julgamento depreciativo que tenha valor irônico"[16] (SPERBER; WILSON, 1978, p. 410).

Sendo a regra ou a norma mencionadas com ironia e sob o pano de fundo de uma realidade imperfeita, faz-se necessário buscar a lembrança "para que a ironia surja da menção de um julgamento depreciativo."(SPERBER; WILSON, 1978, p. 410)[17] Essa dimensão metacomunicativa da ironia está permanentemen-

15 Tradução nossa. "*ces mentions sont interprétées come l'écho d'un* énoncé *ou d'une pensée dont le locuter entends ou ligner le manque de justesse ou de pertinence.*"

16 Tradução nossa. "*mentionner ironiquement la norme, en face d'une réalité parfaite, il fault pouvoir* évoquer *le souvenir d'une crainte ou d'une jugement dépréciatif ait valeur d'ironie.*"

17 Para Lauro Zavala (1992), a narrativa moderna utiliza a ironia para questionar as contra-

te presente na obra do autor, especialmente em *Memórias do cárcere* e em *Infância*, como podemos ver nesse trecho das *Memórias*, em que o narrador se refere à sua condição ambígua difícil de ex-presidiário e literato num país, como o Brasil dos anos 1930:

> Os homens do primado espiritual viviam bem, tratavam do corpo, mas nós, desgraçados materialistas, alojados em quarto de pensão, como ratos em tocas a pão e laranja, como se diz na minha terra, quase nos reduzimos a simples espíritos. E como outros espíritos miúdos dependiam de nós, e era preciso calçá-los, vesti-los alimentá-los, mandá-los ouvir cantigas e decorar feitos patrióticos, abandonamos as tarefas de longo prazo, caímos na labuta diária, contando linhas, fabricamos artigos, sapecamos traduções, consertamos engulhando produtos alheios (p. 14, v. 1)

O narrador expõe, ironicamente, a sua situação de intelectual, que não possui uma fonte de renda estável para se sustentar e para prover a família, além de revelar a sua condição de escritor no contexto da época, colocando em evidência o fazer literário como obra artesanal diversificada para atender às necessidades pessoais mais urgentes.

Típica do discurso irônico, a distinção entre locutor e enunciador, segundo Ducrot,[18] faz com que se explicite seu aspecto paradoxal: L é apenas responsável

---

dições da condição humana dentro da própria modernidade: "Se a narrativa moderna usa a ironia como uma estratégia para expressar os paradoxos da condição humana e os limites da nossa percepção da realidade, ela exige a presença de um leitor que possa reconhecer as diferentes estratégias de autoquestionamento que este mesmo discurso coloca em jogo. Por outro lado, o estudo das formas mais complexas de ironia, principalmente aquelas próprias do romance moderno, permite entender através de uma perspectiva singular, não só o que estas formas de ironia exigem de seu leitor, mas também a visão de mundo, as rupturas com a tradição e as contradições que definem esta mesma modernidade" (tradução nossa) "*Si la narrativa moderna recurre a la ironía como a una estrategia que permite expresar las paradojas de la condición humana y los límites de nuestra percepción de la realidad, ello exige la presencia de un lector capaz de reconocer las distintas estrategias de autocuestionamiento que este mismo discurso pone en juego. Por otra parte, el estudio de as formas más complejas de la ironía precisamente aquellas propias de la novela moderna, permite entender desde una perspectiva privilegiada,no sólo aquello que estas formas de la ironia a su lector sino también la visión del mundo, las rupturas con la tradición y las contradicciones que definen esta misma modernidad.*" (ZAVALA, 1992, p. 60)

18 Numa outra concepção do discurso irônico, Oswald Ducrot (1987), afirma que a ironia ocorre por meio da distinção entre o locutor e os enunciadores. Segundo Ducrot, falar de modo irônico é, para "um locutor L, apresentar a enunciação como expressando a posição de um enunciador. Posição de que se sabe por outro lado que o locutor L não

pelas palavras proferidas, mas os pontos de vista são atribuídos a E, uma outra personagem. Esse paradoxo aparece na escrita de Graciliano Ramos, quando, por exemplo, o narrador, que assumia publicamente o seu ateísmo e sua simpatia pelo regime comunista da antiga União Soviética, refere-se ao Dr. Sidrônio, que, provavelmente, o substituiria no cargo de funcionário da Instrução Pública de Alagoas, tendo em vista os telefonemas ameaçadores que o escritor recebia.

> Despedi-me de Rubem Loureiro e deixei sobre o *bureau* os volumes do Literatura Internacional. Essa matéria, na safadeza e na burrice dominantes naquela época, render-me-ia talvez um processo. Iriam Dr. Sidrônio e Luccarini, meus companheiros de trabalho, passar vexames por minha causa? Não. Dr. Sidrônio era católico, não escrevia, como eu, livros perigosos nem se gastava em palestras inconvenientes nos cafés. Provavelmente me substituiria. (p. 39, v. 1)

Os "livros perigosos" de que trata o narrador das *Memórias*: *Caetés*, *São Bernardo* e *Angústia* (o último ainda não havia sido publicado, quando Graciliano foi preso) são mencionados com ironia por alguém que escreve o relato muitos anos após vivenciar os fatos e que, portanto, já havia publicado também *Vidas secas* e *Infância*.

Há, para o filósofo Søren Kierkegaard (1991), entre outros autores[19], uma estreita relação entre a subjetividade e a ironia, por isso o surgimento da primeira pressupõe o aparecimento da segunda. Até mesmo Sócrates te-

---

assume a responsabilidade, e, mais que isso, que ele a considera absurda" (DUCROT, 1987, p. 198).

19 Segundo Beda Allemann, para o estudo do emprego da ironia na literatura é necessário assinalar a função que esse recurso linguístico deve ser considerado do ponto de vista estilístico, funcionando como um modo de discurso singular que representa uma estrutura particular dentre as abarcadas pela literatura. "Quando trataram da ironia, as pesquisas da ciência literária [...] não foram capazes durante longo tempo, e até hoje, de abrir uma via própria até uma forma de análise que explicasse aquilo que o fenômeno da ironia tem de propriamente literário. Toma-se sempre a ironia por muito menos que uma atitude estilística ou um fator estruturante, porque ela é tomada justamente, à maneira tradicional, como uma atitude de espírito do autor que produz tal literatura". (tradução nossa) "*Quand elles ont porté sur la ironie, les recherches de science littéraire [...] n'ont pas* été *capables pendant longtemps, et au fond jusqu'à nos jours, de se frayer une voie propre jusqu'á une forme d'analyse qui ferait droit à ce que Le phénomène de l'ironie contient de proprement littéraire. On prend toujours l'ironie pour beaucoup moins qu'une attitude stylistique et qu'un facteur struturant, parce qu'on la prend justement, à la façon traditionelle, comme une attitude d'esprit: dans ce cas, celle de l'auteur qui produit de la littérature*" (ALLEMANN, 1978, p. 386).

ria se utilizado do discurso irônico para combater o helenismo, sendo assim, a ironia, a primeira e a mais abstrata determinação da subjetividade, o que aponta para aquela virada histórica em que a subjetividade surgiu pela primeira vez, "e assim nós chegamos a Sócrates que se serviu da ironia para destruir o helenismo (*Graeciteten*); seu comportamento frente a este era constantemente irônico" (KIERKEGAARD, 1991, p. 229). Sobre a questão da ligação entre subjetividade e ironia, destaca-se a seguinte passagem das *Memórias,* em que o narrador, referindo-se à escrita de *Angústia*, critica ironicamente o seu modo de conduzir a narrativa e o assassinato praticado pelo protagonista: "Realmente eu era um assassino bem chinfrim. O delírio final se atamancara numa noite, e fervilhava de redundâncias" (p. 42, v. 1). O narrador se autodeprecia[20] como escritor, utilizando o verbo "atamancar", para sinalizar que a cena do assassinato foi escrita às pressas, sem o devido cuidado, o que confere um sentido irônico ao texto, pois o autor, como é sabido, era extremamente rigoroso com a escrita.

O estudioso D. C. Muecke (1995) cunhou a expressão "Ironia verbal" para designar a escrita em que um personagem eleva algo ou alguém com a intenção de menosprezá-lo, proferindo um elogio antifrásico, ao invés de criticar. "Na ironia verbal, a técnica básica é 'concordar com' o alvo irônico e colocá-lo em alto-relevo ou depreciar-se (...) é o elogio antifrásico no lugar da censura". (MUECKE, 1987, p. 78), como se lê nas *Memórias*, no episódio em que o narrador se refere ao capitão Lobo – a autoridade, que representava o governo, cujos opositores tinham como destino a prisão –, quando este oferece um empréstimo ao narrador – o preso político:

> Afinal o capitão Lobo devia ser muito mais revolucionário do que eu. Tinha-me alargado em conversas no café, dissera cobras e lagartos do fascismo, escrevera algumas histórias. Apenas. Conservara-me na superfície, nunca fizera à ordem ataque sério, realmente era um diletante (p. 113, v. 1).

O narrador, mais uma vez, se diminui, lançando mão de um discurso irônico para valorizar a sua condição independente de escritor crítico, que não enaltecia o poder da autoridade, naquele contexto: um preso político que nem ao menos conhecia as razões pelas quais tinha sido encarcerado.

---

20 A questão da escrita autodepreciativa será retomada no quarto capítulo desse livro.

Para a extensa literatura existente sobre a ironia, essa figura da retórica reduzir-se-ia a uma antífrase, um instrumento estático utilizado pela retórica, conforme Linda Hutcheon (1994). De seu ponto de vista, no entanto, a ironia, ao contrário, é um processo comunicativo que atua interagindo no texto e no contexto, com o intérprete. Distingue a metáfora da ironia: a primeira nomearia uma função da linguagem; a ironia seria baseada numa função comunicativa. A obra de Graciliano Ramos apresenta um grande desejo de comunicação de uma experiência dolorosa e traumática como aquela que vivenciou no cárcere. O livro *Memórias do cárcere,* escrito por Graciliano já nos anos finais de sua vida, quando já estava muito debilitado fisicamente, como é sabido, tematiza a experiência do autor quando foi preso político, no governo Vargas. A respeito da temática sobre a escrita tendo em vista a proximidade da morte, Walter Benjamin, em seu conhecido ensaio, "O narrador" (1936[21]) afirma que, na iminência da morte, o indivíduo adquire uma autoridade que lhe permite transmitir e compartilhar a própria experiência. Graciliano Ramos, com a proximidade da morte, empreende a narração da dolorosa experiência vivida no cárcere. "É no momento da morte que o saber e a sabedoria do homem e sobretudo sua existência vivida – e é dessa substância que são feitas as histórias – assumem pela primeira vez uma forma transmissível" (BENJAMIN, 1993, p. 207).

A perspectiva da morte autoriza o autor a levar adiante a escrita de suas memórias. Dessa forma, faz reviver o que estaria morto para sempre. Esse desejo de retomar o passado "morto" deflagra o processo de uma escrita melancólica, pois é a escrita de algo que se perdeu e por que se lamenta. O passado doloroso é libertado para que o memorialista consiga "tomar posse efetiva do presente" (MIRANDA, 2008, p.685).

Esses tempos idos tão dolorosos são representados na escrita do escritor alagoano, que foi preso em Maceió, em março de 1936, sem acusação formal e sem processo. Foi levado, primeiramente, para Recife, depois foi embarcado no navio *Manaus*, viajando no porão da embarcação, junto com muitos outros prisioneiros, até o Rio de Janeiro. Esteve preso no Pavilhão dos Primários, na Casa de Detenção, para mais tarde ser transferido para a Colônia Correcional, na Ilha

21 Ano em que o ensaio foi escrito.

Grande, no mesmo estado, onde permaneceu junto a presos comuns, isto é, que não estavam encarcerados devido a motivações políticas. Mais adiante, foi transferido para a Casa de Correção, onde permaneceu até ser libertado. Ficou preso até janeiro de 1937. Essa prisão do escritor, sem acusação e sem processo confere uma atmosfera kafkiana à narrativa, pois nos remete ao personagem Josef K., de *O processo* (1925), do escritor tcheco. Nas palavras do narrador das *Memórias*:

> Ausência de interrogatório, nenhum vestígio de processos. Porque se comportavam daquele jeito? Pareciam querer apenas demonstrar-nos que podiam deixar-nos em repouso, em seguida enviar-nos para um lado e para outro[22] (p.115, v.1).

Neste texto escrito dez anos depois da ocorrência dos fatos, há uma grande distância entre o *eu* que narra e o que viveu as agruras do cárcere. Clara Ramos, em *Mestre Graciliano: confirmação de uma obra*, assevera que Graciliano Ramos escreveu o primeiro capítulo da obra em 25 de janeiro de 1946. Graças ao incentivo dos amigos e da família, realizou a tarefa, mas adiou o início da narrativa o quanto pôde. "O velho Graça[23] ia protelando, afirmando com humor não lhe restar tempo para realizar a obra" (RAMOS, 1979, p. 180).

O trabalho vagaroso revela as dificuldades do escritor em produzir *Cadeia*[24] ou *Memórias do cárcere*, como a obra acabará por ser denominada, enfatizando o aspecto memorial da obra. Já em 17 de setembro de 1937, oito meses após deixar o cárcere, Graciliano tentou iniciar o seu relato, escrevendo somente duas páginas. Quando se escreve sobre personagens imaginárias, ou sobre fatos atribuíveis à ficção, o escritor não se depara com grandes obstáculos. Mas quando o indivíduo lembra vivências tão penosas, e se despe diante de si mesmo e diante

22 Essa citação será retomada quando tratarmos de outro aspecto da obra.

23 Segundo Lebensztayn e Salla (2014), Graciliano Ramos, quando morava em Maceió, no início da década de 1930, aproximou-se de vários escritores muito jovens, tais como: José Lins do Rego, Aluísio Branco, Aurélio Buarque de Holanda, Valdemar Cavalcanti, Santa Rosa, Diegues Júnior e a escritora Rachel de Queiroz, dentre outros. "Com quase quarenta anos, Graciliano Ramos era o 'o velho Graça', referência para esses jovens, que buscavam novidades nas esferas política e literária" (RAMOS, 2014, p. 128).

24 Quando foi entrevistado por Joel Silveira, em 1946, o escritor afirma que o livro ainda não tinha um título, e que poderia ser *Cadeias* (RAMOS, 2014, p. 175).

do leitor, a tarefa torna-se imensamente dificultosa, mas o autor não renuncia à difícil tarefa de rememoração.

Nesse sentido, a escrita do primeiro volume das *Memórias* será concluído um ano depois de iniciado a 28 de maio de 1947; o segundo volume, começado em seguida, terminará em 12 de setembro de 1948; o terceiro, começado três dias depois, e que focaliza as experiências mais duras vividas na Colônia Correcional de Dois Rios, estender-se-á até 06 de abril de 1950. O quarto volume será trabalhado até 1° de setembro de 1951, "quando o interromperá a doença que o matará" (RAMOS, 1979, p.181).

De fato, a herança do que foi experimentado foi atravessada por dúvidas e questionamentos que colocavam em risco a realização do empreendimento: "Resolvo-me a contar, depois de muita hesitação, casos passados há dez anos, com o decorrer do tempo, ia-me parecendo cada vez mais difícil, quase impossível, redigir esta narrativa". (RAMOS, 2001, p.33, v. 1)[25] As *Memórias* iniciam-se com o assim chamado "capítulo-prefácio". O narrador explica por que razão titubeou tanto para começar a escrita de suas memórias enquanto esteve preso. No decorrer da leitura da obra, podemos inferir que o cárcere pode ser lido como uma metonímia do país, com todas as suas desigualdades e contradições. Entretanto, para Graciliano Ramos, não obstante viver num país com viés totalitário[26], os escritores ainda deveriam assumir seu papel crítico em relação à sociedade. É o que o narrador assinala de modo irônico nessa passagem das *Memórias*.

25 Como afirma Ana Cleide Guedes Moreira (2002), com relação à hesitação, característica presente no discurso melancólico, este também se manifesta com "uma hesitação diante da urgência, como quando se está diante de um abismo perigoso à frente e a sensação física é dada pela lei da gravidade mesma: um empuxo para baixo criando imediatamente a hesitação diante do perigo e a urgência de proteção" (MOREIRA, 2002, p. 48).

26 De acordo Lamounier e Meneguello (1986), no primeiro governo Vargas (1930-1945) o país "assistiria a uma enorme acentuação da ideia de um poder unitário, não-mobilizante[..] realmente de uma inflexão ideológica estimulada pelo clima autoritário do entreguerras e patrocinada, a partir de 1937, pelo Estado Novo" (LAMOUNIER, MENEGUELLO, 1986, p. 42). Entretanto, no segundo governo Vargas (1951-1954), conforme a visão de Fonseca (2010), houve significativa mudança no direcionamento da governança e pôde-se "detectar no período a existência de um projeto de longo prazo cujo epicentro era a industrialização acelerada e a modernização do setor primário – em linhas gerais o que se convencionou denominar de Nacional-Desenvolvimentismo" (FONSECA, 2010, p. 3).

> Certos escritores se desculpam de não haverem forjado coisas excelentes por falta de liberdade [...] Liberdade completa ninguém desfruta: começamos oprimidos pela sintaxe e acabamos às voltas com a Delegacia de Ordem Política e Social, mas nos estreitos limites a que nos coagem a gramática e a lei, ainda nos podemos mexer [...]. Não caluniemos o nosso pequenino fascismo tupinambá. [...] de fato ele não nos impediu de escrever. Apenas nos suprimiu o desejo de entregar-nos a esse exercício (p. 34, v.1).

Ao falar sobre a questão da liberdade no exercício da escrita, o narrador discorre ironicamente, sobre a "opressão" exercida pela sintaxe e pelo órgão público. De acordo com a expressão cunhada por Muecke temos aqui – uma típica ironia verbal – em que um elogio sinaliza uma crítica irrefutável.

Além de inúmeras ocorrências nas *Memórias*, no que diz respeito ao discurso irônico, como veremos mais adiante, temos também um significativo fragmento de uma carta de Graciliano Ramos a um de seus tradutores argentinos, Benjamin Garay, de 22 de abril de 1937, época em que o memorialista já havia sido libertado do cárcere. O escritor faz alusão ao governo brasileiro de modo muito irônico e não poupa críticas ao se referir ao tratamento recebido pelos presidiários.

> O governo do meu país é um governo sábio e algumas vezes nos fornece cama, transporte e boas conversas, tudo de graça. Você não acha que é uma safadeza sustentar durante um ano um cidadão e depois mandá-lo embora, desempregá-lo sem motivo? [...] considerava-me, com certa vaidade, um hóspede oficial, membro de uma instituição respeitável e necessária ao preparo das eleições e outros jogos nacionais[27] (RAMOS, 2008, p. 45).

---

27 Nessa passagem, a ironia adquire um sentido mais contundente, o que seria considerado sarcasmo: "A ironia funciona, pois, como processo de aproximação entre dois pensamentos, e situa-se no limite entre duas realidades, e é precisamente a noção de balanço, de sustentação, num limiar instável, a sua característica básica, do ponto de vista da estrutura. Por isso mesmo pressupõe-se que o interlocutor não a compreenda, ao menos de imediato: escamoteado, o pensamento não se dá a conhecer prontamente. Quando, porém, o fingimento empalidece e a ideia recôndita se torna direta, acessível à compreensão instantânea, temos o sarcasmo. Nesse caso, a ambiguidade permanece, mas de forma grosseira e violenta"(MOISÉS, 1974, p. 247). De acordo com o *E-Dicionário de Termos Literários,* de Carlos Ceia (op.cit), a palavra sarcasmo "[Do Gr. *Kleuasmós*, 'sarcasmo'. Figura de retórica pela qual um sujeito fala contra si mesmo, geralmente atribuindo a si próprio as qualidades negativas dos outros, ou pelo contrário, atribui a outros as suas boas qualidades" (CEIA, 2013) Como exemplo, Ceia menciona alguns versos do poema "Tabacaria", de Fernando Pessoa, no heterônimo Álvaro de Campos, que é "construído segundo esse princípio de introspecção negativa: 'Não

Nesse trecho da carta, o discurso irônico de Graciliano Ramos chega a um de seus pontos mais altos, pois se refere a si mesmo como alguém que dispunha das mais altas regalias, chama o sistema carcerário brasileiro de "instituição respeitável" e necessária ao funcionamento da máquina estatal. Eleva, ironicamente, a instituição para depreciá-la aos olhos do leitor, tecendo um julgamento severo do governo e de suas práticas autoritárias. Esse discurso está carregado de ironia, que beira o sarcasmo.

Na iminência de escrever sobre experiências dolorosas, de rememorar o sofrimento de si mesmo e dos outros, num influxo melancólico que o domina, especialmente porque sente a iminência da morte, o narrador até cogita a possibilidade de delegar a tarefa a outrem: "julgando a matéria superior às minhas forças, esperei que outros mais aptos se ocupassem dela" (p.33, v.1). Após esperar muitos anos para começar a escrever as *Memórias*, o autor alagoano justifica-se perante o leitor, entretanto, o teor testemunhal de sua escrita prevalece, mesmo diante de muitas razões que teria para não relatar os acontecimentos vivenciados no cárcere.

1.1 Memórias do cárcere: uma escrita da experiência como testemunho

Graciliano Ramos, em suas *Memórias do cárcere*, apresenta ao leitor uma obra de qualidade testemunhal[28], uma vez que retrata não apenas a difícil e humilhante experiência vivida por ele no cárcere, mas também reconstitui o painel de uma época, elaborando, assim, por meio da literatura, um sólido testemunho de eventos cruciais da história do Brasil, nos anos 1930, com o governo Getúlio Vargas e todas as suas contradições e da história mundial, com a ascensão do nazismo na Europa, cuja culminância levou à eclosão da Segunda Guerra Mundial.

---

sou nada./Nunca serei nada. Não posso querer ser nada[...]'" (PESSOA apud CEIA, 2013).

28 Graciliano Ramos declarou a Armando Pacheco, em entrevista, em 1945, sobre a possibilidade de escrever sobre as tribulações vivenciadas no cárcere: "Contarei um dia, se puder, o que me sucedeu em 1936: descreverei o Pavilhão dos primários, a sala da Capela, a Colônia Correcional de Dois Rios. E no livro que tenciono escrever um dia, falarei sobre coisas que não puderam ser ventiladas ainda" (RAMOS, 2014, p. 168).

Esses episódios traumáticos propiciaram o surgimento de inúmeras narrativas de cunho testemunhal que, conforme Seligmann-Silva (2008), põem em xeque o ato de representar, tendo em vista os horrores inenarráveis cometidos nos campos de concentração nazistas. Dentro desse contexto, urge haver um novo modelo de narrativa – a escrita com forte teor testemunhal – em que não há como traduzir o "real" plenamente; não obstante, permanece uma necessidade imperiosa de representação dos terríveis fatos acontecidos.

Nesse sentido, somente a arte pode enfrentar o desafio de representar o indizível[29], pois o testemunho apresenta-se sob o signo de sua simultânea necessidade e impossibilidade. Na escrita de teor testemunhal, há uma cisão entre a linguagem e o fato acontecido, por essa razão, surge a impossibilidade de recobrir o vivido com a linguagem. Georges Perec (1995) afirma que "o indizível não está escondido na escrita, é aquilo que muito antes a desencadeou" (PEREC, 1995, p. 54), ou seja, a linguagem nasce de uma reescritura dolorosa do real, que é vivido como um trauma. Na concepção freudiana, o trauma é um acontecimento da vida de um indivíduo que se caracteriza pela incapacidade em que se encontra o sujeito de lhe responder de maneira adequada, "pelo transtorno e pelos efeitos patogênicos duradouros que provoca na organização psíquica" (LAPLANCHE; PONTALIS, 1986, p. 678). A experiência traumática é, para Freud, aquela que não pode ser inteiramente assimilada no momento em que ocorre. Na escrita com teor testemunhal, a narração seria não tanto dos fatos violentos, mas da resistência ao entendimento desses eventos traumáticos. A história do trauma é a cena de um choque violento que retorna, que se repete na recordação daquele que o vivenciou.

Com *Memórias do cárcere,* Graciliano Ramos atua como uma testemunha no panorama político de seu tempo, através da literatura, dando voz àqueles que não puderam fazê-lo e resgatando uma dívida para consigo mesmo e para

29 O escritor alagoano, sobre a necessidade da escrita de um livro de memórias para relatar as sofridas vivências no cárcere, destaca, ao periódico *Tribuna Popular*, em 12 de fevereiro de 1947, que não poderia sintetizar numa entrevista as agruras por que passou e todos os fatos que testemunhou: "Tudo isto não pode ser resumido assim numa entrevista e se encontra nas *Memórias* que estou escrevendo" (RAMOS, 2014, p. 186). Por conseguinte, a escrita das memórias sobre as vivências no cárcere só poderia ser representada por meio da arte, da literatura, a fim de alcançar a sua plenitude.

com outros, ainda que não seja possível descrever os fatos passados com precisão absoluta. Seligmann-Silva (2003) destaca a importância de se considerar uma "ética de representação", diante da escrita da memória, num século tão violento na história da humanidade, o século XX, pois existe uma dívida com o passado e com os mortos, embora não haja a possibilidade de uma tradução total dos fatos acontecidos. Por isso, importa questionar: como lidar com questões relativas a eventos-limite, como os genocídios do século XX, como as ditaduras com suas práticas de repressão através da tortura e do desaparecimento de tantos indivíduos? "Segundo Benjamin, vale afirmar que é nos fenômenos-limite que o pensamento encontra os (des)caminhos/desvios que permitem melhor desdobrar as ideias" (SELIGMANN-SILVA, 2003, p.64). E a ironia é justamente uma figura apta para representar e não reproduzir esse tipo de situação-limite porque desdobra significados através da duplicidade de sentidos.

A linguagem desconstruída pela vivência do trauma só pode enfrentar a dura realidade da experiência vivida utilizando também a imaginação: "por assim dizer, só com a arte a intraduzibilidade pode ser desafiada – mas nunca totalmente submetida" (SELIGMANN-SILVA, 2008, p. 40).

Nessa perspectiva, na narrativa memorialística em que essa necessidade e simultânea impossibilidade transformam-se em arte. Em *Memórias do cárcere*, mostra-se "uma voz desconfiada, avessa à condenação por princípio e ao louvor" (BOSI, 1995, p.2). Por intermédio do testemunho de quem contempla corpos sofridos, o narrador faz uma dolorosa revisão de seus juízos de valor, experimentando e presenciando situações inumanas, de sofrimento inenarrável, que deixarão marcas inolvidáveis: "Novecentos homens num curral de arame (...) – Bichos, vivíamos como bichos" (p.71, v. 2).

Essa situação vivida e relatada por Graciliano Ramos remete-nos à narrativa de testemunho do judeu Primo Levi, em É isto um homem? (1947), que narra sua experiência num campo de concentração nazista, Auschwitz, na Segunda Guerra Mundial. Entretanto, diferentemente do autor alagoano, Levi tornou-se escritor a partir da necessidade de dar testemunho. Conforme Giorgio Agamben (2008), "Um tipo perfeito de testemunha é Primo Levi. [...]

Mas ele não se sente escritor; torna-se escritor unicamente para testemunhar" (AGAMBEN, 2008, p. 26). Ao contrário do autor alagoano, que já era um escritor conhecido, Primo Levi, químico de profissão, converteu-se em escritor, uma vez que era imprescindível testemunhar a cruciante experiência pela qual fora obrigado a passar[30].

Intrinsicamente ligado à vivência dos fatos que são narrados, na obra de Graciliano Ramos, o fazer literário do autor caracteriza-se pela escrita do testemunho: "(...) só me abalanço a expor a coisa observada e sentida" (p.61, v. 1). Sobre a questão de o autor necessitar vivenciar para escrever, o escritor alagoano afirmou em uma entrevista: "Da minha parte eu não poderia nunca conceber um romance abstrato, um romance de fuga. Meus romances são todos sobre o Nordeste porque ali vivi a minha mocidade, é o que eu realmente conheço e sinto" (RAMOS, 2014, p. 250). Em certo sentido, toda a obra do escritor Graciliano Ramos é marcada por um teor testemunhal, ligado à dimensão da experiência vivida, uma vez que escrever, para o autor, é uma necessidade impreterível[31], precisamente por se concretizar a partir desse veículo indissolúvel com a experiência, como afirma Antonio Candido:

> A escrita era uma vocação imperiosa, vencendo peia, timidez, pudor, desconfiança, tornando-o um servidor da vida, no sentido de que esta o estimulava e perturbava, nele e fora dele, obrigando-o a lhe dar categoria de arte. Para Graciliano, a experiência é a condição da escrita [...] (CANDIDO, 1992, p. 58).

30 Em carta a familiares, escrita em Turim, datada de 11 de novembro de 1945, anteriormente à publicação de É isto um homem?, Primo Levi fez um relato sobre a experiência pungente e humilhante, que vivenciara no campo de concentração nazista: "Raspam nosso cabelo, tatuam em nosso braço números progressivos, tiram nossas roupas e nos vestem com imundos trapos listrados: não éramos mais homens. Ninguém mais espera sair" (2019). Disponível em: https://www.jornalopcao.com.br/colunas-e-blogs/imprensa/carta-de-primo-levi-para-sua-familia-no-brasil-antecipa-literatura-sobre-auschwitz-197897/. Acesso em 06 out 2020.

31 O escritor, em entrevista concedida a Ruy Facó, em 1945, afirmou: "Só encontro mesmo satisfação verdadeira em escrever" (RAMOS, 2014, p. 159). O entrevistador inicia o texto com a seguinte afirmação sobre o autor, destacando sua personalidade reservada, que a seu ver, contrasta com o vigor de seus livros: "Homem fechado, pensando muito e falando pouco – introspectivo, como dizem os críticos literários -, tem-se a impressão de que Graciliano Ramos guarda toda a sua energia comunicativa para externá-la através de seus romances e seus contos" (RAMOS, 2014, p. 157). Essa afirmação é reiterada em entrevista a Homero Senna, em 1948: "-Poderia, hoje, deixar de escrever? – Quem me dera poder deixar..." (RAMOS, 2014, p. 198).

Numa carta à irmã, Marili Ramos (1986), que havia publicado um conto num jornal de Alagoas, Graciliano faz um alerta sobre a importância de um autor criar seus personagens tendo por modelo a própria vida e a própria experiência. Dessa forma, o autor afirma: "Só conseguimos deitar no papel os nossos sentimentos, a nossa vida. Arte é sangue, é carne. Além disso, não há nada. As nossas personagens são pedaços de nós mesmos, só podemos expor o que somos" (RAMOS, 1982, p. 213). No livro de crônicas *Linhas tortas* (1971), no ensaio "O fator econômico no romance brasileiro", Graciliano defende a postura de que é fundamental que o romancista seja um observador cuidadoso dos fatos, assinalando que esta falta de observação seria o grande equívoco da produção da narrativa nacional. Exaspera-se ao falar do novo livro de José Lins do Rego, *Usina* (1936), ao destacar que, para José Lins, faltava a experiência concreta do vivido para retratar o assunto abordado, a prisão, para a construção da representação literária, como se lê, ironicamente, nas *Memórias:* "O admirável romancista precisava dormir no chão, passar fome, perder as unhas na sindicância. A cadeia não é um brinquedo literário" (p. 206, v. 1). Entretanto, ao mesmo tempo em que critica, reconhece em Lins do Rego um excepcional memorialista, quando se refere à escrita das *Memórias*: "Não me seria possível reconstituir Gaúcho. Isso era para José Lins, retratista de almas" (p. 207, v. 1).

Desse modo, para o narrador das *Memórias*, há uma relação íntima entre a escrita e a experiência, por isso confessa sua "incapacidade" de fazer literatura dissociada da vivência dos acontecimentos. Afirma não se interessar por nada além do que fora rigorosamente observado. "Essa questão me perseguia [...] Conseguiria um sujeito livre, [...] diante de uma folha de papel, adivinhar como nos comportávamos entre aquelas paredes escuras? Tipos iguais a mim seriam incapazes disso" (p. 335, v. 1).

O autor alagoano tem como ponto de partida a experiência específica do sofrimento para criar sua narrativa, pois através desta, origina-se um distanciamento entre o homem e o mundo. Somente através da escrita, o autor dá nova forma a esse indivíduo que experimenta o sofrimento doloroso. Unicamente, por meio do fazer literário, Graciliano consegue dar sentido à sua própria vida e ao mundo em que está inserido. Segundo Horst Nitschack (2009), abre-se uma fissura entre o indivíduo e o mundo e esta é a condição da existência e da liberdade do escritor, por isso a "transformação de um sujeito de sofrimento (..) em um sujeito que se apodera do mundo é somente possível, [...] no ato de significar o mundo, em outras palavras, no ato de escrever" (NITSCHACK, 2009, p. 240).

A obra que culmina na escrita memorialística é escrita a partir de sua própria experiência: a escrita ficcional[32] não lhe parecia mais suficiente para a representação literária de sua interioridade e ou de suas vivências. O fato de ter consagrado os últimos anos da vida a relatar uma experiência dessa magnitude prende-se, evidentemente, ao desejo de "testemunhar e ao viés melancólico, que caracteriza suas obras autobiográficas e é consequência lógica da marcha de sua arte, cada vez mais atraída pelo polo da confissão" (CANDIDO, 1992, p.89).

Graciliano Ramos chega ao testemunho de sua vivência pessoal e como artista da palavra[33], no universo representado pelo cárcere e por meio do questionamento da própria natureza da literatura, pois "em Graciliano, a literatura é sempre testemunhal. Não a literatura nem o testemunho, mas o testemunho feito literatura" (BASTOS,1998, p. 20). A fidelidade à literatura é assumida pelo escritor. Não sendo um fim em si mesma, a literatura é a via de que dispõe para dar testemunho de sua vivência e da história, numa época de grandes impactos sociais no Brasil e no mundo.

Modelo de escrita memorialística, *Memórias do cárcere,* por sua sensibilidade, apresenta, de forma exemplar, alguns elementos das reflexões desenvolvidas nas teses de "Sobre o Conceito de História", por Walter Benjamin (1993). Nas Te-

32 Sobre a questão do fazer literário que deve ser visto como criação original ou como recriação de algo que já existe, escreve George Steiner (2003): "Sempre que se discutem modos estéticos de elaboração, o conceito de criação é simultaneamente inevitável e problemático. Uma compreensão rigorosa da mimesis (como na *República* de Platão) e uma leitura cuidadosa da *imitatio* (como em certos neoclassicistas e realistas radicais) limitam-se a reconhecer a órbita da 're-criação'. [...] O artista 're-conta'; ele estabelece o inventário do já existente. [...] Talvez a fantasia artística só possa reajustar a composição de certos mosaicos e justapor, por meio de montagens e colagens, o que já estava lá" (STEINER, 2003, p. 31-32).

33 Como destacam Lebensztayn e Salla(2014), na obra de Graciliano Ramos, evidenciam-se "as arbitrariedades do poder; a condição do escritor no Brasil; sua própria práxis literária; seus posicionamentos críticos quanto à produção de seus colegas de geração [...]" (RAMOS, 2014, p. 16).

ses, o filósofo alemão defende a escrita de uma narrativa da história que deveria se caracterizar, essencialmente, por assumir em seu fazer literário, uma postura solidária aos vencidos, aos oprimidos. Este é o posicionamento do narrador nas *Memórias*.[34] Na visão benjaminiana, que dialoga criticamente com o historicismo prevalente em sua época, apropriar-se de fatos passados não tem o sentido de narrar estes fatos exatamente como aconteceram[35], mas sim, "apropriar-se de uma reminiscência, tal como ela relampeja no momento de um perigo. (...) o perigo é sempre o mesmo: entregar-se às classes dominantes como instrumento"[36] (BENJAMIN, 1993, p. 224). Como o filósofo e escritor Walter Benjamin, durante o nazifascismo, Graciliano Ramos sabia que, na condição de escritor, tinha o dever de testemunhar, não poderia assumir uma atitude neutra diante do cenário nacional da época: o governo autoritário de Getúlio Vargas e sua temporária relação com o fascismo europeu. A escrita é o meio utilizado pelo escritor para construir um elo entre o presente e o passado, de modo crítico, resgatando os acontecimentos do tempo pretérito, através do testemunho do sofrimento vivido por ele e pelos outros prisioneiros no cárcere.

A escrita memorialística é dúplice: construída pela memória individual dos fatos históricos, porém sem alijar a dimensão de uma "realidade objetiva". Essa dupla dimensão da escrita de memórias corresponde à duplicidade do testemunho, visto que pretende ser legítimo, verdadeiro, objetivo, embora a subjetividade inerente à escrita testemunhal interfira na narrativa. O testemunho, pois, cons-

34 Como Jeanne Marie Gagnebin (1993) assinala, as teses devem ser analisadas como uma concepção da história que se vincula a uma prática discursiva e também política, pois não são apenas uma especulação sobre o devir histórico 'enquanto tal', mas "uma reflexão crítica [que] remete às questões mais amplas da prática política e da atividade da narração" (GAGNEBIN, 1993, p. 7). (grifo da autora)

35 Leopold Von Ranke (1795-1886), historiador alemão do século XIX, cuja postura intelectual era a de listar e organizar os fatos históricos, articulava-os com o contexto contemporâneo, dando-lhes forma. Dessa maneira, a seu ver, não era dever do historiador emitir opinião. Ranke procurava retratar "os fatos históricos tal qual realmente se passaram" (RANKE apud LÖWY, 2007, p. 68) na tentativa obcecada de recuperar o passado.

36 Seligmann-Silva (2020) afirma que Benjamin possuía um objetivo claro ao escrever as Teses: lutar contra o fascismo que estava em ascensão. "É fundamental ter em mente que Benjamin compôs essas teses visando combater o fascismo no qual várias nações da sua época afundavam" (SELIGMANN-SILVA, 2020, p. 38).

trói-se numa zona limítrofe: pretende relatar os fatos tais quais como ocorreram para suscitar a confiabilidade do leitor, no entanto, expressa também os sentimentos do narrador que variam de acordo com as situações vivenciadas (BOSI, 1995).

Nessa perspectiva, o narrador das *Memórias* assume a postura de um observador que estabelece para si mesmo um lugar, uma perspectiva circunscrita: "É uma visada tópica, que se detém no horizonte mais próximo possível da situação vivida e não se dispõe a ultrapassá-lo como se receasse dizer mais do que sabe" (BOSI, 1995, p. 2).

Graciliano é, ao mesmo tempo, personagem e testemunha de situações pessoais e coletivas ocorridas no contexto histórico do governo getulista. É nesse contexto que Jacó Gorender (1995) destaca um episódio importante que denominou "anacronismo histórico" na escrita das *Memórias*. Trata-se do episódio em que Olga Benário Prestes[37] e Elisa Berger – presas políticas e comunistas – são levadas pelos policiais a fim de serem extraditadas para a Alemanha nazista de Hitler. Ao descrever essa cena, Graciliano Ramos refere-se às câmaras de gás, aos fornos crematórios e aos campos de concentração, entretanto, como assinala Gorender, historicamente, isso não fazia sentido porque à época, no ano de 1936, já havia os terríveis campos de concentração, mas ainda não existiam os fornos crematórios e as câmaras de gás. "Estes foram inventados em 1940 e utilizados em larga escala, somente em 1942, logo depois que Hitler e a cúpula do nazismo finalmente aprovaram a *solução final* para os judeus" (GORENDER, 1995, p. 2). Grifo do autor

Desse modo, a "falha de memória" do escritor deve-se ao horror que os nazistas e suas práticas impingiram a toda a população mundial, mesmo a quem acompanhava de longe o desenrolar desses acontecimentos que foram tão

37 Ao jornal *Tribuna Popular*, em 1947, o escritor afirmou: "Olga Benário Prestes foi minha vizinha e cubículo. [...] Lembro-me bastante da sua figura, da sua energia. Da noite em que a retiraram, a fim de enviá-la para a Alemanha, não me esqueço nunca. [...] Inventaram que ela seria levada, em virtude de sua gravidez, para o hospital Gaffrée e Guinle. Mas assim que se viram na rua os policiais desfizeram-se da amiga e do médico, que acompanhavam Olga Benário. Uma única vez falei com ela; foi uma das minhas transferências, quando me despedi de todos os companheiros de prisão" (RAMOS, 2014, p. 184).

trágicos para a humanidade. Assim, o nazismo, como um movimento político e ideológico que representava uma das faces do ódio, associou-se ao imaginário coletivo, que sentiu sobre seus ombros uma pressão difusa, intimidação que levou o memorialista a cometer o "anacronismo histórico, não como deslize, porém como equívoco indicativo mentalizado" (GORENDER, 1995, p. 5). A memória falha em relação a um fato singular, porém não malogra no sentido geral que atribui aos acontecimentos vivenciados.

Nesse contexto, o narrador das *Memórias* esclarece que o seu testemunho não é um documento histórico, não pretende ser uma réplica fiel dos fatos que aconteceram. O memorialista faz um pacto com o leitor no que diz respeito à exatidão dos fatos que serão relatados e à publicação, pois está ciente da gravidade de seu estado de saúde e assume que sua narrativa não é o trabalho de um "especialista", de um historiador ou de um jornalista, além de, ironicamente, referir-se à iminência da própria morte, o que colocaria o autor da narrativa numa posição vantajosa. Walter Benjamin assinala que a "morte é a sanção de tudo o que o narrador pode contar" (BENJAMIN, 1993, p.208). Desse modo, o narrador ironiza não só o tema da iminência da morte[38], que, a seu ver, o deixaria mais "livre" para escrever, mas também a figura daqueles que seriam as pessoas mais capacitadas para fazer o relato.

> Estou a descer para a cova, este novelo de casos em muitos pontos vai emaranhar-se, escrevo com lentidão – e provavelmente isto será uma publicação póstuma, como convém a um livro de memórias. Realmente há entre os meus companheiros sujeitos de mérito, capazes de fazer sobre os sucessos a que vou referir-me obras valiosas. Mas são especialistas, eruditos, inteligências confinadas à escrupulosa análise do pormenor, olhos afeitos a investigações em profundidade. [...] Em relação a eles, acho-me por acaso em situação vantajosa. Tenho exercido vários ofícios, esqueci todos, e assim posso mover-me sem nenhum constrangimento. (p. 35, v.1)

38 Freud (2020) assinala que [...]nossa relação com a morte possui um efeito poderoso sobre a nossa vida. A vida empobrece, ela perde o interesse quando a aposta mais alta nos jogos da vida, justamente a própria vida, não pode ser arriscada. [...] a tendência a excluir a morte dos cálculos da vida traz como consequência muitas renúncias e exclusões" (FREUD, 2020, p. 119). Graciliano Ramos, quando escrevia suas *Memórias* sabia que morreria em breve. Ao contrário da tendência exposta por Freud, tentou calcular o tempo que lhe restava para escrever o relato, embora não pudesse precisar, com exatidão, até que ponto poderia chegar.

Reiteradamente, o narrador utiliza a ironia para se referir à própria morte, fato de que tem a plena certeza da proximidade. A duplicidade, inerente à ironia, se dá quando o narrador elogia "as inteligências confinadas" para criticá-las e afirmar que se encontra numa posição privilegiada em relação a elas. Graciliano Ramos legitima também a ideia de que a escrita do testemunho deve dispor de uma considerável margem de liberdade, revelando um modo não pessoal de tratar o fluxo da memória, construindo uma verdade sua que se constituiria como uma dentre as muitas versões possíveis dos acontecimentos.

Desse modo, não é intuito do narrador redigir uma narrativa em que a representação dos fatos se constituam como uma verdade absoluta. Deseja tecer uma narrativa em que o jogo entre o esquecimento e a memória se configura de forma singular. Assim, mesmo não tendo recebido uma confirmação alheia, os fatos narrados integram uma experiência que foi percebida e vivenciada pelo narrador e que pode coincidir ou não com a leitura predominante entre os especialistas que estudaram aquele momento histórico tão relevante do país.

Um exemplo emblemático dessa leitura do Brasil dos anos 1930 é o modo como o memorialista representa a figura de Luís Carlos Prestes (1898-1990), um dos mais importantes líderes comunistas brasileiros, uma figura contraditória: por um lado, um homem de fibra que estaria a serviço de seu país, no Partido Comunista; por outro, uma figura ambígua mítica, um apóstolo e um fantasma, imagens que remetem a um plano religioso ou suprassensível: "estranho", "o estranho homem", ou "essa estranha figura de apóstolo", 'fantasma", "sonâmbulo". Quando se refere à Coluna Prestes, afirma com veemência seu ceticismo em relação ao movimento, considerado por ele pouco sólido, sem objetivos claros. Prestes é descrito como um homem que assume a postura de um grande revolucionário, pois se abala com a sorte da população miserável do país, mas ao mesmo tempo, é apresentado pelo narrador como um discípulo fiel e humilde, que trabalharia a serviço de uma causa, a revolução comunista. Graciliano Ramos deixa entrever nessas linhas de *Memórias do cárcere* uma profunda admiração por Luís Carlos Prestes, mas também uma desconfiança, – que já havia demonstrado, quando se referiu a outros personagens, – em relação às atitudes do líder comunista.

> Mas essa estranha figura de apóstolo disponível tinha os olhos muito abertos, examinava cuidadosamente a vida miserável de nossas populações rurais [...] Defendia-se com vigor, atacava de rijo; um magote de vagabundos em farrapos alvoroçava o exército [...] Agora essa criatura singular, incapaz de retrocesso ou hesitação, possuía um roteiro [...] andaria seguro para frente, insensível a estorvos e fadigas [...] a experiência obtida na marcha quixotesca muito iria lhe servir. [...] Ainda não dispunha de meios para avaliar com segurança a inteligência de Prestes: dois ou três manifestos, repreensões amargas aos antigos companheiros, eram insuficientes. Admirava-lhe, porém, a firmeza, a coragem, a dignidade.[39](p.82-83, v. 1)

O líder comunista, que liderou a Coluna Prestes (1925-1927) e que percorreu o Brasil numa luta armada contra o governo do presidente Arthur Bernardes, é descrito pelo memorialista com palavras do âmbito sacral como "apóstolo", ou até mesmo com expressões em que se refere a Prestes como alguém movido por uma fantasia, como a expressão "marcha quixotesca", o que mostra a ambiguidade presente no texto.

Outro irônico retrato de uma figura de autoridade manifesta-se na descrição do Capitão Lobo. Este homem aparece diante de Graciliano Ramos que, já preso em Alagoas, antes de ser embarcado para o Rio de Janeiro, é surpreendido com o oferecimento de dinheiro por parte do militar, de modo aparentemente desinteressado, e por isso mesmo, incompreensível para o narrador. Ao se deparar com a generosidade de um oficial do exército, o escritor, desconfiado, recusa a oferta com sentimentos contraditórios em relação a si mesmo e ao, supostamente, odioso militar:

> Frequentemente me surgiam na alma sulcos negros, hiatos, e as ideias se embaralhavam, a fala esmorecia, trôpega; havia agora, porém, espessa névoa e, através dela, muito longe, uma figura confusa a apertar-me rijo a mão, a desaparecer no alpendre, com certeza julgando-me estúpido e ingrato. (p. 108-109, v.1)

39 Em janeiro de 1949, Graciliano Ramos publicou um texto denominado "Prestes", no periódico *Classe operária*, em que, mais uma vez, exalta a coragem e a determinação do líder comunista, como se lê no fragmento a seguir: "[...]há em Prestes uma dignidade fundamental, incontrastável. É a essência de seu caráter. [...] Seria difícil achar quem lhe negasse respeito à austeridade imutável, maciça, que o leva a afrontar serenamente duas fadigas e sacrifícios horríveis – coisas previstas e necessárias". In: RAMOS, Graciliano. *Garranchos*. Org: SALLA, Thiago M. Rio de Janeiro: Record, 2012.

Para o narrador, um oferecimento de empréstimo vindo de um militar era algo totalmente desprovido de sentido naquela situação, pois ele e o capitão estavam em lados opostos. Graciliano Ramos esperava apenas maus tratos por parte de um capitão do exército e se sentia muito confuso e embaraçado diante daquele episódio para o qual não encontrava explicação. Ironiza ao afirmar que preferiria ser tratado com brutalidade, o que lhe pareceria "normal" para a postura de um militar: "Insolência e brutalidade com certeza me atiçariam ódio, mas seriam compreensíveis, e nada pior que nos encontrarmos diante de uma situação inexplicável" (p.113, v. 1).

Inexplicável também para o narrador é o conflito gerado em sua consciência, diante de situações incompreensíveis vivenciadas por ele e pelos companheiros no cárcere, que o obrigam a realizar uma revisão de juízos de valor, conforme mencionamos acima, enquanto testemunha, numa reelaboração de conceitos pré-estabelecidos e arraigados em sua consciência de homem e de intelectual. Esse processo de discernimento e de postura em relação aos valores ocorre porque "a prisão traz à luz o lado vil dos que, fora dela, se supõem indefectivelmente briosos" (BOSI, 1995, p. 7). A sensibilidade do narrador das *Memórias* vem à tona, devido à situação cruel a que é submetido juntamente com os outros presos, o que faz com que seja movido pela compaixão[40]. Como testemunha, necessita reeducar-se, relativizar seus pontos de vista morais e éticos, pois teme ser considerado preconceituoso. Bosi assinala o caráter arbitrário do preconceito como algo muito subjetivo e que aflora pela generalização indevida de certas experiências do indivíduo: "E afinal, o que será o preconceito se não a generalização abusiva de alguma experiência, real sim, mas singular e descontínua em relação a outras de que a aproxima o nosso arbítrio?" (BOSI, 1995, p. 7).

Em muitos momentos, o narrador reflete sobre o processo interno sub-

40 Para Seligmann-Silva (2009), piedade e compaixão são sentimentos que diferem entre si. A piedade baseia-se nas relações que temos com aqueles que sofrem, maior será a piedade quanto maior for a semelhança de nossa condição com a daquele que padece; a palavra compaixão exprime uma comoção, que se trata de um sofrimento, de uma paixão que compartilhamos com outrem, em que, "no entanto é menos o homem que sofre, do que sua natureza que padece, que se revolta maquinalmente e coloca-se ela mesma em uníssono com a dor". (SELIGMANN-SILVA, 2009, p. 90) O sentimento de compaixão move a atitude e a descrição na escrita de Graciliano Ramos.

jacente ao comportamento de indivíduos vivendo sob um governo autoritário[41]. Ver-se-ia impelido a rever seus conceitos, o que faria com que as suas convicções enraizadas fossem desestabilizadas. "O espírito indaga em vez de rejeitar ou condenar. Essa mudança na ótica da testemunha ocorre mais de uma vez" (BOSI, 1995, p.8).

Esse reexame de princípios do narrador também emerge, quando é conduzido ao navio *Manaus*, juntamente com outros prisioneiros. Ao entrar na embarcação, o preconceito aflora em relação ao soldado negro que o empurra com uma pistola, o que é descrito como uma situação humilhante:

> Ao pisar o primeiro degrau [da escada do navio], senti um objeto roçar-me as costas: [...]O ferro tocava-me as costelas, impelia-me, os bugalhos vermelhos do miserável endureciam-se estúpidos. Em casos semelhantes, a surpresa nem nos deixava conhecer o perigo: experimentamos raiva fria e impotente, desejamos fugir à humilhação e nenhuma saída aparece. Temos de morder os beiços e baixar a cabeça, engolir a afronta (p.123, v. 1).

O narrador é levado a uma reflexão sobre o comportamento contraditório e por vezes, incompreensível, do ser humano quando está sob a égide do poder diante de outro indivíduo numa situação degradante. Aqui sobressai a humilhação sofrida pelo escritor em detrimento da violência, que é a sua causa. Profundamente abalado após ter vivenciado uma situação humilhante, surpreende-se com a generosidade do outro soldado, também negro, que lhe traz água, várias vezes seguidas, apesar de ter de percorrer uma longa distância para fazer este favor ao escritor, que estava confinado no porão do navio, com os outros presos: "Não podia esquivar-me àquela piedade que ali espreitava o fundo do porão, em

41 De acordo Lamounier e Meneguello (1986), o primeiro governo Vargas (1930-1945) o país "assistiria a uma enorme acentuação da ideia de um poder unitário, não-mobilizante[..] realmente de uma inflexão ideológica estimulada pelo clima autoritário do entreguerras e patrocinada, a partir de 1937, pelo Estado Novo" (LAMOUNIER, MENEGUELLO, 1986, p. 42). Entretanto, no segundo governo Vargas (1951-1954), conforme a visão de Fonseca (2010), houve significativa mudança no direcionamento da governança e pôde-se "detectar no período a existência de um projeto de longo prazo cujo epicentro era a industrialização acelerada e a modernização do setor primário – em linhas gerais o que se convencionou denominar de Nacional-Desenvolvimentismo" (FONSECA, 2010, p. 3).

busca de sofrimentos irremediáveis. Nunca percebera, ao longo dos anos, casos semelhantes" (p. 154, v. 1).

Um simples gesto daquele soldado teve um resultado significativo para o memorialista, uma vez que lhe fez enxergar o sentido da solidariedade desinteressada entre pessoas que, em princípio, deveriam se odiar. Para o escritor, é a experiência de um ato justo, que é narrada como algo inexplicável, como assinala Coelho (2011), uma vez que, naquelas circunstâncias, "'Tudo conduziria, na verdade, à vingança, à maldade, ao rancor. Este é o estado 'natural' dos homens tais quais são. Graciliano não se conforma com as eclosões naturais de bondade no mundo: desconfia delas" (COELHO, 2011, p. 291) Grifo do autor.

O narrador busca, com a desconfiança que é característica da sua personalidade, entender o que ocorreu, mas não consegue compreender essas manifestações humanas tão contraditórias, pois não reconhece humanidade nos representantes do poder constituído.

Na posição do narrador que dá testemunho ao vivido, o autor coloca-se não só no papel daquele que é a testemunha, mas também como escritor, aquele que tenta ver, compreender, descrever e interpretar o universo discrepante dos sentimentos humanos.

Do mesmo modo, mostra-se incompreensível para o narrador outro episódio que revela a contradição dos sentimentos humanos e também do ambiente carcerário e que se reflete na escrita: é o que ocorre ainda no quartel do 20º Batalhão do Recife, o primeiro cárcere para onde foi levado o escritor. O narrador assiste a uma cena inexplicável para alguém como ele, no pátio do quartel, um episódio que o impressiona consideravelmente: Nunes Leite – advogado de alguns presos políticos – chora convulsivamente, numa expressão incontrolável de desespero, nem mesmo tendo o cuidado de esconder o rosto com as mãos. Isso causa estranheza ao narrador e um mal-estar por desconhecer o que havia acontecido para que o advogado se comportasse daquela maneira. "Para bem dizer não havia lágrimas: era um borbotão a rolar no rosto, [...] como se torneiras íntimas se houvessem relaxado, [...] Nenhum pudor, nem o gesto maquinal de pôr as mãos na cara, tentar esconder a imensa fraqueza" (p.99, v.1). Sem conseguir compreender a postura de Nunes Leite, busca interpretar a cena: por estarem vivendo num estado de exceção, os direitos individuais teriam sido suspensos e os clientes do advogado Nunes Leite não teriam mais direito ao *habeas corpus*. O profissional da advocacia, habituado à cerimônia, ao protocolo dos tribunais, sucumbiria diante dos desmandos do governo, que trazia profundas angústias e incertezas, que representava o caos no país. "Se os defensores da ordem a violavam, que deveríamos esperar? Confusão e ruína. [...] Era por isso talvez que o bacharel Nunes Leite chorava". (p. 102, v. 1)

O episódio descrito acerca da situação do advogado Nunes Leite revela, mais uma vez, um traço permanente do narrador: o autoquestionamento, processo que percorre a escrita das *Memórias*. Nesse sentido, o memorialista indaga-se sobre como se comportaria diante de um perigo iminente, até que ponto poderia se entregar e se deixar abater pelo medo, como no caso do advogado Nunes Leite: "Se um perigo surgir, de que modo me comportarei? Reagirei como um sujeito decente ou sucumbirei, trêmulo, acanalhado? (p.105,v.1). Essa postura de autoindagação acarreta uma discussão eminentemente ética, visto que implica uma escolha. Apresenta-se uma duplicidade em que alternativas contraditórias se revelam.

Nesse processo de autoquestionamento, também desperta a atenção a inicial aversão aos homossexuais. A respeito desse aspecto, o narrador explicita o quanto se sente enojado. Todavia, com o decorrer da narrativa, reconsidera, mais uma vez, os seus princípios, os seus valores, até aquele momento, materializados:

> Faltava-me examinar aqueles homens, buscar transpor as barreiras que me separavam deles, vencer este nojo exagerado, sondar-lhes o íntimo, achar lá dentro coisas superiores às combinações frias da inteligência. Porque desprezá-los ou condená-los? Existem – e é o suficiente para serem aceitos. [...] Será um nojo natural ou imposto? Quem sabe ele não foi criado artificialmente, com o fim de preservar o homem social e obrigá-lo a fugir de si mesmo? (p. 311, v. 1).

Empenhando-se para compreender o comportamento daqueles homens, as suas escolhas sexuais, fazendo um movimento de autocrítica, quer eliminar os obstáculos que o distingue deles, esforçar-se para vencer o preconceito enraizado dentro de si mesmo. Nesse procedimento retórico em que se autoquestiona permanentemente, impõem-se alternativas que se excluem, configurando um processo de revisão das próprias ideias o que leva ao autoconhecimento, à observação de si. A autoanálise propiciada pelo encarceramento e consequente modo de pensar e ver a si mesmo e os outros seres humanos leva a uma necessidade de reflexão sobre a construção desse *eu* no texto das *Memórias*.

Nesse *eu*, conjugam-se o homem e o escritor, cada um com suas peculiaridades. Estas se complementam para conceber a obra que será um testemunho pessoal e a construção de um painel social e político da década de 1930[42] (CANDIDO, 1999). A necessidade de escrever a obra brota de sua própria essência de homem e de escritor, pois o compromisso com a literatura, com a ética, com a justiça, com a sociedade são valores dos quais nunca abrirá mão, mesmo nos momentos mais cruciais.

> Para ele, o comportamento político – forma superior da ânsia de testemunho – foi um tipo de manifestação pessoal em que a sua imperiosa personalidade se completou, harmonizando-se livremente com uma imperiosa ideologia. (CANDIDO, 1999, p. 69) grifo do autor

Graciliano Ramos esperou dez anos, como foi mencionado anteriormente, para redigir suas memórias sobre os tempos do cárcere, visto que urgia desprender-se (mesmo que não totalmente) do peso do trauma que vivenciou para retomar esse passado, através da escrita. A ética e, sobretudo, a fidelidade do escritor à literatura fizeram com que não silenciasse e redigisse a custo, as suas memórias, escolhendo o relato memorialístico, devido à liberdade que este gênero textual lhe proporcionaria para compor a narrativa.

Sem pretender escrever ficção, impõe-se a presença do elemento ficcional, pois é este que preencherá os vazios deixados pela memória. "Mas que significa isso? Essas coisas verdadeiras podem não ser verossímeis. [...] Afirmarei que sejam absolutamente exatas? Leviandade". (p. 36, v. 1)

Dessa forma, a memória, muitas vezes, é povoada pela ficção, visto que, segundo Paul Ricoeur (2007), um importante traço que caracteriza o esquema da lembrança são seus níveis variados, porque há uma "multiplicidade e os graus variáveis de distinção de lembranças. A memória está no singular, como

42 Conforme Lebensztayn e Salla (2014), o escritor fazia questão de "clamar contra a miséria dos sertanejos [que] era abafada pela ordem de calar, de permanecer de braços cruzados ou de limitar-se à arte pela arte"(RAMOS, 2014, p. 33-34), ou seja, Graciliano Ramos fez uma clara opção pela arte engajada.

capacidade e como efetuação; as lembranças estão no plural" (RICOEUR, 2007, p. 41).

O memorialista possui diversas lembranças em meio a muitas dúvidas "Certo a vida é cheia de incongruências, mas estaremos seguros de não nos havermos enganado? Nessas vacilações dolorosas, às vezes necessitamos confirmação" (p.37, v. 1). Essas lembranças apresentam-se isoladamente ou agrupadas, de acordo com as relações complexas a que se referem determinados temas ou circunstâncias, ou em sequências mais ou menos favoráveis à composição de uma narrativa. As lembranças podem são "formas discretas com margens mais ou menos precisas, que se destacam contra aquilo que poderíamos chamar de fundo memorial" (RICOEUR, 2007, p.41). A característica desse processo é aquela que se refere ao privilégio concedido aos acontecimentos, dentre todos os fatos de que se recordam o narrador. "A 'coisa' lembrada é simplesmente identificada a um acontecimento singular que se repete" (RICOEUR, 2007, p. 42).

Se existe um privilégio na "escolha" dos acontecimentos de que nos lembramos, é preciso questionar a confiabilidade de nossas recordações. O narrador das *Memórias*, que busca sua matéria nas minúcias e nas insignificâncias, questiona a confiabilidade de suas lembranças e das falhas da memória: "[...]convencemo-nos de que a minúcia discrepante não é ilusão. Difícil é sabermos a causa dela, desenterrarmos pacientemente as condições que a determinaram. Como isso variava em excesso, variávamos também". (p. 37. V. 1). Essa inconfiabilidade funda-se não só em uma debilidade, em um déficit do recordar, mas ao menos, em igual medida, em forças ativas que constituem a recordação.

Para Assmann (2012), a memória não atua somente com as recordações, ou seja, apenas com o passado, visto que "sempre está submetida aos imperativos do presente". (ASSMANN, 2012, p. 284).

Dessa forma, os sentimentos, as motivações e os desejos do presente trabalham como os "vigias" das recordações e do esquecimento. Esses fatores determinam quais são as lembranças que ficam disponíveis para o indivíduo no momento presente e quais se mantêm inacessíveis.

Dentre os indivíduos com quem conviveu no cárcere, o memorialista destaca o desafeto provocado pelo anspeçada Aguiar, soldado cuja aparência franzina contrastava com a imensa brutalidade: "[...]nanico, tinha péssimas entranhas, compensava a escassez física; normalizando a violência; arrogava-se poder imenso, de fato ali dentro superava as autoridades comuns, adstritas à censura e à regra" (p.57, v. 2).

A veracidade das lembranças dos acontecimentos que aparecem no relato de uma escrita com dimensão autobiográfica não se constitui como o elemento mais importante. (ARFUCH, 2010). Não tanto a 'verdade' do ocorrido, mas sua construção "narrativa, os modos de (se) nomear no relato, o vaivém da vivência ou da lembrança, o ponto do olhar, o que se deixa na sombra; em última instância, que história alguém conta de si mesmo" (ARFUCH, 2010, p. 73).

No caso da escrita de teor testemunhal, trata-se também da credibilidade que a narrativa consiga oferecer com seus traços enunciativos. Portanto, mais importantes que o conteúdo do relato por si mesmo – o conjunto de acontecimentos, episódios e atitudes descritos pelo narrador – são as estratégias ficcionais de autorrepresentação, como por exemplo, a afirmação do narrador sobre a necessidade de sua obra ser recebida como uma versão dos fatos que deve ser respeitada, apesar de não ser a única: "Nesta reconstituição de fatos velhos, neste esmiuçamento, exponho o que notei, o que julgo ter notado. Outros devem possuir lembranças diversas. Não as contesto, mas espero que não recusem as minhas" (p. 36, v. 1). As lembranças do narrador equivalem ao trabalho difícil da investigação minuciosa, do esquadrinhar, ao lado das dúvidas e da possibilidade de haver recordações diversas das suas.

Ainda segundo Arfuch, não existe identidade possível entre o autor e a personagem, nem mesmo nos textos autobiográficos porque não há coincidência entre a experiência vivencial e a totalidade artística. Essa questão assinala, primeiramente, o estranhamento do enunciador com relação à sua própria história, além de colocar o "problema da temporalidade configurando um desacordo entre enunciação e história" (ARFUCH, 2010, p. 75), como já mencionamos acima. Dessa forma, não se tratará apenas da reprodução fiel de acontecimentos ou vivências que retornam através das recordações[43].

43 Nietzsche enfatiza o papel do esquecimento no processo do recordar. A recordação está a serviço da consciência propositada, voltada a um agir. O homem de ação (expressão de Goethe) está sempre desprovido de consciência, no sentido de estar desprovido

Também na escritura de *Memórias do cárcere*, temos o efeito do esquecimento e a junção da experiência vivida pelo narrador no passado e a presença determinados pelas motivações e intenções do momento do presente da escrita. Além de oferecer ao público leitor um testemunho pessoal, intensivo e autêntico, Graciliano Ramos, ao mesmo tempo denuncia as arbitrariedades, permanecendo fiel ao seu compromisso político.

De fato, na fortuna crítica das *Memórias do cárcere*, a dimensão testemunhal é a que mais se destaca, sendo abordada tanto sob os pontos de vista literário como também histórico e político-social. Para que o testemunho seja eficaz, deve ser elaborado como construção literária composta por uma seleção de material da linguagem, da memória, dos acontecimentos, pois não há uma reprodução imediata e também não é possível relatar "como aconteceu", como queriam os historiadores do historicismo do século XIX.

Ao relatar o seu testemunho, o narrador recorre à figura da ironia muitas vezes, que utiliza para libertar-se de tendências paralisadoras típicas do temperamento melancólico, segundo a tradição da medicina antiga. É também empregado porque permite ao narrador um distanciamento necessário para representar pela escrita eventos traumáticos. Esse recurso é utilizado largamente não só nessa narrativa, mas em toda a obra do escritor, o que pode ser considerado um traço peculiar de seu fazer literário.

---

de ciência. Entende-se com isso que está disponível para quem age, no momento da ação, nada mais que um fragmento de seu saber e de suas recordações. "Ele esquece a maior parte das coisas para fazer uma apenas, é injusto com o que ficou para trás, e só conhece um direito, o direito do que agora deve vir a ser." (NIETZSCHE, 2003, p. 13) Nietzsche constata que a cultura, para combater esse esquecimento injusto, estabeleceu a moral e a consciência, que não é, entretanto, muito confiável, porque precisa do apoio da memória que se revela uma força frágil.

1.2 Tempo e construção da subjetividade em Memórias do cárcere

Nas narrativas autobiográficas e com dimensão testemunhal, como em *Memórias do cárcere*, é recorrente a busca do autoconhecimento, o voltar-se sobre si mesmo, o mergulho no *eu*, a minuciosa análise das experiências vividas, como esclarecemos acima. Philipe Lejeune (2008) aponta para uma possível definição de autobiografia: é uma narrativa "retrospectiva em prosa que uma pessoa real faz de sua própria existência, quando focaliza sua história individual, em particular sua história individual, em particular a história de sua personalidade" (LEJEUNE, 2008, p. 14). Portanto, o que o ensaísta denomina "pacto autobiográfico" consiste na narração de fatos passados em que o autor, o narrador e o protagonista são a mesma pessoa. Essa tríplice identidade suscita, conforme Lejeune, uma série de questões, como "a forma da linguagem, o assunto tratado, a situação do autor e a posição do narrador" (LEJEUNE, 2008, p. 15). A identidade do narrador-personagem suposta pela autobiografia é, na "maior parte das vezes marcada pelo emprego da primeira pessoa" (LEJEUNE, 2008, p. 16). Entretanto, o narrador das *Memórias* afirma que não deseja utilizar a primeira pessoa[44] em sua narrativa. O "eu" é o "pronomezinho irritante" do qual deseja esquivar-se: "Desgosta-me usar a primeira pessoa. Se se tratasse de ficção bem: fala um sujeito mais ou menos imaginário; fora daí é desagradável adotar o pronomezinho irritante" (p. 37, v. 1). O desgosto pelo uso da primeira pessoa tematiza o *eu* que indica um movimento narcisista[45]. Essa é uma negação meramente retórica da presença do

44 Sabrina Sedlmayer (2011) afirma que, no texto memorialístico de Walter Benjamin, *Infância em Berlim por volta de 1900*, o pronome "eu" aparece de forma paradoxal: "É utilizado, é presente, mas ao mesmo tempo é atravessado por livros, escrivaninhas, armários, jogos, pontes, borboletas, telefone, imagens de infância que, segundo o autor, antecipariam experiências históricas posteriores [...]" Graciliano Ramos, assim como Benjamin "parece querer experimentar e levar adiante a função do pronome, mas, vigilantemente, evitar a sua personalização." (SEDLMAYER, 2011, p. 47) Entretanto, para o escritor alagoano, a questão da utilização do pronome "eu" está representada de forma mais explícita, mais contundente do que na obra do filósofo alemão.

45 De acordo com Freud (2010), a palavra narcisismo é oriunda da descrição clínica e é um termo cunhado por P. Näcke (1899), "para designar a conduta em que o indivíduo trata o próprio corpo como se este fosse o de um objeto sexual, isto é, olha-o, toca nele e o acaricia com prazer sexual, até atingir plena satisfação mediante esses atos" (FREUD, 2010, p.10). Freud considerou o narcisismo como uma fase normal da evolução sexual

eu. O narrador deseja eliminar, talvez, o *eu* gramatical para dar ainda mais destaque ao *eu* subjetivo, pessoal. Numa tentativa obsessiva de fugir à expressão da subjetividade, esquiva-se, na medida do possível, da utilização da primeira pessoa porque isso o incomoda, pois não deseja personalizar o relato demasiadamente.

Apesar de o autor não desejar individualizar desmedidamente o relato, Clara Ramos, afirma que, ao transformar o prefácio das *Memórias* em capítulo, o escritor o fez para que os leitores não pudessem ignorá-lo[46]. Por isso, esse é um capítulo que se diferencia dos demais porque apresenta de modo mais claro a voz do autor. "Resolvo-me a contar, depois de muita hesitação, casos passados [...]" (p. 33, v. 1). Esse tom justificatório não se repetiria mais ao longo da narrativa.

O narrador das *Memórias,* na iminência da morte, após vivenciar a experiência dura do cárcere expõe as suas dificuldades para compor a narrativa:

> Com o decorrer do tempo, ia-me parecendo cada vez mais difícil, quase impossível, redigir esta narrativa". E quanto ao questionamento sobre a veracidade das informações, afirma de modo irônico: "Afirmarei que sejam absolutamente exatas? Leviandade. Em conversa ouvida na rua, a ausência de algumas sílabas me levou à conclusão falsa – e involuntariamente criei um boato. Estarei mentindo? Julgo que não". (p. 36, v.1)

O narrador se autoquestiona ironicamente, afirmando sofrer a influência de relatos de outros indivíduos, colocando em dúvida a veracidade dos fatos que vai relatar, o que também leva à reflexão do quanto pode ser fluida a escrita memorialística.

Nesses meandros da memória, não se pode esquecer do contexto histó-

---

de todos os indivíduos. Em 1914, definiu o narcisismo como a atitude resultante da transposição, para o *eu* do sujeito dos investimentos libidinais antes feitos nos objetos do mundo externo. (ROUDINESCO, 1998, p.544). De acordo com a teoria freudiana, o primeiro ideal narcísico, de onipotência, é forjado a partir do modelo de narcisismo infantil - narcisismo primário e o último é decorrente da convergência do narcisismo e das identificações com os pais, com seus substitutos e ideais coletivos – narcisismo secundário. (LAPLANCHE; PONTALIS, 1986, p. 37). Segundo Kehl (2011), o narcisismo secundário é conhecido vulgarmente como aquele que atua como "a dose essencial de estima que o ego dedica a si mesmo. O qual, por sua vez, é tributário das desilusões sofridas pelos pais em relação às suas próprias fantasias narcisistas: os filhos representam uma renovação das velhas esperanças infantis dos adultos, contrariadas pela realidade da vida" (KEHL, 2011, p. 55).

46 Cf. RAMOS, Clara. *Mestre Graciliano:* confirmação de uma obra. 1979, p. 52.

rico em questão: o governo eivado de contradições do presidente Vargas. No entanto, o que atrai o interesse do leitor para as *Memórias* não é apenas esse panorama da época; mas é, sobretudo a construção literária empreendida por Graciliano Ramos, o exercício de elaboração da matéria rememorada por um sujeito singular, um *eu*, como já foi assinalado pela crítica (BATISTA, 2011).

Memórias do cárcere seduz o leitor principalmente pela rememoração desses fatos históricos contundentes representados através de um fazer literário peculiar ao autor de *Vidas secas* em que se destaca a construção de um *eu* numa narrativa memorialística que dedica a maior parte de suas reflexões para traçar um perfil contraditório dos indivíduos e, principalmente, de si mesmo. Embora houvesse no cárcere, junto com o narrador, intelectuais que foram perseguidos como ele, Graciliano Ramos pouco dedica suas reflexões a estes indivíduos. Parece haver uma preferência por descrever figuras marginais da sociedade, como o ladrão, o assassino, os homossexuais, tendo em vista os valores vigentes no contexto dos anos 1930. O pouco interesse em descrever seus pares demonstra uma antipatia com estes indivíduos que partilham de uma comum condição de classe e uma simpatia ou uma empatia para com os indivíduos de camadas sociais inferiores como a sinalizar algum tipo de rivalidade a ser ocultada.

Dessa maneira, o processo de construção desse *eu* narrador sobrepõe-se à importância da representação do perfil dos presos políticos do governo de Getúlio Vargas. O modo como o *eu* é construído prevalece sobre o aspecto histórico, uma vez que organiza o desenrolar da memória porque é, ao mesmo tempo, o sujeito pesquisado e também aquele que elabora esse sujeito.

Nesse narrar a si mesmo, destaca-se a questão do tempo, que é mencionado pelo narrador, mas que pode ser visto como um fenômeno denominado "atemporalidade". Segundo Batista (2011), não haveria um método de continuidade do tempo na narrativa, uma alusão à passagem do tempo, a referência ocorre apenas através da descrição de lugares por onde passaram o narrador e os outros presos. Embora haja uma sucessão de acontecimentos, não existe uma referência clara, ao passar do tempo; a narrativa é escrita com verbos no pretérito, mas sem um processo de continuidade, a não ser pela sucessão de lugares[47].

---

47 Cf. Batista, op.cit., p. 97.

Nesse sentido, a marcação do tempo apenas se dá através dos deslocamentos espaciais (transferências de um cárcere para outro) sofridos pelo narrador. O passar do tempo é registrado somente quando o narrador relata os fatos vividos, mencionando objetos de uso pessoal ou mesmo o barulho do relógio, como na passagem abaixo, em que Graciliano Ramos está confinado no porão do navio *Manaus*, na transferência do Recife para o Rio de Janeiro e é assaltado pelo temor de que lhe faltem fósforos para utilizar no dia seguinte. Também nessa cena, o narrador discorre rapidamente sobre como se sente pressionado diante da passagem do tempo, ao exercer o seu ofício de escritor:

> Um sobressalto: necessário riscar outro fósforo. Alarmava-me o desaparecimento deles. Seis, cinco, quatro, um somente. Conseguiria poupá-lo até o amanhecer? Não conseguiria. Ligeiras pausas, cochilos, nenhum meio de avaliar em que ponto da noite me achava. Os relógios me desagradam: em geral a marcha dos ponteiros, o tique-taque, a indicar a urgência de concluir um capítulo, me desarranjam o trabalho; assando, porém, no horrível forno, em vão tentava adivinhar, explorando os arredores, abrindo os ouvidos, o pingar lento dos minutos. Queimou-se o último fósforo. (p. 129-130, v. 1)

No extremo desconforto em que se encontra o narrador, a passagem do tempo é marcada unicamente pelo olhar atento que se direciona a todos os cantos do porão do navio. O autor descreve também a dificuldade de lidar com o tempo, particularmente, para ele, como escritor. Como foi assinalado por Batista (2011), nota-se uma relação entre a marcação do tempo e a vida cotidiana, por isso a ausência da temporalidade simboliza um vazio, o vazio que os presos deixaram nas vidas que lhes foram retiradas por causa do encarceramento. O escritor substitui a referência temporal pela espacial, o que tem como efeito a construção da escrita de um *eu* que pretende ser o mais verossímil possível no deslocamento de suas lembranças para a circunstância da linguagem.

Dessa forma, Graciliano Ramos remete ao espaço onde ocorreram os fatos para sinalizar a utilização de um recurso narrativo que se caracteriza por evitar frases pomposas, mas vazias de conteúdo. Porém, na narrativa, há flagrantes em que o tempo ou a perda da noção de tempo são retratados:

> A noção de tempo ia-se apagando. Se não me caísse nas mãos um número de jornal entrado clandestinamente, desorientar-me-ia, perdido no calendário.

> Em que mês nos achávamos? Esquecia-me às vezes". (p.346, v.1)
> [...] a vista escurecia, manchas dançavam-me diante dos olhos, dificultavam-me a leitura. Aquilo devia ser efeito da idade. Envelhecia, provavelmente envelhecia muito depressa (p. 79, v. 1).

Existe uma dinâmica espaço-temporal em que ocorre a cristalização do tempo – paralisação, como no primeiro exemplo em que o narrador se encontra perdido em relação ao tempo, e a aceleração do tempo – ou depois uma progressão, como no segundo exemplo, em que sente que o tempo passa, devido à dificuldade para fazer a leitura.

Esse recurso, em que se configura uma espacialização do tempo, não é prerrogativa da narrativa da *Memórias:* também em *Angústia*, o narrador Luís da Silva utiliza o espaço para fazer a marcação do tempo.

> Mas no tempo não havia horas. O relógio da sala de jantar tinha parado. Certamente fazia semanas que eu me estirava no colchão duro, longe de tudo (...) E o dia estava dividido em quatro partes desiguais: uma parede, uma cama estreita, alguns metros de tijolo, outra parede (RAMOS, 1975, p.128).

O mesmo ocorre em *Infância*, em que há um desprezo pelas indicações temporais[48]. A linguagem utilizada por Graciliano Ramos para representar o passar do tempo é uma linguagem direta, utilizada com o intuito de apresentar um relato realizado com o máximo de verossimilhança. O memorialista utiliza a língua de modo mais concreto. "Trata-se de sua linguagem seca e direta tantas vezes comentada pelos críticos, mas também da escrita de um *eu* que quer ser o mais verossímil possível no deslocamento de suas lembranças para a circunstância da linguagem". (BATISTA, 2011, p. 99)

Dessa forma, o narrador das *Memórias* tenciona registrar a passagem do tempo através da utilização do espaço onde aconteceram os fatos, servindo-se de uma escrita do *eu* que se aproxime tanto quanto possível da verdade concebida por ele (o narrador). Este *eu* que narra os acontecimentos vividos tenta recuperá-los através da escrita autobiográfica cuja subjetividade é representada também na forma como o texto é escrito.

48 Segundo Gilberto de Castro (2011), sobre *Infância*: "Os episódios não são sequenciais e as marcações do tempo são dados desprezados pelo autor. As referências a marcas temporais acontecem pouquíssimas vezes, somente quando o autor dá a informação de quantos anos tinha neste ou naquele episódio" (CASTRO, 2011, p.82).

1.3 Impasses da escrita memorial

Na escrita das *Memórias*, o narrador assume, desde o primeiro capítulo, o peso da responsabilidade de narrar fatos passados e de expor nomes de pessoas conhecidas e ainda vivas no ato da enunciação, o que chega a lhe causar algum temor. Não desejava escrever um romance, mas sim um relato autobiográfico, pois a ficção não lhe parecia suficiente para que atingisse seus propósitos. Passados dez anos da saída do cárcere, Graciliano põe em prática o antigo desejo de escrever suas memórias, mas há uma luta interior, um embate, entre a ideia de escrever um romance e a ideia de escrever uma autobiografia, como fica explícito na passagem abaixo:

> Também me afligiu a ideia de jogar no papel criaturas vivas, sem disfarces, com os nomes que têm no registro civil. Repugnava-me deformá-las, dar-lhes pseudônimo, fazer do livro uma espécie de romance; mas teria eu o direito de utilizá-las em história presumivelmente verdadeira? Que diriam elas se se vissem impressas realizando atos esquecidos, repetindo palavras contestáveis e obliteradas? (p. 34-35, v. 1)

Mais uma vez, o narrador se autoquestiona, faz uma reflexão crítica sobre os fatos ocorridos e sobre o poder transformador da escrita. O tempo que passou – dez anos – da vivência dos fatos até a escrita é um recurso é análogo a um deslocamento espacial. O tempo, nesse caso, pode ter sido determinante para a escolha de Graciliano Ramos – a narrativa memorialística. "Este novelo de casos em muitos pontos vai emaranhar-se, escrevo com lentidão – e provavelmente isto será publicação póstuma, como convém a um livro de memórias" (p. 35, v. 1). O autoquestionamento configura uma luta intensa entre alternativas aparentemente sem a devida resposta. É uma dinâmica dupla: o narrador remoeu dentro de si o desejo de escrever sobre o passado e o fez com receio de deformar as pessoas que foram descritas. Mais que receio é uma repugnância que novamente domina o *eu* que está envolvido por indagações e sentimentos contraditórios. Tais apreensões e emoções estão ao lado do comprometimento com a escrita do passado que se impõe no estilo do escritor.

Sobre esta dinâmica na escrita do autor, Ângela Dias (1989) assinala que nas *Memórias do cárcere* há um embate entre o estilo da escrita do narrador, que escreve a partir de sua experiência, e o poder da máquina estatal. "Seu discurso tecido na fusão da reminiscência com o empenho crítico, configura o combate entre o estilo – entendido como a recriação pessoal da experiência solidária – e a vontade de domínio" (DIAS, 1989, p. 128). grifo da autora

No contexto em que Graciliano Ramos escreve, o ato de narrar compara-se a uma ação política, um ato de defesa contra o poder autoritário, a afirmação de um poder próprio, subjetivo pela escrita. Desse modo, debatendo sobre as problemáticas estilísticas e aquelas que são referentes ao poder, segundo Dias, o narrador entrega-se ao desejo imperioso do exercício da escrita, cuja enunciação dá-se no contexto de uma ditadura, pois narrar é agir. Assim, o significado do vivido adquire sentido nas ações e por meio destas, que são compartilhadas, tornam-se o meio essencial para lançar os fundamentos de uma ação autêntica no futuro.[49] Nessa perspectiva, a literatura seria uma arma contra a "vontade de domínio", um instrumento do qual se utiliza o artista para atuar como um agente transformador da sociedade diante do poder totalitário.

O narrador via na escrita o único caminho para transformar o mundo. A literatura era a arma que acreditava dispor para denunciar, para provocar os indivíduos estabelecidos no poder governamental do Brasil dos anos 1930, apesar de não se colocar como um herói revolucionário e sim um "revolucionário chinfrim".

> Revolucionário chinfrim. Desculpava-me a ideia de não pertencer a nenhuma organização, de ser inteiramente incapaz de realizar tarefas práticas. Impossível trabalhar em conjunto. As minhas armas, fracas e de papel, só podiam ser manejadas no isolamento. No íntimo havia talvez o incerto desejo de provocar a nova justiça inquisitorial, perturbar acusadores, exibir em tudo aquilo embustes e patifarias (p. 52, v.1).

Com suas armas "fracas e de papel", faz-se imperioso que o narrador persista em seu intento: denunciar, através da linguagem, pois à literatura cabe o dever de sempre resistir. A resistência, por meio do fazer literário, frente à barbárie da exploração do homem, o que torna imprescindível denunciar as injustiças e as desigualdades de quaisquer naturezas. Nesse sentido, escrever é um compromisso não apenas com a palavra, mas também com a sociedade. Mesmo não

49 Cf. Miranda, 1992, p. 128.

pegando em armas, sua luta é representada de outra forma, uma vez que suas armas são as palavras. A escrita retoma a experiência de modo subjetivo como um ato de tenacidade. "As armas de papel" constituem os meios de resistência do narrador das *Memórias* ao poder autoritário e imperioso do Estado. "O exercício da escrita, na rearticulação da matéria da experiência, instaura o perfil da singularidade, na difícil resistência ao empenho reificador e uniformizante da violência legalizada" (DIAS, 1989, p. 128-129).

A violência instituída nos cárceres pelo governo da época transforma os indivíduos em peças de uma engrenagem estúpida, desumanizadora e inútil. Dessa forma, o narrador tece considerações sobre a situação dos prisioneiros expostos não só à violência física, mas também a violência psicológica. Não bastava a humilhação por que passavam; parecia haver também o objetivo de enlouquecer os encarcerados, fazendo-os executar tarefas sem sentido e arbitrariamente impostas.

> Mas não tencionam apenas revelar-nos a estupidez: querem possivelmente forçar-nos a entender que nos podem tornar estúpidos, executar ações inúteis, divagar como loucos, ir andando certo e sem mais nem mais torcer o caminho, mergulhar os pés num atoleiro. Um, dois, um, dois. Dentro em pouco o sargento exigirá meia-volta e tornaremos – um, dois, um, dois – a meter os sapatos na lama. Ou reclamará marcha acelerada. Não perceberemos o sentido dela, naturalmente, mas é como se pensassem: as estrelas, a voz grossa, de papo, bobagens ditas a repórteres em doidas entrevistas, emprestam-lhes autoridade. (p. 115-116, v. 1)

O narrador revela no que se transformavam os presidiários submetidos à arbitrariedade no poder: homens loucos ou seres que já não possuíam vontade própria. A autoridade revela-se mesquinha e autoritária, abusa de seu poder diante do indivíduo que está encarcerado, vulnerável, submetido a quaisquer desmandos e castigos que lhe são infligidos, porém Graciliano Ramos conhece o seu papel de artista da palavra que vive numa sociedade desigual e contraditória como a brasileira. O escritor, com suas "armas" em luta, debate-se com suas próprias contradições, as ambivalências com as quais tem de conviver, mas mantém a sua postura firme e combativa.

Nas *Memórias,* essas ambivalências também transparecem na visão de Graciliano Ramos acerca do papel do intelectual, ou seja, na sua autocompreensão.

O escritor vê com ironia e desconfiança o título de intelectual ao descrever uma cena em que um companheiro de prisão apresenta uma "divisão de classes" – operários de um lado, intelectuais, de outro – no seu entender, desarrazoada e sem sentido:

> Um paranaense loquaz avizinhou-se, entabulando camaradagem fácil, esteve meia hora a narrar-me as divergências existentes no seu grupo, intelectuais de um lado, operários de outro, abominando-se ou desprezando-se. A curiosa revelação desanuviou-me um instante e despertou ligeira curiosidade. Intelectuais? Que diabo significava isso? Inteirei-me a custo. Designavam-se desse jeito os indivíduos alheios a qualquer ofício manual: Herculano, estudante de músculos débeis e rosto enxofrado, o velho Eusébio, alguns funcionários da estrada de ferro. Mais essa. Iam forçar-me a conviver, tempo indeterminado, com pessoas que se justapunham, sem chegar a entender-se. Nada me eximiria de muitos erros: certamente esqueceria as diferenças e a minha linguagem feriria susceptibilidades. (p. 12, v. 2)

Novamente o narrador se questiona, dessa vez sobre sua condição de intelectual. Esse perguntar reiterado na obra é um recurso retórico poderoso utilizado por Graciliano Ramos na escrita das *Memórias*. Nesse trecho, utiliza a ironia não só para se referir à condição de intelectual, mas à própria palavra, vista com desconfiança. Assim, marca a posição ambivalente do intelectual, do escritor, ambivalência com a qual tem de lidar constantemente. Explica-se o fato de Graciliano Ramos assumir uma postura "anti-intelectual", como assinalou Antonio Candido (1992): "Nas *Memórias do cárcere*, há frequente acentuação de sua canhestrice, rusticidade, laconismo, em face dos brilhantes. No fundo certo alívio de não ser como eles, que lhe despertam desconfiança e aversão". (CANDIDO, 1992, p. 43).

A ambiguidade da condição do intelectual é uma questão bastante complexa. Muitas vezes, os intelectuais precisam assumir compromissos com o Estado e as forças sociais que o controlam, e se não restringem a sua ação na esfera pública, o que, evidentemente, deixa marcas ideológicas e mesmo formais inevitáveis.

A trajetória de Graciliano Ramos, nesse aspecto, é exemplar em relação à condição ambígua e extremamente complexa dos intelectuais brasileiros. A relação ambígua com o poder sempre esteve presente na trajetória do escritor que dependeu desse vínculo até o fim de sua vida. De fato, o mesmo Estado que o nomeou como funcionário público, foi responsável por sua prisão, sem acusação formal e sem processo, por um período de dez meses como preso político, tratando-o como um criminoso comum, transportado no porão de um navio e aprisionado num cárcere em condições subumanas. Entretanto, fez uso dos recursos que possuía como intelectual para combater não só a injustiça contra si, mas também a injustiça social que denunciou. Sempre foi adepto à luta pelas causas sociais, propenso a lutar por estas com suas "armas de papel" e com seu exemplo de homem público íntegro e já se vendo num dilema por ter de trabalhar sob o comando de governos e instituições cujos valores destoavam dos seus. Ademais, havia, no interior da máquina estatal, mecanismos que permitiam que um indivíduo um dia estivesse preso, na iminência da morte num cárcere abjeto e em outro, não só estivesse em liberdade como também estivesse inserido nessa mesma máquina como mais um de seus integrantes, mantido num cargo do qual dependia para o seu próprio sustento.

Apesar de todas as dificuldades e coações por que passou o escritor, a sua obra representa uma forma de resistir tanto às pressões e aos desmandos do Estado e do capital quanto à sua força de cooptação. O elemento decisivo que impulsionou essa resistência não foram apenas circunstâncias históricas e pessoais específicas, mas sim a dolorosa consciência ética cultivada pelo escritor que não cessava de se autoquestionar sobre todos os seus atos. Essa postura contundente assumida por Graciliano Ramos, representada não somente por sua obra literária[50], é correlata também nas intervenções públicas que realizou.[51]

Entretanto, mesmo em face da prisão e da ruína econômica, Graciliano Ramos nunca recuou em seu posicionamento, continuando a produzir uma literatura de combate, inquieta pelos saberes que mobilizava e pela renovação

50 Armando Pacheco (1945) assinalou sobre a obra do escritor: "Graciliano é, literária e politicamente, um revolucionário consciente. [...] A obra de Graciliano não é uma de mera propaganda política. Ele não faz panfletos. Escreve romances. É o bastante. É sincero e honesto. [...] o autor de *Angústia* vive bem a sua época, dentro de seu destino histórico, conscientemente inabalável em suas convicções, firmes em suas diretrizes, como homem e escritor, escritor e homem" (RAMOS, 2014, p. 165).

51 Apesar de trabalhar, a partir de 1938, no funcionalismo público federal, o escritor nunca esteve vinculado à linha ideológica do Ministério da Educação e da Saúde Pública. Conduzido por Gustavo Capanema, o Ministério reuniu diversos intelectuais no serviço público. Muitos desses intelectuais foram atrelados ao projeto ideológico e principalmente, ao projeto político conservador de modernização que marcou a era Vargas. Cf. Ribeiro, Gustavo, 2012, p. 97.

formal que sempre buscou. Nos estreitos limites em que esteve restrito, no delicado espaço que o escritor conquistou para si, manteve-se independente, fiel aos seus valores éticos, conforme assinala Ribeiro: "Graciliano procurou fazer de sua obra palco para reflexão sobre o que significava, àquela altura, ser um intelectual" (RIBEIRO, 2012, p. 99). Dessa forma, como destaca Facó (1945), a quem o escritor concedeu entrevista para o Jornal *Tribuna Popular*, a literatura de Graciliano Ramos "sempre foi revolucionária pelo seu conteúdo[...] Graciliano Ramos seria sempre um homem perigoso para os regimes totalitários: não se deixava venalizar, não se deixaria jamais corromper[...]" (RAMOS, 2014, p.161).

Nesse sentido, por sua personalidade incorruptível, o escritor alagoano valeu-se de sua aguda consciência ética, desenvolvida por meio do constante autoquestionamento, através da literatura, aparentemente, uma arma frágil diante de um sistema opressor, mas que pode estremecer as estruturas de poder da sociedade e também no interior de cada indivíduo. Foucault (2008) assinala a ambiguidade do papel do intelectual que faz parte do sistema de poder que invalida o discurso dos excluídos. "Os próprios intelectuais fazem parte desse sistema de poder" (FOUCAULT, 2008, p. 71). Graciliano Ramos possuía plena consciência dessa ambivalência a que está submetido o escritor. É o que revela o narrador das *Memórias* ao mencionar o seu desconforto quando era funcionário da Instrução Pública de Alagoas, afirmando: "Pelo meu cargo haviam passado em dois anos oito sujeitos. Eu conseguira aguentar-me ali mais de três anos, e isto era espantoso. Ocasionara descontentamentos, decerto cometera numerosos erros, não tivera a habilidade necessária de prestar serviços a figurões" (p. 38, v. 1), ou seja, valeu-se de sua condição de escritor para evidenciar, na escrita, a dimensão ética de seu próprio fazer literário à revelia do sistema de poder em que estava inserido.

Nesse sistema de poder, de que é paradigmático o ambiente do cárcere, configura-se uma atmosfera perversa em que a despersonalização[52], animaliza-

---

52 Segundo Roudinesco e Plon (1988), Freud introduziu o termo *spaltung* (clivagem) para designar a existência simultânea no mesmo *eu* de "duas atitudes contraditórias, uma que consiste em recusar a realidade, a outra em aceitá-la" (ROUDINESCO; PLON, 1988, p. 121). Desse modo, *spaltung* caracteriza um rompimento do contato do *eu* com o mundo extern

ção e a assimilação do "princípio de morte" (DIAS, 1989, p. 132) predominam. Todos os detentos são tratados do mesmo modo, como animais repugnantes. O sistema prisional instaura no cárcere uma "metamorfose coisificadora da possibilidade de existir como homens (...) [e] a estranha vivência de uma morte em vida[53] (DIAS, 1989, p. 131).

Não obstante ter vivido num meio repugnante e violento, como o do cárcere, o narrador vale-se da reativação de suas memórias para prosseguir no empreendimento da escrita a fim de superar o trauma do encarceramento. A memória será a única alternativa de resistência deste narrador, "na reconstrução teimosa das *Memórias do cárcere* como exercício de liberdade (...) [e] como resgate deste tempo de morte" (DIAS, 1989, p. 133).

Essa escrita da memória que atua como resistência – "armas fracas e de papel" – e como exercício de liberdade também adquire uma nova configuração, ou seja, a de atuar como uma dívida a ser paga, dívida consigo mesmo, com os companheiros de prisão e com a sociedade.

1.4 Escrita como dívida

Existe um elo relevante entre a construção da escrita das *Memórias* e a ideia de um tipo de dívida contraída pelo memorialista. Graciliano Ramos alude à dificuldade da recomposição de um processo – e de uma primeira versão do texto, composta de notas e de rascunhos perdidos em meio às revistas na prisão – em que se fundem afetos, desafetos e injustiças (MIRANDA, 2004). Essa reescrita difícil dos apontamentos interrompidos, destruídos e posteriormente retomados, através da memória, é uma "dívida contraída com os companheiros da prisão, que lhe demandam o livro, e, ironicamente, com os próprios carcereiros" (MIRANDA, 2004, p.63).

Ora, essa dívida apresenta-se de forma dupla na origem da obra escrita sobre o cárcere. Inicialmente, o compromisso com para os companheiros de

53 Primo Levi, em É isto um *homem?*, relata que ele e os prisioneiros do campo de concentração, vivendo na iminência da morte, lutavam desesperadamente para sobreviver: "Muitíssimos foram os meios que imaginamos para não morrer: tantos quantos são os temperamentos humanos." (LEVI, 1988, p. 93)

desventura, sobre os quais oferece um testemunho exemplar, permitindo que falem por meio de sua voz, resgatando-lhes do silêncio imposto e também do esquecimento quase inevitável a que estariam sujeitos; e a dívida, de modo antagônico, também com seus algozes, a quem desafia e a quem promete, em tom irônico, um dia relatar num livro tudo o que vivera na prisão.

Nesse sentido, propõe-se a escrever um livro para dar voz a todos aqueles que, com o autor, comungaram dessa experiência tão ignominiosa. Graciliano Ramos abre mão da possibilidade de elaborar uma escrita de retaliação, de uma vingança premeditada ou até de mera denúncia das atrocidades vivenciadas e observadas no cárcere. Frustra as expectativas daqueles que ensejavam uma escrita de puro ressentimento (talvez até de seus próprios algozes) e escreve uma narrativa límpida, exemplar no seu empenho para construir uma ressignificação da provação vivida, com base em valores diversos daqueles que lhe foram impingidos pela violência reinante.

Portanto, não há lugar, prioritariamente, para a construção de uma narrativa tomada por ressentimentos e acusações – o que poderia ser visto como algo natural, assim como aconteceu com outros sobreviventes da perseguição política do primeiro governo Vargas. Dessa experiência, emerge uma escrita calcada na aprendizagem da solidariedade e na busca do caminho de abertura ao outro.

O escritor aceitou a herança de tal entrecho da vida, sem denegá-la, ao contrário, opta por reafirmá-la em outros termos que não aqueles movidos pelo rancor a fim de saldar a dívida contraída.

Para elaborar a escrita das *Memórias* – a resposta/pagamento[54] à experiência do cárcere que mudaria a vida do escritor de forma indelével – Graciliano não teve de enfrentar apenas as suas próprias angústias e os sentimentos de vingança que as lembranças lhe traziam. O autor lidou também com os mais diversos tipos de coações de um ambiente político e social – o Brasil dos anos 1940, além das pressões partidárias – do PCB, o Partido Comunista do Brasil – que exigiam do memorialista a escrita de um relato sobretudo ideológico, que destacasse a relevância do partido e de seus correligionários, que deveriam ser representa-

54 Cf. Miranda, 2004, p. 65.

dos como heróis que foram vítimas da perseguição política empreendida pelo governo. Entretanto, como é notório, Graciliano Ramos, em momento algum sucumbiu a tais cobranças, mantendo uma postura independente na escrita das *Memórias* e também de toda a sua obra.

A posição ideologicamente autônoma do memorialista acentua a feição crítica e combativa da obra que transparece numa escrita irônica e, ao mesmo tempo, sintética – traços peculiares de seu estilo – "sem perder a carga explosiva" (MIRANDA, 2004, p.13). Indo contra a corrente da história de uma sociedade esfacelada pelo autoritarismo e pelas consequências do pós-guerra, confere ao seu texto uma prática política como nenhum outro autor de sua época.

A representação crítica que Graciliano Ramos realiza de si mesmo e dos outros, da vida comum e dos atos políticos autoritários de sua época põe em xeque todos os valores – até mesmo a própria narrativa em que são representados tais questionamentos, pois ela mesma é problematizada no texto – e esse fator será preponderante na escrita. O escritor exercitou-se em diferentes tipos de narrativas, mas há algo em comum entre elas: Carpeaux (2011) propõe a ideia de que Graciliano Ramos escreveu uma narrativa em contínuo estado de crise para representar um mundo em tribulação. Sua postura crítica responde a essa crise que faz com que ponha à prova o mundo em suas bases políticas, sociais, morais e estéticas, chegando a questionar até mesmo a natureza da literatura e da linguagem.

Gimenez (2009) identifica na opção de Graciliano Ramos, pela escrita memorialística, um retorno ao próprio processo criador, após ter explorado todas as possibilidades do gênero romanesco: "restava à ética criadora volver sobre si própria como resistência do sujeito diante da desorientação geral" (GIMENEZ, 2009, p. 233). Nessa mudança, segundo Gimenez, fala um *eu* constrangido que, como vimos, põe-se no lugar de testemunha. Entretanto, esse *eu* constrangido mostra, em alguns momentos, uma postura desafiadora, uma ambivalência própria da escrita da perda, um traço melancólico que transparece justamente no uso reiterado de um discurso irônico.

Nesse sentido, é emblemática a cena que descreve, ao ser liberado da Colônia Correcional. Relata que foi acompanhado pelo diretor suplente do presídio, um médico, com quem travou um breve, mas significativo diálogo com o objetivo de revelar como a literatura pode ser uma "arma" de resistência. O memorialista afirma, ironicamente, que escreverá sobre o período em que esteve no cárcere, o que causa estupefação e certo temor ao diretor suplente da Colônia Correcional:

> – Levo recordações excelentes[55], doutor. E hei de pagar a hospitalidade que os senhores me deram.
> – Pagar como? (...)
> – Sim, doutor, escrevendo. Ponho tudo isso no papel.
> O diretor suplente recuou, esbugalhou os olhos e inquiriu carrancudo:
> – O senhor é jornalista?
> – Não, senhor. Faço livros. [...] Os senhores me deram um assunto magnífico. Uma história curiosa, sem dúvida.
> O médico enterrou-me os olhos duros, o rosto cortante cheio de sombras. Deu-me as costas e saiu resmungando:
> – A culpa é desses cavalos[56] que mandam para aqui gente que sabe escrever. (p. 158, v. 02)

Para o narrador, pagar é escrever, ou seja, a escrita tem um valor que pode ser contabilizado. O "débito" foi pago parcialmente com os dois contos ("Paulo" e "Um ladrão[57]") redigidos na prisão. O narrador necessita de suas memórias

---

55 A ironia que aparece nesse trecho é a que se apresenta como contradição explícita, na terminologia de Berrendonner (1981), conforme assinalamos anteriormente. O escritor afirma, ironicamente, levar "recordações excelentes" do cárcere, em que passou situações penosas e humilhantes.

56 Segundo o relato de Sebastião Nery (2002), quando Graciliano Ramos saiu do cárcere, o escritor e amigo José Lins do Rego o conduziu ao gabinete do ministro Gustavo Capanema, pois este havia pedido ao presidente Getúlio Vargas para libertar o autor alagoano. Na saída do encontro, Lins do Rego afirmou:
- O que é bom neste país é isto: Há algumas horas você estava num cárcere da Ilha Grande e agora acaba de ser recebido, sem marcar audiência, pelo Ministro da Educação". Ao que Graciliano respondeu: "- O que você está dizendo é verdade. Mas não esqueça que também pode acontecer o contrário. Pode alguém estar aqui, na cadeira do ministro, e horas depois estar trancado lá na Ilha Grande. Isto sim é que é o Brasil". E após descrever esse breve diálogo, Nery destacou que o escritor foi escrever *Memórias do cárcere*: " E foi escrever a biografia dos cavalos" (RAMOS, 2014, p. 349).

57 "Paulo" é o conto que o memorialista escreveu ao recordar o episódio em que esteve internado num hospital. Havia uma ferida do lado direito do corpo do escritor. "Paulo" é o nome dado pelo escritor a essa parte do corpo do corpo que ele considera inutilizada, como se lê nas passagens: "A minha banda direita está perdida, não há meio de salvá-la [...] Realmente Paulo é inexplicável: falta-lhe o rosto, e o seu corpo é esta carne que se imobiliza e apodrece, colada à cama do hospital" (RAMOS, 1953, p.

para resgatar o passado através da escrita. Graciliano Ramos diz ao diretor do presídio que vai registrar sua experiência como prisioneiro, como pagamento pela "hospedagem". É o desejo de entregar-se ao exercício da escrita, revelando uma postura desafiadora diante dos desmandos do poder constituído, como lemos na passagem anterior ao diálogo que mencionamos acima: "Chegamos à cancela. E experimentei de chofre a necessidade imperiosa de expandir-me numa clara ameaça. A desarrazoada tentação era tão forte que naquele instante não me ocorreu nenhuma ideia de perigo" (p. 158, v. 2). A ironia aqui mostra-se evidente, o que se revela como um laboratório em que se aprimora a linguagem para dar forma ao real. Pagar, devolver e retribuir são movimentos duplos que pressupõem dois sujeitos, como a própria ironia. O conjunto das recordações cumpre, por meio da escrita, a função primordial de salvar do esquecimento e preservar a solidariedade ainda presente entre os companheiros do cárcere.[58] As lembranças daqueles que estiveram encarcerados com Graciliano Ramos também contribuíram para que o escritor construísse a sua própria memória, pois, como assinala M. Halbwachs (2006), para que a memória "dos outros venha assim a reforçar e completar a nossa, é preciso que as lembranças desses grupos [a que pertencemos] não deixem de ter alguma relação com os acontecimentos que constituem o nosso passado" (HALBWACHS, 2006, p. 98).

Além de quitar a promessa feita aos prisioneiros e aos administradores da Colônia Correcional da Ilha Grande, pagando assim o tributo assumido diante deles, o que Graciliano Ramos faz é dar uma resposta inesperada: saldar a "dívida" com a experiência prisional, em moeda diversa daquela recebida nos tempos do cárcere. Nessa cena, de modo contundente, mesmo diante da possibilidade

---

53;55). Esse episódio remete ao conceito de ***unheimliche*** (estranho, sinistro ou infamiliar), cunhado por Freud (2019), no qual, segundo Dunker (2020), a perda da familiaridade pode ocorrer nos casos de estranhamento, em que o sujeito pode não reconhecer uma parte de próprio corpo como sua. "Um ladrão" é o conto escrito por Graciliano Ramos inspirado na lembrança que possuía de Gaúcho, ladrão que conheceu quando esteve preso na Colônia Correcional.

58 Halbwachs (2006) ressalta que as lembranças podem se organizar de dois modos: agrupando-se em torno de uma pessoa, que as vê de seu ponto de vista ou se distribuindo dentro de uma sociedade pequena ou grande, da qual são imagens parciais. Portanto existiriam duas memórias, a individual e a coletiva que se interpenetram com frequência.

de sofrer uma punição severa, emerge o intelectual consciente de seu papel e da importância da literatura como arma eficaz que abala as estruturas até mesmo do poder constituído.

A contundência e a rudeza de seu estilo derivariam, segundo Silviano Santiago (2013), do fato de sua postura política, como escritor, corresponder a um pensamento político singular: "O pensamento político em Graciliano Ramos é tão tosco, influente e múltiplo quanto as palavras, ferramenta de que se vale o escritor para dialogar consigo e com o leitor" (SANTIAGO, 2013, p. 3). É o que se lê na crítica contundente que faz ao Tenentismo, em que o discurso irônico volta-se contra o "palavrório" ideológico: "Parecera-me então que a demagogia tenentista, aquele palavrório chocho nos meteria no atoleiro. Ali estava o resultado: ladroagens, uma onda de burrice a inundar tudo, confusão, charlatanismo, energúmenos microcéfalos vestidos de verde[...]" (p. 51, v. 1).

Frases tão ácidas quanto lúcidas viabilizam, legitimam o trabalho criativo permeado pelo espírito batalhador e crítico. Um dos trechos reveladores de um fazer literário que se quer "tosco, influente e múltiplo" está na reflexão em que o narrador pretende "engrossar os riscos", transformar sua escrita e seu passado "em borrões":

> Queria endurecer o coração, eliminar o passado, fazer com ele o que faço quando emendo um período – riscar, engrossar os riscos e transformá-los em borrões, suprimir todas as letras, não deixar vestígios de ideias obliteradas (p.43, v.1).

Novamente aqui emerge a obsessão pela revisão do texto – emendar, corrigir, rever. Rever o texto é rever a vida. Nessa passagem de caráter metaliterário, mostra a constante reflexão sobre a linguagem e sobre o próprio fazer literário. O coração endurece e há a tentativa de se apagar da recordação aquilo que deve ser esquecido como se riscam os erros de expressão linguística. Esses erros são, de tal forma, e com tal intensidade obliterados, que estão no passado e não devem aparecer para que não se falsifique a escrita atual. Entretanto, somente através da escrita, que segue o "caminho da rebeldia pela palavra" (NITSCHACK, 2009, p. 241), o memorialista é capaz de representar esse passado, utilizando a ironia, sobretudo quando faz referência a quaisquer instâncias que personificam o poder, o que leva o autor a se destacar em relação a seus pares na literatura brasileira dos anos 1930 e 1940.

Nesse sentido, é relevante destacar que Graciliano Ramos não seguiu nenhum modismo literário. Se, a partir dos anos 1930, muitos escritores brasileiros pretendiam escrever obras socialmente engajadas, muitas vezes chegando a um caráter panfletário, esse não foi o caso do autor. Suas preocupações com os acontecimentos que se articulavam à sua volta não fizeram com que ele perdesse sua consciência ética do ato da escrita, como se lê no seguinte trecho: "Quem dormiu no chão deve lembrar-se disto, impor-se disciplina, sentar-se em cadeiras duras, escrever em tábuas estreitas. Escreverá talvez asperezas, mas é delas que a vida é feita" (p. 34, v. 1), e, consequentemente, dessas atitudes forçadas brotaria uma escrita áspera.

Mesmo no romance *Vidas secas*, a fala dos miseráveis não foi reproduzida de modo realista – a fala dos brasileiros desprestigiados tal como mera reprodução fonética – pois, na escrita do autor, "o estilo é política" (SANTIAGO, 2013, p. 3) e a escolha estilística, não necessariamente, corresponde a uma cópia da realidade.

Em *Angústia*, temos a fala do personagem Luís da Silva – personagem letrado, porém falido economicamente – que faz a leitura de uma frase com palavras de ordem pichada num muro e comenta indignado: "Não dispenso as vírgulas e o traços. Quereriam fazer uma revolução sem vírgulas e sem traços? Numa revolução de tal ordem não haveria lugar para mim" (RAMOS, 1975, p. 206). A rigidez da personalidade do personagem cujo apego à norma culta é evidente, não permite que utilize o tempo verbal inadequado. Utiliza o futuro do pretérito numa situação coloquial. Provavelmente, outro autor utilizaria o pretérito imperfeito (queriam, havia) no trecho acima.

Nas *Memórias* e em toda a sua obra, há o uso reiterado desse tempo verbal e também da mesóclise, o que não corresponde à fala oral: "Restar-me-ia alegar que o DIP, a polícia, enfim [...]" (p. 33, v. 1) "Que diabo significaria aquela expressão?" (p. 306, v. 1). Tendo em vista o estilo do autor, o uso do futuro do pretérito é indispensável àqueles que querem pensar as asperezas e suas alegrias de realização na escrita.

Na tragédia de *Vidas secas*, que faz contrastar a miséria do passado com a emigração do presente tal como no relato ignominioso sobre os tempos do cárcere, o futuro do pretérito é índice da busca (talvez utópica) de justiça social. Portanto, é no contraponto da escrita de Graciliano Ramos com a fala simples do brasileiro comum que se podem compreender as opções estilísticas do autor, o que mostra haver uma mescla da fala coloquial com o registro culto.

1.5 Escrita e o valor das insignificâncias

Na escrita das *Memórias*, o autor gastou, incansavelmente, os últimos anos de sua vida, afinado à propensão que antes calculara: narrar os acontecimentos como quem obscurece seu próprio *eu*, como vimos. Entretanto, essa estratégia não é "falsa modéstia" (p. 33, v.1) e, evidentemente, o escritor não o faz como um simples relator. Quando se coloca à distância e dali enxerga seus pares, submersos na calamidade, obstina-se no exame de consciência de si e também da consciência dos companheiros de cárcere. Apesar de não se colocar no centro dos episódios, o narrador volta seu olhar de testemunha, impregnando-o do desejo de desfiar os véus que se interpõem diante da sua visão. Por fim, as ambiguidades dobram-se sobre o que antes eram certezas íntimas, o que faz com que o narrador se sinta atordoado, entretanto, imbuído de mostrar honestidade em seu relato, pois se entrega às incertezas e às perquirições sobre a vida, o passado e sobretudo acerca da natureza da ficção. Nesse processo de um matutar reflexivo, o que se destaca é a descrição de fatos considerados menores, as minúcias, as insignificâncias[59].

Em seu laboratório de escrita, o autor valoriza as minúcias, os elementos acessórios, secundários, são "insignificâncias do ramerrão, minúcias exatas":

> Os jornais tentam comover-nos espichando brigas, e viramos a folha, impassíveis. As facadas e os tiros não nos abalam, mas o acessório brutal, as formalidades esquisitas, as frases absurdas e insubstituíveis desarrumavam-me conceitos mais ou menos estabelecidos. Isso e a troca infame da pena. Torturavam-me aqueles fatos imprevistos e inverossímeis. [...] Acomodava-me a ambientes novos – e quando neles surgia uma brecha, alarmava-me. Articuladas as peças da narrativa, via-me forçado a achá-la natural. Por que não fizera isso antes, não admitira sem auxílio os casos vergonhosos e medonhos? [...]

59 Cf. Gimenez, 2009, p. 240.

> Notava a deficiência e perguntava como me atrevia a fazer obra de ficção. Nada me interessava fora dos acontecimentos observados. Insignificâncias do ramerrão. [...] outros dispensariam exames e sondagens, mentiras de vulto, superiores ao que me caía na pena, mentiras também povoadas de minúcias, rigorosas, exatas. (p. 334-335, v.1.)

Assumindo-se como incapaz de elencar os fatos, a um só tempo, destacando-lhes os lances gerais, ou de tirá-los abruptamente de seu campo de visão, o olhar se enviesa e relativiza as versões ampliadas. Questiona, de forma irônica, infatigavelmente, as ideias na sua aparência sólida, as alheias ou de si mesmo, visto que, nos dois casos, o seu receio é cometer imprecisões. Origina-se daí um inquérito ininterrupto – o autoquestionamento recorrente em toda a obra –, que escava[60] as superfícies e desassossega o espírito, sempre vulnerável, apegando-se firmemente às pequenas coisas, às minúcias, para delas extrair a semente de sua reflexão. Conforme vimos no trecho citado, os pormenores, os detalhes, à proporção que se mostram à vista, o instigam a observar o evento. Não atenta para a grande rede de fatos maiores que envolvem os ambientes, por essa razão se isenta de apresentar panoramas. As evidências, ou seja, os signos que saltam aos olhos, somente afetam a razão quando já se esmigalharam, já decompostas em ninharias. Essas insignificâncias, aparentemente sem valor, constituem os objetos do olhar do memorialista, que sobre eles opera deformações, minguando-os ou até mesmo, aumentando-lhes o tamanho, para que se encontrem valores ocultos no senso comum. As evidências não desaparecem, antes são refletidas nas insignificâncias que, se revelando frágeis, constituem a matéria do ofício do escritor. Numa época em que signos opacos são difundidos com aparência de verdade, a pesquisa subjetiva de Graciliano Ramos fixa-se nos vestígios das insignificâncias para ir contra a ideologia reinante[61].

Como já foi observado, nas *Memórias*, pode-se mesmo encontrar "um primado das insignificâncias" (GIMENEZ, 2009, p. 235). Essas insignificâncias

60 Como afirma Benjamin(1987), sobre a questão do "escavar", "Quem pretende se aproximar do próprio passado soterrado deve agir como um homem que escava" (BENJAMIN, 2000, p. 239).

61 Cf. Gimenez, op.cit., p. 234.

envolvem-se numa dialética com as evidências, graças ao olhar do autor em tudo desviante do discurso em linha reta. Já no primeiro capítulo da obra, o procedimento da composição se anuncia: "Omitirei acontecimentos essenciais ou mencioná-los-ei até cansar, como se os enxergasse pelos vidros pequenos de um binóculo; ampliarei insignificâncias, repeti-las-ei até cansar" (p.36, v. 1). No fazer literário poeticamente valorizado, destaca-se o fato de o memorialista confessar-se um criador que parte das minúcias para construir suas narrativas: "São as minúcias que me prendem, fixo-me nelas, utilizo insignificâncias na demorada construção de minhas histórias" (p.100, v.2).

A escrita das *Memórias* composta de "insignificâncias" ampliadas não tinha como objetivo agradar ao leitor, mas sim transformar-se na palavra de um homem, no relato de uma testemunha real, embora a situação vivida estando nas páginas de um livro, seja transfigurada pela elaboração artística.

Ao contrário do que diz Gimenez, Ana Vera Raposo de Medeiros (2007), afirma que as cenas descritas nas *Memórias* vão sendo apresentadas sem que se perceba nelas qualquer sinal de deformação ou intervenção do narrador que se coloca "no plano secundário, não se transformando ele no centro dos acontecimentos" (MEDEIROS, 2007, p. 23), reafirmando, de modo paradoxal, a subjetividade do autor. Este é um aspecto que evidencia uma importante característica do estilo de Graciliano Ramos, isto é, a brilhante habilidade para observar e analisar situações, fossem quais fossem, com aparente imparcialidade e lucidez. "Esgueirar-me-ei para os cantos obscuros, fugirei às discussões, esconder-me-ei prudente por detrás dos que merecem patentear-se" (p. 37, v. 1).

As *Memórias* são o resultado de uma escrita que reelabora, de modo peculiar, fatos históricos cujo protagonista é o próprio autor, que pretende ser tanto mais fiel e próximo dos eventos quanto maior a distância que toma deles. Essa distância crítica permite que os eventos vividos em toda a sua complexidade e pluralidade sejam transformadores.

Uma escrita memorialística construída com base na história deve assumir uma postura ética que apresente uma alternativa que possibilite uma transformação. Assim sendo, o registro da história não prescinde do trabalho da memória, seja coletiva ou individual.

Desse modo, história e memória aglutinam-se, numa postura crítica e ética para a composição dessa narrativa memorialística de Graciliano Ramos, em que há um compromisso estético e também político, além de um forte questionamento do fazer literário. Se, em *Memórias do cárcere*, a memória pode ser considerada, em sua dimensão afetiva, descontínua, criativa e também comprometida politicamente, isso se dá porque o projeto estético de Graciliano Ramos está indissoluvelmente ligado a um projeto político[62]. O memorialista questiona a literatura tanto na sua força, uma "arma", quanto em sua fragilidade, construindo um projeto de memória que se coloca como voz dissonante na história oficial. Este projeto de memória descortina a história "– uma outra história. 'Outra' porque é uma história soterrada e 'outra' porque é uma história descompromissada tanto com a história 'oficial' quanto com quaisquer de suas regras" (SILVA, 2006, p. 41),

Este projeto de memória[63] configura-se na obra de Graciliano como um fazer literário que pretende estar liberto de regras, de métodos. Escrita que amplifica, mas que sobretudo reduz o que é necessário descrever, assumindo sua dimensão subjetiva por seu modo de registrar as lembranças, porque "não se atém às mesmas regras do historiador". (SILVA, p. 42)

Nesse entrelaçamento entre memória e história, faz-se uma seleção de fatos, segundo a conveniência do próprio narrador, num exercício de livre de escrita, utilizando novamente um discurso irônico em relação à posição do escritor, que possui o poder de escolha diante de suas recordações. O memorialista autodenomina-se "um vagabundo", descompromissado com a rigidez dos horários, aos quais todo e qualquer trabalhador deveria se adequar:

> Tenho exercido vários ofícios, esqueci todos, e assim posso mover-me sem nenhum constrangimento. Não me agarram métodos, nada me força a exames vagarosos. Por outro lado, não me obrigo a reduzir o panorama, sujeitá-lo a di-

62 Como assinala Kamilly Silva (2006), a narrativa da história deve sustentar uma postura ética que não anule a memória, mas que tenha consciência de seus limites. "Uma postura que possa extrair o máximo de suas forças produtoras de sentido, com o intuito de situar o homem em sua angústia, oferecendo possibilidade de transformação, de esperança no futuro" (SILVA, 2006, p.40).

63 Cf. Silva, 2006, op.cit., p. 41

> mensões regulares, atender ao paginador e ao horário do passageiro do bonde. Posso andar para a direita e para a esquerda como um vagabundo, deter-me em longas paradas, saltar passagens desprovidas de interesse passear, correr, voltar a lugares conhecidos. Omitirei acontecimentos essenciais ou mencioná-los-ei de relance, como se os enxergasse pelos vidros pequenos de um binóculo; ampliarei insignificâncias, repeti-las-ei até cansar, se isto me parecer conveniente (p. 36, v. 1).

Há aqui uma dialética entre o essencial e o insignificante, sinalizada na postura irônica que o próprio autor assume ao descrever seu processo de escrita. Em determinados momentos, o que é essencial será insignificante para o narrador e o que é insignificante será essencial. A palavra "vagabundo" que normalmente possui valor pejorativo, aqui tem um valor oposto – "de um lado para outro", remete à situação vivida no cárcere. O "vagabundear" literário para o narrador é positivo, criativo, uma vez que pode exercer plenamente o seu poder de escolha diante da tarefa de determinar os fatos relevantes de sua vida e da vida coletiva. Selecionou, em sua memória, os acontecimentos que lhe são mais caros e omitiu outros para construir a sua narrativa, colocando-se, de forma irônica, explicitamente como um deformador, um manipulador das próprias lembranças do passado, fazendo com que estas servissem ao seu propósito como lhe conviesse. Dessa forma, o único compromisso do escritor é com sua escrita não com a reprodução de uma realidade totalmente exterior.

No desdobrar de ideias que se configura a partir do desejo de narrar as agruras sofridas no cárcere, Graciliano Ramos reconstitui o passado através de sua escrita, baseando-se em suas lembranças, o que constitui para ele uma "verdade" que merece ser respeitada, assumindo a extrema dificuldade que se apresenta no momento da escrita que esmiúça as lembranças.

> Nessa reconstituição de fatos velhos, neste esmiuçamento, exponho o que notei, o que julgo ter notado. Outros devem possuir lembranças diversas. Não as contesto, mas espero que não recusem as minhas: conjugam-se, completam-se e me dão hoje impressão de realidade. Formamos um grupo muito complexo, que se desagregou. De repente nos surge a necessidade urgente de recompô-lo. Define-se o ambiente, as figuras se delineiam, vacilantes, ganham relevo, a ação começa. Com esforço desesperado arrancamos de cenas confusas alguns fragmentos. Dúvidas terríveis nos assaltam (p. 36-37, v. 1).

Os termos utilizados pelo narrador "reconstituição", "desagregou", "recompor", na passagem acima, são iniciados por prefixos que indicam a duplicidade e remetem à escolha de narrar a pluralidade de um mundo desdobrado em insignificâncias, miudezas, "neste esmiuçamento exponho o que notei" (p. 36, v. 1). Na reconstrução de fatos passados, o narrador escreve apenas o que julga ser fundamental para o seu relato e solicita a compreensão dos futuros leitores, explicando as razões pelas quais necessita agarrar-se às lembranças que possui, a fim de elaborar a sua versão dos fatos, visto que é preciso testemunhar através da escrita, apesar das constantes hesitações que o atormentam, no que se refere à exatidão dos acontecimentos.

O narrador expõe o esfacelamento de que foram vítimas os encarcerados que, como ele, tiveram não só suas ideias, mas também sua dignidade, dilaceradas, o que remete novamente ao tema do esfacelamento, do triturar, das miudezas, igualmente ao que ocorre no livro *Viagem*[64] (1992), publicação póstuma, como a das *Memórias*, escrito durante a redação do texto memorialístico sobre o cárcere. Graciliano Ramos, estando na antiga Tcheco-Eslováquia, ao responder à pergunta de uma pessoa da Geórgia que deseja saber como se vive no Brasil, obtém do memorialista uma resposta crítica em relação ao seu país de origem.

> A formulação dessa pergunta continua sendo um enigma para mim; [...] A resposta concisa era transparente. Caí num monólogo triste, [...] Entalam-nos[65] o crânio, somos coagidos a não pensar direito: as nossas ideias se esfarelaram, espalham-se em torno de pequenas misérias[...] O ar em nossa terra é denso, pesado; às vezes necessitamos esforço para respirar. E até isso nos roubam, estragando-nos os pulmões: ao sair da cadeia estamos tuberculosos[...] Desceram enfim as grades, vemos o Sol. Não realizaram, pois, a ameaça? Não nos mataram? Em parte, realizaram: estamos na verdade quase mortos. Ganhamos cabelos brancos e rugas. Assim tão fracos, tão velhos, não conseguire-

64 O livro *Viagem* (1ª edição, 1954), publicação póstuma, foi escrito em forma de diário e relata as impressões de Graciliano Ramos quando visitou a Tcheco-Eslováquia e a União Soviética, em 1952.

65 A repugnância - sentimento recorrente na narrativa - às Forças Armadas é outro ponto enfatizado na escrita das *Memórias*, destacando-se o caso do empréstimo oferecido a Graciliano pelo Capitão Lobo. Sobressai-se também a postura alinhada dos militares à doutrina Positivista desde a República proclamada, com a colocação do lema "Ordem e Progresso", que se tornou uma representação do pensamento das Forças Armadas, pois justificou, historicamente, as interferências realizadas nos governos civis, "já que se consideram os defensores da 'ordem social e moral e do 'progresso' econômico. Alcançado dentro desta 'ordem' indispensável" (DAVI, 2003, p.5). grifo da autora

mos trabalhar. Arrasaram-nos (RAMOS, 1992, pp.101-102).[66] [67]

Esse discurso desalentado de Graciliano Ramos remete à tristeza, ao esmorecimento, ao peso do ar denso, elementos que sinalizam uma grande melancolia de fundo. Antecipa o que estava sendo relatado nas *Memórias* e que ainda não tinha vindo a público. Esse "monólogo triste" sobre a situação dos brasileiros, na época, trata de ideias esfareladas, espalhadas, fragmentadas. Esse é o único tipo de discurso apto a recompor as lacunas do passado, surgidas no descompasso entre memória e história[68]. Os eventos ocorridos no século XX suscitaram uma gama de relatos autobiográficos de autores que, por razões ideológicas e/ou políticas, foram levados ao cárcere onde sofreram torturas físicas e psicológicas. Assim, a escrita de quem sobreviveu às agruras e aos sofrimentos inomináveis nos cárceres ou nos campos de concentração impõe-se de forma cabal. Como assinala Freitas, "Pela peculiar limitação discursiva, essas narrativas acabam permeadas por espaços lacunares, cujo silêncio atravessa o *real* problemático, articulando, dessa maneira, o literário e o histórico" (FREITAS, 2008, p.79). grifo da autora. Essas lacunas e esses fragmentos é que vão recompor a narrativa das *Memórias*.

Para Gorender (1995), somente algumas dessas narrativas "atingem o patamar de obra literária, pelo fato de aliarem a reprodução da vivência atroz à forma criativa do ponto de vista estético" (GORENDER, 1995, p.6), o que se aplica à narrativa de *Memórias do cárcere*.

Graciliano Ramos também viu insignificância e pequenez na figura do Presidente da República em relação às Forças Armadas e às autoridades inter-

66 Este capítulo de *Viagem*, número 18, foi escrito entre os dias 18 e 23 de julho de 1952, ou seja, alguns meses antes da morte do escritor (março de 1953).

67 Joel Silveira (1946) declarou, quando entrevistou o autor, que a saúde de Graciliano Ramos estava muito prejudicada: "o homem tossia e ardiam os seus pulmões". O escritor, que faz uma previsão sobre sua saúde e sua expectativa de vida, sobre a qual estava, infelizmente, muito equivocado: "Nunca mais fui o mesmo. [...]Desde que deixei a cadeia, minha saúde vai em altos e baixos. Um dia estou muito bem, outro dia passo mal que é uma desgraça. Mas a casca é forte e teimosa: creio que morrerei de velhice" (RAMOS, 2014, p.173-174).

68 No livro *Era dos extremos* – o breve século XX 1914-1991(1995), o historiador Eric Hobsbawm afirma que o século XX iniciou-se com a Primeira Guerra Mundial (1914) e terminou com o fim da União Soviética (1991).

nacionais, reconhecendo, com ironia, que Getúlio Vargas era, de algum modo, "subordinado", porque se apequenara ao poder estrangeiro, fazendo, de acordo com o autor alagoano, o papel do fantoche:

> Mas o Presidente da República era um prisioneiro como nós; puxavam-lhe os cordões e ele se mexia, títere, paisano movido por generais. Lá fora o viam, forte e risonho, achando tudo bom; ali dentro o sabíamos um pobre-diabo manejado pela embaixada alemã, pela embaixada italiana, por intermédio da chefatura de polícia (p. 291, v. 1).

Nesse trecho, o narrador refere-se ao que chamou de "fascismo tupinambá", do qual ele e outros presos eram vítimas. A sentença proferida pelo militar "zarolho", "Vocês vêm morrer"[69] (RAMOS, 2001, p. 69, v.2), na Colônia Correcional, parece ser a versão brasileira de um campo de concentração nazista, "não menos sádico" (DAVI, 2003, p. 7):

> Constituíamos uma sociedade numerosa, e não tínhamos nenhum direito, nem ao menos o direito de viver. [...] Várias pessoas estavam ali sem processo, algumas deviam quebrar a cabeça a indagar porque as tratavam daquele jeito; não havia julgamento, expunham claro o desejo de assassiná-las (p. 69, v. 2).

A arbitrariedade do poder constituído assenta-se na defesa de ideias que se contrapõem aos ideais de outros grupos, como o Partido Comunista[70]. Gra-

69 Conforme Foucault (1999), o discurso, traz, em seu bojo, uma significativa carga de materialidade de poder: "se o discurso verdadeiro não é mais, com efeito, desde os gregos, aquele que responde ao desejo ou aquele que exerce o poder, na vontade de verdade, na verdade de dizer o discurso verdadeiro, o que está em jogo, senão o desejo e o poder?" (FOUCAULT, 1999, p. 20). O anspeçada Aguiar, através de seu discurso autoritário, impõe aos prisioneiros a sentença já previamente definida: na Colônia Correcional o destino daqueles que lá chegavam era a morte

70 A historiadora Tânia Nunes Davi (2003) levanta a questão da atuação do Partido Comunista no Brasil. Vários membros do partido estavam encarcerados junto com o escritor. Desejavam estabelecer o regime comunista no país; entretanto tinham ciência de que a nação, naquele momento, não teria condições de sofrer uma mudança tão radical em sua estrutura política. "Historicamente a posição de alinhamento político, neste período, seguiu a antiga União Soviética" (DAVI, 2003, p. 8). Enquanto os comunistas brasileiros partiam do princípio de que a sociedade brasileira ainda não estava preparada para a implantação do comunismo, para o fim do imperialismo e da oligarquia, o Presidente Getúlio Vargas mantinha relações diplomáticas com nazistas e fascistas. Durante a Segunda Guerra Mundial, os comunistas posicionaram-se contra o governo. Entretanto, quando Vargas decidiu apoiar os Aliados (Estados Unidos, Inglaterra e União Soviética), a postura do Partido mudou e, como assinala Davi, "passaram a

ciliano Ramos questionava duramente a dependência do Brasil em relação aos países europeus e o "'namoro' varguista com as duas ditaduras europeias [Itália e Alemanha]" (DAVI, 2003, p.10) grifo da autora. Como afirma o memorialista: "A subserviência das autoridades reles a um despotismo longínquo enchia-me de vergonha. Almas de escravos, infames; adulação torpe à ditadura ignóbil" (p. 276, v.2). Alinhava-se aos ideais comunistas, apesar de negá-los, o que mostra mais uma vez sua capacidade de apresentar de modo plurifacetado suas próprias contradições e as da realidade à sua volta:

> Não sou de ideais, aborreço empolas. O que eu desejava era o fim do capitalismo, o fim da exploração. Ideal? De forma nenhuma. Coisa inevitável e presente: o caruncho roía esteios e vigas da propriedade. [...] De qualquer maneira rebentava uma revolução de todos os demônios (p. 119, v. 1).

Afirmando ser contra as essências, contra os ideais, o desejo de destruição do sistema – o capitalismo – passa pela destruição e, mais uma vez pela insignificância, pelos pequenos detalhes, "o caruncho".

No primeiro período em que Getúlio Vargas foi presidente, havia uma severa repressão contra aqueles que se rebelavam contra ações do governo. Mesmo os trabalhadores poderiam ser presos, caso se filiassem a um sindicato, que não fosse controlado pelo governo, fizessem discursos ou promovessem greves protestando contra o sistema. Nesse sentido, as memórias de Graciliano Ramos mantêm sua grande atualidade como libelo contra a fixação de ideias doutrinárias em figuras heroicas forjadas pelo sistema de poder. "*Memórias do cárcere* é um exemplo privilegiado para contradizer a doutrinação pregada pelos ideólogos do Estado Novo[71], a de um país monolítico, unidimensional, onde as classes estavam em vias de se harmonizar" (DAVI, 2003, p. 13-14).

Ao representar personagens de diferente nível social e com diversificado perfil ideológico, o memorialista mostrou a resistência aos desmandos do primeiro governo getulista. Resgatou as "asperezas" (p. 34, v. 1) que vivenciou

apoiar Vargas, fazendo um discurso de que era necessário acabar com um mal maior e internacional para depois voltar-se para os problemas domésticos" (DAVI, 2003, p. 9).

71 O Estado Novo foi promulgado em 10 de novembro de 1937, portanto após a libertação do escritor, que permaneceu preso de março de 1936 a janeiro de 1937. A publicação das *Memórias*, conforme já mencionamos, ocorreu em 1953.

junto com muitos outros indivíduos, nos porões do autoritarismo, contribuindo assim, para desmistificar o imaginário popular calcado num discurso que pregava o nacionalismo exacerbado e a homogeneização em detrimento dos anseios de justiça e igualdade social da população brasileira. A homologia entre a vida "áspera" e o difícil processo da escrita das insignificâncias revela o seu estilo atento, áspero. O narrador revela as agruras por que passa o corpo do preso, lugar em que se registra a história e se transparece, sem subterfúgios, a violência desmedida do poder.

1.6 A linguagem do corpo na escrita das Memórias

As feridas, que são as marcas escritas do corpo e que é inútil encobrir, manifestam-se, após o contínuo sofrimento e permanecem armazenadas no inconsciente de quem as possui. Sobrevivem ao longo do tempo e podem se tornar quase inacessíveis. Dependendo do contexto, "serão avaliadas como autênticas, persistentes ou prejudiciais" (ASSMANN, 2012, p. 260). Por isso, quando se trata de descrevê-las, a estrutura material da memória desempenha papel essencial.

Com o intuito de analisar a representação do corpo em *Memórias do cárcere*, Ana Kiffer (2006) adverte que este "ocupa um lugar proeminente na construção da narrativa" (KIFFER, 2006, p. 1). Dessa forma, nessas *Memórias*, o narrador retrata não apenas os sofrimentos por que passou seu próprio corpo, mas também a dor e a humilhação daqueles corpos que pertenciam a muitos anônimos, com suas agruras e experiências peculiares. Nesse contexto, o escritor declarou ao jornal *Tribuna Popular*, em 1947, que o tratamento cruel que era dado aos presos na Colônia Correcional era implacável e desumano e, sobretudo, indescritível.

> – Na Colônia Correcional, na Ilha Grande, recebi como todos os outros presos a minha "zebra", a roupa de listras azuis, logo depois da chegada. Como os demais, tive a minha cabeça raspada. As cabeças eram raspadas para que os tijolos, que se carregavam, doessem mais. Mas essa satisfação eu não dei aos policiais de Ilha Grande, pois logo depois caí doente, com uma febre violenta. [...]
> Mas o pior suplício – adianta Graciliano Ramos – era mesmo o carregamento de vigas. Os presos cortavam as madeiras de lei, lá em cima na montanha, e depois eram obrigados a carregá-las, debaixo de chicotadas – o sol a pino ou sob a chuva

> –, pelos íngremes caminhos. Os que desfaleciam na ladeira tomavam surras para se erguer de novo. Não se descrevem assim em poucas palavras tantos horrores. Vi presos políticos lutando em cima de montões de lixo de umas cascas de banana. Parece incrível, não é? Mas isso ainda não é tudo: vi gente comendo sola, roendo sola de calçado velho, roendo a manga da "zebra" que vestia (RAMOS, 2014, p. 185-186).

Nesse discurso do escritor, mostra-se indubitável o processo planejado de destruição do corpo e da dignidade dos prisioneiros, anulando as suas identidades, o que se assemelha ao tratamento dado às pessoas que foram aprisionadas nos campos de concentração do regime nazista.

Tendo em vista essa análise do aniquilamento do corpo aprisionado, trazendo à tona a relação entre a prisão e o corpo, emerge a reflexão acerca do direito sobre os corpos e a relação da literatura com as "vozes" desses corpos encarcerados. Nessa perspectiva, Kiffer assinala que a literatura saiu de seu "pedestal de belas artes", arte do espírito e do intelecto, para descer aos "infernos" que aprisionam o corpo, à sua própria "asfixia em um mundo que pretende aprisioná-lo a cada instante. O limite dessas experiências nos levaria apenas à radicalização de um plano de existência que engloba todos nós" (KIFFER, 2006, p. 2).

Por meio do fazer literário, ao corpo enclausurado, é dado o ensejo de confessar suas dores e angústias vivenciadas e de fazer conhecer o sofrimento experimentado no cárcere. A discussão sobre a literatura "do cárcere[72]" e a simultânea reflexão sobre a vida dos encarcerados, em particular, dos criminosos, dos marginais da sociedade é objeto de reflexão também do narrador das *Memórias*. A ação dos infratores é alçada à condição de arte.

> Lembrava-me da opinião lida anos atrás sobre a arte dos criminosos, arte ruim. E vinham-me dúvidas. Seriam essas criaturas naturalmente insensíveis, brutas, lerdas? Talvez o cárcere lhes roubasse as energias, embotasse a inteligência e a sensibilidade (p. 98, v. 1).

Nesse sentido, a experiência maldita no cárcere faz emergir a escrita do corpo que foi submetido ao julgamento, no caso do narrador, julgamento apenas político. Diante desse contexto, o filósofo Michel Foucault, em *Vigiar e punir* (2007), assevera que, até o século XIX, na Europa, esteve em voga a prática do

---

72 Segundo R.F. Mansur Guérios (1954), a palavra cárcere é derivada de "carcar, do grego *Kárkaron*. Em sânscrito, *Kara*, 'prisão'. Talvez o sentido primevo fosse no plural" (GUÉRIOS, 2010, p. 109).

suplício em praça pública para os condenados. A relação "castigo-corpo não é idêntica ao que ela era nos suplícios. (...) O sofrimento físico, a dor do corpo não são mais elementos constitutivos da pena. O castigo passou de uma arte das sensações insuportáveis a uma economia dos direitos suspensos" (FOUCAULT, 2007, p.16). Com relação aos suplícios infligidos aos presos, o escritor menciona, em 1947: "E os presos que eu via chegarem das onze prisões que percorri, de unhas arrancadas, corpos queimados com maçarico, costas arrebentadas de borracha?" (RAMOS, 2014, p. 186).

Em meio a esse ambiente de explícito flagelo, mesmo não tendo sido vítima desse martírio, ao escritor, foi aplicada, sobretudo a tortura psicológica, uma vez que a penalidade foi infligida sem julgamento, não houve um tribunal para julgá-lo, no entanto o cumprimento da pena foi estabelecido, ainda que informalmente pela polícia política do governo.

Conforme Kiffer, "a ideia de tribunal, já posta desde a tragédia grega, se consolida com o cristianismo e os 'tribunais interiores'" (KIFFER, 2006, p. 2). Grifo da autora. O autor de *São Bernardo* nunca foi sequer interrogado, não houve julgamento, portanto não foi levado à presença de um tribunal, como se lê na passagem: "Ausência de interrogatório, nenhum vestígio de processos. Por que se comportavam daquele jeito?" (p. 115, v. 1).

Desse modo, era como se tivesse sido criada "uma 'máquina do direito' que julga, apresenta o veredicto e castiga o corpo, porém não promove a justiça" (OLIVEIRA, 2021, p. 123). Mais uma vez, como fizemos no início deste capítulo, nos referiremos à atmosfera kafkiana presente nas *Memórias do cárcere*. O escritor Franz Kafka, em sua novela, *Na colônia penal* (1914), descreve uma colônia prisional, em que funciona uma máquina que "escreve", literalmente, no corpo do condenado, "o mandamento" infringido com um rastelo. O sujeito condenado do texto kafkiano desconhece a própria sentença, não sabe por que razão foi condenado, não tem o direito de se defender, traço em que se assemelha ao narrador das *Memórias*.

Conforme Kiffer, a desumanidade dessa relação lei-corpo-linguagem revela-se por intermédio de vozes que são representadas na linguagem mediante os sons emitidos pelo corpo castigado. Surgem os ruídos de urros, gritos, fisgadas, marcas presentes que quebram o texto conciso do escritor, "dando vazão à mais longa narrativa do autor desdobrando-se em referências pouco comuns, explicitando minuciosamente o corpo, seu funcionamento, seus órgãos, torturas e doenças" (KIFFER, 2006, p. 3). A disseminação da lei une-se à fundamentação da linguagem, ao uso correto da gramática, à busca obcecada da palavra ideal e ao fato de "a escrita e a lei se fundirem num mesmo processo de coerção enfrentado pelo memorialista" (KIFFER, 2006, p. 5)

Nas *Memórias,* o corpo expressa-se por intermédio das vozes, das dores, do sofrimento do narrador e dos outros presos: "Exaustão. Um sono doloroso agarrava-me, partia-se e nos intervalos frequentes dele chegavam gemidos, queixas, um coro forte de tosses" (p.234, v.1). Através da linguagem escrita, cujo processo de aprendizagem foi tão doloroso na infância, o memorialista dá voz ao coro sofrido e angustiado do clamor de vozes, castigado pela arbitrariedade da lei dentro e fora da prisão. O narrador, ao ser conduzido do Recife ao Rio de Janeiro, com os outros presos, no porão do navio *Manaus*, reflete, ironicamente, sobre o papel do Estado e descreve a transformação por que passam homens coagidos pela força da lei.

> Afinal que valíamos nós? Estávamos ali mortos, em decomposição, e era razoável evitarem o contágio [...] Certamente nos atribuíam culpas graves [...] E o pior é que nos sentíamos infratores, éramos levados a admitir isto. Sinais intempestivos de compaixão, simples referência ao ambiente sórdido, à horrível miséria, mais que nos reforçariam a certeza. Tínhamos delinquido, sem dúvida. Muitas daquelas criaturas ignoravam que delito lhes imputavam. Na verdade não imputavam: mantinham-nas em segregação, e isto devia bastar para convencê-las. Com o andar do tempo, chegariam a dar razão à justiça nova. Ninguém iria prendê-las e maltratá-las sem motivo (p. 138, v. 1)[73]

Ao descrever as consequências da arbitrariedade do regime autoritário que vigorava no país, naquela época, a narrativa apresenta o sofrimento e a podridão daquele ambiente, que para os presos do navio *Manaus,* chegava às raias do insuportável: a força da lei impingia àqueles homens uma culpa que talvez até eles mesmos desconhecessem, porém, essa mesma lei, imposta pelo sistema, fazia com que se sentissem em dívida com a sociedade e, portanto, passíveis de

73 Parte dessa passagem foi citada no primeiro capítulo deste livro.

serem punidos. A questão da culpa é colocada ironicamente, imputando a si mesmo e aos companheiros a responsabilidade por estarem encarcerados, além de assinalar os maus tratos sofridos no porão do navio. Mais uma vez, emerge a questão da dívida, do débito inexistentes, no caso do narrador e de outros presos políticos, o que é retomado para reafirmar a crítica contundente àquela situação insólita.

Em meio àquele cenário ignominioso vivenciado no cárcere, um poder paralelo era exercido pelos mais fortes fisicamente. Esse comando acusava, julgava, condenava e infligia o castigo ao indivíduo,[74] diante de uma plateia formada por um grupo de presos.

Francisco Chermont, preso político que permaneceu poucos dias no Pavilhão dos Primários, para logo após ser transferido para a Colônia Correcional de Dois Rios, na Ilha Grande, Rio de Janeiro, após uma semana de maus tratos, retorna irreconhecível e faz um relato contundente. A história contada por Chermont infunde imenso pavor a Graciliano Ramos e aos demais companheiros. Essa narrativa tem um efeito catártico sobre o leitor sobretudo porque o relato de Chermont antecipa os sofrimentos infernais pelos quais o próprio narrador poderia passar mais tarde na Ilha Grande (ainda não havia sido transferido para a Colônia até aquele momento) e viria a relatar na obra memorialística.

Filho do senador de oposição Abel Chermont, Francisco era estudante de direito e fora preso devido à postura política do pai. Vestia-se elegantemente quando foi levado ao Pavilhão dos Primários, o que chamou a atenção do memorialista.

> Vi na Praça Vermelha um rapaz de cabelos negros, nariz adunco, olhos vivos. Recém-chegado, ainda não se despojara da roupa nova bem feita. Vestia com apuro, e foi o indivíduo mais elegante que me apareceu naquelas viagens subterrâneas, elegância condenada a sumir-se em pouco tempo. [...] Era filho de Abel Chermont, dias antes arrancado violentamente de casa [...] metido no cárcere, aguentado sevícias, por se haver oposto, no Senado, aos desmandos selvagens da ditadura policial reinante (p. 315, v. 1).

74 Este tipo de castigo remete àquele descrito por Foucault e pode ser visto como uma forma moderna de suplício. Cf. Foucault, 2007, p. 60.

Este rapaz tão bem vestido e elegante que havia impressionado tanto o narrador, relataria, mais adiante, quando voltasse ao Pavilhão dos Primários, fatos aviltantes acontecidos na Colônia Correcional. O relatório de Chermont era "extenso e medonho"(p. 324, v. 1). Ao retornar ao Pavilhão, estava irreconhecível, pois seu corpo havia sofrido transformações que o tornaram outra pessoa aos olhos do memorialista. "Tínhamos vivido meses entre pessoas de aparência mais ou menos decente, e mandavam-nos agora um vagabundo sórdido [...]" (p. 321 v. 1). Após se identificar diante de Graciliano Ramos, este é tomado por terrível assombro: "E atentava na palidez suja, nas órbitas cavadas, nas crostas imundas presas ao tecido ignóbil semelhante a estopa. Como as pessoas se alteram depressa!" (p. 323-324, v. 1).

O jovem estudante Chermont expõe um episódio em que ocorreram, na Colônia Correcional, a acusação, o julgamento, a sentença e o castigo de um dos presos. Entretanto, a lei que naquele lugar vigorava não era a da força policial do governo autoritário, mas sim a de um poder paralelo que fora atribuído ao preso fisicamente mais forte e mais hábil, neste caso, o personagem-prisioneiro Moleque Quatro. Este homem julgou e pronunciou a sentença de morte de outro prisioneiro, que foi acusado de delator pelos demais. O condenado implorou para que o poupassem, mas o líder aceitou apenas permutar a pena por outra mais humilhante para o suposto condenado. Conforme o memorialista, há uma inversão do devido processo de um julgamento:

> No estranho julgamento, o carro andava adiante dos bois: proferia-se a sentença e depois os jurados se manifestariam; confirmavam-na ou recusavam-na, mas não seria fácil absolverem um sujeito sumariamente condenado, esmagado por acusações tremendas (p.326, v. 1).

Moleque Quatro, o líder, após ter pronunciado diversas vezes a sentença de morte, decidiu considerar as súplicas do acusado e comutou a pena. Nesse contexto, o narrador das *Memórias* destaca a grande aversão que sente ao redigir este episódio que envolve tamanha humilhação para corpo daquele outro prisioneiro. O líder afirmou que o acusado não ia mais morrer, "Vai sofrer trinta enrabações" (p. 329, v. 1). O escritor manifesta o seu constrangimento para prosseguir a narrativa:

> É medonho escrever isso, ofende pudicícias visuais, mas realmente não acho meio de transmitir com decência, a terrível passagem do relatório de Chermont. A nova sentença foi aprovada com alvoroço. Desfez-se a assembleia. E a um canto, cercado por exigências numerosas, trinta vezes o paciente serviu de mulher. Não era o único: outros já se estavam dedicando a esse exercício (p. 329, v. 1).

O castigo para o corpo não é levado a termo apenas com a prisão, a comida podre, as ameaças constantes, as cabeças raspadas, o curral onde se apinhavam, mas também com a humilhação sexual, o estupro, algo que já estava banalizado no meio carcerário. O narrador, ao ouvir o relato de Chermont e visualizar o estado físico do estudante, entrevê as marcas com as quais seu corpo também poderia ser castigado, se fosse transferido para a Colônia Correcional:

> As marcas horríveis [no corpo] não eram fantasia. Tinham-se originado no porão, ganho relevo nos padecimentos físicos e morais consecutivos. As causas deles chegaram-me aos ouvidos, fora do tempo, desconexas. Riachos a gemer no escuro (p. 331, v. 1).

Essa construção metafórica remete aos fluxos presentes no ser humano: lágrimas, sêmen e outros líquidos vitais que fluem – tal como a linguagem – que pertencem ao corpo ou corpos que sofrem devido à sua condição fundamentalmente punível. Como assinala Kiffer, ao "desenhar a tortura nesses lugares do corpo, Graciliano revela não as grandes e heroicas marcas, mas o detalhe e a sutileza das forças que marcaram e construíram eternos prisioneiros" (KIFFER, 2006, p. 11).

O narrador das *Memórias* não pode prescindir de registrar o seu testemunho sobre homens e mulheres que se tornaram eternos prisioneiros das lembranças terríveis de sofrimentos inenarráveis e o faz também para dar voz a todos os outros indivíduos que com ele sofreram inimagináveis padecimentos e humilhações.

Entretanto, antes mesmo de iniciar, não pela primeira vez, como já vimos, o registro das dolorosas memórias dos tempos vividos no cárcere, Graciliano Ramos já havia escrito sobre suas recordações, também, em alguns aspectos, muito sofridas, sobre o período de sua infância. Trata-se do livro de memórias *Infância* (1945), cuja narrativa apresenta-se, sob diversos ângulos, a nosso ver, como contraparte à narrativa de *Memórias do cárcere*.

2. Infância como contraparte de Memórias do cárcere: duas faces da rememoração

Nesse segundo capítulo, tencionamos mostrar como se estabelece um processo de intertextualidade[75] entre *Infância* e *Memórias do cárcere*, buscando identificar a relação entre infância e memória. Graciliano Ramos vale-se da ironia para opor resistência às tendências melancólicas presentes na sua escrita[76]. Partiremos de uma breve reflexão sobre o lugar da infância na história e na filosofia para, em seguida, analisarmos seu papel na obra do memorialista.

75 Intertexto, segundo Julia Kristeva (1974), é o texto específico (ou o *corpus* de textos específicos) com que um determinado texto mantém o intercâmbio semiótico que caracteriza a intertextualidade. "Todo texto se constrói como mosaico de citações, todo texto é absorção e transformação de um outro texto" Cf. KRISTEVA, Julia. *Introdução à semanálise*. Perspectiva,1974, p. 64. Portanto, a literatura vale-se "amplamente do recurso intertextual, consciente ou inconscientemente. Em razão disso, a intertextualidade faz-se operador de leitura" (CEIA, 2009).

76 Como veremos mais adiante, o livro *Infância*, ainda que com outro nome, foi idealizado antes de *Memórias do cárcere*. No entanto, o livro sobre o cárcere, em sua versão final, começou a ser redigido após a escritura de *Infância*.

2.1 A fortuna crítica de Infância

O livro de memórias *Infância*[77] foi publicado em 1945[78], portanto, nove anos após o escritor deixar o cárcere. Quando esteve preso, Graciliano Ramos já idealizara a escrita de um livro sobre a "bárbara educação nordestina", o que foi registrado nas *Memórias do cárcere* (p. 178, v.2). Entretanto, antes mesmo de ser preso, em carta à esposa Heloísa, datada de 28 de janeiro de 1936, o autor alagoano aventou a possibilidade de escrever um livro com personagens que remetiam a sua infância:

> Um dia destes, no banheiro, veio-me de repente uma ótima ideia para um livro. Ficou-me logo a coisa pronta na cabeça, e até me apareceram os títulos dos capítulos, que escrevi quando saí do banheiro, para não esquecê-los. Aqui vão eles: "Sombras", "O inferno", "José", "As almas", "Letras", "Meu avô", "Emília", "Os astrônomos", "Caveira", "Fernando", "Samuel Smiles". Provavelmente me virão ideias para novos capítulos, mas o que há dá para um livro. Vou ver se consigo escrevê-lo depois de terminado o *Angústia*. Parece que pode render umas coisas interessantes (RAMOS, 1986, p. 157).

Dessa forma, os capítulos do livro sobre a "bárbara educação nordestina" foram idealizados separadamente. Ainda sobre a gênese do livro, de acordo com Graciliano Ramos, em entrevista a Armando Pacheco, em 1945, o autor ocupou-se por quase seis anos para escrever *Infância*. No entanto, inicialmente, não tivera a ideia de escrever um livro.

---

77 Em entrevista a Armando Pacheco que escreveu os capítulos de Infância, aos poucos, ao longo de alguns anos. "Em 1938, debulhei apenas três capítulos[...]; em 1940, dois; em 1941, quatro; em 1942, nove; em 1943, sete; de 16 de abril a 9 de junho de 1944, dez. Consumi, portanto, quase seis anos a pingar duzentas e setenta e nove páginas" (RAMOS, 2014, p. 168).

78 O autor afirma, em entrevista concedida ao periódico *A noite*, em 19 de dezembro de 1944, que estava fazendo uma revisão no texto de *Infância* e que, inicialmente, o nome do livro seria diferente daquele que foi escolhido, mais adiante, para ser publicado. "Estou revendo as minhas memórias. Depois de muitos anos de tentativas, penso que, desta vez, chegarei ao fim do período que demarquei para escrever. Falarei, nas *Impressões da infância* (é este o livro escolhido para a obra), dos primeiros anos de minha vida, até a puberdade. Tenho quase concluído o trabalho" (RAMOS, 2014, p. 145). Segundo Lebensztayn e Salla, em nota que consta no volume *Conversas. Graciliano Ramos* (2014): "Constam do Arquivo Graciliano Ramos do IEB-USP as provas tipográficas de *Impressões da infância* (Rio de Janeiro: José Olympio, 1945, 278 p.) com correções do autor, que alterou o título para *Infância*" (RAMOS, 2014, p.148).

> Em 1938 [...] a 18 de outubro, escrevi "Samuel Smiles" [...] a 21 de outubro do mesmo ano nova lembrança determinou meu artigo "Os astrônomos". Veio depois a 15 de novembro, "O Menino da Mata e seu Cão Piloto".[...] A princípio não tive, pois, a ideia de fazer um livro. O primeiro capítulo nascido foi o trigésimo primeiro volume agora lançado: o segundo foi o trigésimo; o terceiro, o trigésimo segundo. Assim surgiu este livro.[...] A 1° de maio de 1939 veio a lume "Um cinturão" o quarto do livro – e só aí, meu caro Armando Pacheco, formei vagamente, o projeto de, reavivando pessoas e fatos quase apagados, tentar reconstruir uns anos da meninice perdida no interior. [...]a 14 de setembro, escrevi "Nuvens", o primeiro, o capítulo que abre este meu livro de memórias (RAMOS, 2014, p. 167).

Nessa entrevista, o autor esclarece que *Infância* é um texto memorialístico, cuja estrutura é fragmentada, uma vez que não pretendia transformar os contos publicados nos periódicos em livro. Cumpre assinalar que as lembranças da infância e da adolescência retornam à mente do escritor também de modo segmentado, como ocorre, normalmente, quando se recorre aos meandros da memória.

Nessa perspectiva, o livro sobre os primeiros anos de vida do escritor foi concebido, em sua imaginação, meses antes de ser encarcerado, ou seja, quando ainda trabalhava na composição de *Angústia* (1936), que seria publicado quando Graciliano Ramos ainda estava preso. As memórias da infância marcaram profundamente a vida do autor, como veremos mais adiante, principalmente os aspectos negativos de sua vida de criança, predominantes, em detrimento dos aspectos positivos. Todavia, desde o momento da idealização do livro (início do ano 1936) até a publicação (1945), as lembranças foram reavivadas também pela estada no cárcere, com todas as agruras por que passou o autor e os demais prisioneiros.

Graciliano Ramos nasceu no interior de Alagoas, e foi educado com extremo rigor, uma vez que era punido com o uso frequente de castigos físicos, em grande parte das vezes, além da violência psicológica. Esse excesso de austeridade para a punição das crianças, de quem era solicitado um comportamento mais amadurecido, totalmente em desacordo com a capacidade de alguém que se encontra nos primeiros anos de vida, nos leva à questão da noção de infância que, tal qual conhecemos na atualidade, com a ideia de que a criança é um ser humano que muito se diferencia do adulto, uma vez que os traços característicos de seres nessa fase da vida humana devem ser compreendidos, é relativamente recente.

Philippe Ariès (1981), tomando como base a questão da representação da infância nas artes plásticas, identificou que, na sociedade medieval, a noção de infância, como uma fase da vida, não era considerada. Desse modo, até, aproximadamente, o século XII, a arte medieval "desconhecia a infância ou não tentava representá-la. É difícil crer que essa ausência se devesse à incompetência ou à falta de habilidade. É mais provável que não houvesse lugar para a infância nesse mundo". Assim, apenas, "por volta do século XIII, surgem alguns tipos de crianças um pouco mais próximas do sentimento moderno"(ARIÈS, 1978, p.50;52). Portanto, apenas na modernidade[79], haverá uma clara distinção entre a criança e o adulto. Dessa forma, no fim do século XIX, no interior do Brasil, país cuja formação se configurou nos alicerces da colonização de exploração e da escravidão, as concepções modernas sobre a educação das crianças tardaram a chegar.

Para explicar como a noção histórica de infância se transformou até chegar àquela que conhecemos hoje, conforme Jeanne-Marie Gagnebin (2005), há a linha que surge "com Platão, atravessa a pedagogia cristã com Santo Agostinho e chega até nós através do racionalismo cartesiano" (GAGNEBIN, 2005, p. 168). Essa corrente nos mostra a criança como um ser próximo à condição do animal, um ser primitivo, destituído de razão, cuja inclinação é a de ser uma criatura egoísta, com atos irrefletidos.

Nesse sentido, na concepção platônica, a criança era uma criatura ameaçadora que deveria ser amestrada, domesticada de acordo com as regras educacionais calcadas na ordem da razão para a construção da cidade justa, o que está descrito na *República*. Também nessa mesma obra encontra-se a "parábola da caverna" que Platão utiliza para criticar a tradicional educação de Atenas,

79 Conforme Marshal Berman (1996), em *Tudo o que é sólido desmancha no ar* - A aventura da modernidade (1996), a história da modernidade pode ser dividida em três períodos: o primeiro está entre o começo do século XVI e o fim do século XVIII, e nessa fase, as pessoas estão "apenas começando a experimentar a vida moderna. Mal fazem ideia do as atingiu"; o segundo, inicia-se com a Revolução Francesa (1789) e abrange todo o século XIX, fase em que os indivíduos ainda se recordam do que é "viver material e espiritualmente, em um mundo que não chega a ser moderno por inteiro"; o terceiro equivale ao século XX, em que o processo de "modernização se expande a ponto de abarcar virtualmente o mundo todo" (BERMAN, 1996, p. 16).

que se baseava na aprendizagem de conteúdos externos, oriundos da poesia homérica, para determinar que a educação nasce de um movimento interior da própria alma do ser humano. De acordo com essa visão, a educação é a arte que converte a alma que busca meios mais eficazes de operar essa mudança que não consiste em fazer o indivíduo obter a visão ao órgão da alma, "pois que esse já a tem, mas uma vez que ele não está na posição correta e não olha para onde deve, dar-lhes os meios para isso" (PLATÃO, 2001, p.214). No mito da caverna, encontramos a afirmação de que todo ser humano, mesmo que em proporções diferentes, é capaz de aprender, que a aprendizagem é uma faculdade universal, porque é "em redor da questão *Paidéia* [educação] que se constituiu o primeiro 'sistema' que se autodenomina 'filosófico' o pensamento de Platão" (GAGNEBIN, 2005, p.168)[80]

A questão da aprendizagem na vida do protagonista de *Infância* será de vital importância para a construção da fortuna crítica da obra. Neste sentido, a maior parte da crítica utilizou a escrita de *Infância* com todos os percalços registrados em relação à educação do protagonista-criança para tentar explicar o conjunto da obra do memorialista.

Álvaro Lins, um dos críticos mais importantes do Modernismo, em "Infância de um romancista" (1947) afirma que a obra pode confirmar uma determinada tese sobre o autor: "as memórias da vida real explicam o mundo de ficção do romancista" (LINS, 1988, p. 138). Dessa forma, Lins concebe um aspecto documental do gênero memorialístico. Lins afirma que os fatos narrados em *Infância* podem ser interpretados como a fonte do pessimismo de Graciliano Ramos, justificando-o a partir das histórias contadas pelo escritor. "Sim, um mundo sem amor e sem alegria, o da ficção do Sr. Graciliano Ramos. Porque não se sentiu amado [...] reagiu com sentimentos de indiferença e desprezo em face de toda a humanidade" (LINS, 1988, p. 141). O crítico associa a visão de mundo retirada dos romances do autor com alguns episódios de *Infân-*

80 A palavra "infância", na sua etimologia, não possui significado que se refira a certa fase da vida do indivíduo. Essa palavra remete àquilo que caracteriza o ser humano no começo da vida: a ausência da fala. O vocábulo origina-se do verbo latino *fari*, que quer dizer "falar" e de seu particípio presente, "*fans*". O *in-fans* é aquele que é desprovido da fala, não possui a linguagem articulada.

cia, lendo os episódios da obra e fazendo uma comparação com os narradores de outros livros no que tange ao conjunto de valores, o que associa a obra do autor a sua obra.

Com uma visão semelhante à de Álvaro Lins, o escritor Octávio de Faria (1978), afirma: "Em Graciliano Ramos, o menino é tudo. Seus heróis são o menino [...], seu pessimismo é o do menino" (FARIA, 1993, p.175), o que leva a concluir que, em sua análise, ratifica-se a tese de que a visão de que as memórias representam a realidade dos fatos vivenciados pelo autor. Como Lins, Faria considera a obra como fonte de informações biográficas e uma provável explicação para as soluções estéticas e ideológicas do escritor.

Seguindo a mesma linha de raciocínio, Helmut Feldman (1967) investiga o texto de Graciliano com riqueza de detalhes, o que resultou em reflexões sobre a forma narrativa e o papel que nela possuem alguns personagens a princípio pouco importantes.

Feldman destaca a importância dos avôs do menino, Tertuliano Ramos (avô paterno) e Pedro Ferro (avô materno), dentro da narrativa e mesmo no conjunto da obra do escritor alagoano. Esses personagens só aparecem em algumas linhas do capítulo "Manhã" e em trechos de "Meu avô". Segundo Feldman, os avós atuam como arquétipos na ficção do memorialista. Na constituição de Tertuliano, avô cantor e artesão, estaria o "arquétipo do fraco", com o qual o autor identifica Luís da Silva, de *Angústia* e menino-protagonista de *Infância*. O adulto memorialista revela sobre a importância da figura do avô paterno: "Legou-me talvez a vocação absurda para as coisas inúteis" (RAMOS, 2006, p. 22). As "coisas inúteis" para as quais o memorialista estava vocacionado materializam-se em seu fazer literário, o que traz à tona, mais uma vez, um autoquestionamento de si mesmo e da literatura. No outro avô-sertanejo, estaria o "arquétipo do forte", base para a concepção de Paulo Honório, protagonista e narrador de *São Bernardo* e das muitas imagens paternas construídas pelo autor.

Com uma visão um pouco distinta de Feldman, J. Ubireval Guimarães (1988), identifica algumas circunstâncias que serviram de base para a composição de *Infância*, investigando os fatos que nela seriam verdadeiros ou não. Ratifica a continuidade da vertente documental da crítica que vê a obra como documento histórico e biográfico, entretanto não estuda os mecanismos da composição da obra e nem procura extrair dela possíveis significados.

Já Antonio Candido, em *Ficção e confissão* (1992) esboça uma tese fundamental para o melhor entendimento entre vida e obra do escritor e que marcou a fortuna crítica do autor alagoano, definitivamente. Tece considerações sobre a produção literária de Graciliano Ramos como um todo, qual seja a de que o fato de Graciliano passar "da ficção para a autobiografia [foi] um desdobramento coerente e necessário de sua obra" (CANDIDO, 1992, p. 65). Dessa forma, o crítico assevera que os elementos autobiográficos dispersos pela ficção satisfizeram uma necessidade imperiosa do romancista, a necessidade da confissão[81], pois "aspira ao depoimento integral porque a verdade é a sua verdade" (CANDIDO, 1992, p. 50), o que faz com que as passagens das memórias de sua obra possam ser interpretadas como uma procura por formas de representação mais pessoais, que o autor encontraria na autobiografia e no testemunho, formas de escrita que praticou. Candido elucida as razões dessa nova trajetória tomada pelo escritor e que significados essa opção poderia ter numa análise mais abrangente de sua obra.

Com relação à *Infância*, afirma que o texto convém "tanto à exposição da verdade quanto da vida imaginária; nele as pessoas parecem personagens e o escritor se aproxima delas por meio da interpretação literária" (CANDIDO, 1992, p. 51). Quando destaca a ficcionalidade em *Infância*, o crítico antecipa as leituras posteriormente realizadas que enfatizam o caráter autorreflexivo do texto, desprendendo-o do biografismo que, em geral, determina análises ligadas a um viés estritamente documental.

Para boa parte da crítica, Graciliano Ramos, em sua obra, transmite uma visão pessimista da existência, ou melhor dizendo, uma visão cética, já que o cético tende a ser irônico.

Segundo esse viés, *Infância* não é um livro de memórias idealizadas ou romantizadas, pois causa um forte impacto no leitor justamente pela franqueza, pelo desprendimento com que as experiências mais humilhantes do narrador são

81 A palavra "confissão" possui etimologia do latim eclesiástico: "*confissio, onis*: 'declaração, reconhecimento de seus pecados'; no latim clássico, significava 'declaração, reconhecimento'". Cf. *Dicionário Houaiss*, Editora Objetiva, 2001.

relembradas. Essa franqueza, característica essencial no relato, o memorialista teria herdado de sua mãe. Capítulos como "Um cinturão", "O barão de Macaúbas" e "Cegueira" chocam o leitor pela crueldade dos maus tratos impingidos à criança[82]. Como se lê no último dos capítulos citados: "Minha mãe tinha a franqueza de manifestar-me viva antipatia. Dava-me dois apelidos: bezerro-encourado e cabra-cega" (p. 144). A mãe que deveria acolher o menino no momento da doença faz com que ele sofra ainda mais, insultando-o com alcunhas depreciativas. Além disso, há também os relatos das humilhações sofridas no início da alfabetização também em casa e na escola[83], o que mencionaremos adiante de

82 Na visão de Santo Agostinho (2011), a criança caracteriza-se por reunir dentro de si a irracionalidade do animal e a inclinação para os maus atos. Além disso, a criança, já ao nascer, é o sinal do pecado que marca a humanidade e, contra o qual todo indivíduo deve combater quando, dotado do entendimento, puder seguir os conselhos sábios dos pais e corresponder com as boas palavras e ações. Ainda na visão agostiniana, a criança, resultado do pecado original, manifesta desejos e rancores, como se lê neste trecho das *Confissões*: "Assim, a debilidade dos membros infantis é inocente, mas não a alma das crianças. Vi e observei uma, cheia de inveja, que ainda não falava e já olhava, pálida, de rosto colérico, para o irmãozinho de leite" (AGOSTINHO, I, 7, 11, 2011). De acordo com a visão agostiniana, a criança é a evidência da natureza pecadora do ser humano. O desejo e a necessidade do leite materno não evidenciam a obrigação da mãe em alimentá-lo, mas sim a sua natureza violenta que não pode ser atenuada com a linguagem e com a razão, pois ainda não as possui. A reação da criança seria a expressão das paixões violentas e dos desejos desenfreados do indivíduo.

83 Michel de Montaigne (1533-1593), partindo da teoria platônica, destaca a necessidade de conduzir o ser humano à conversão da alma e levá-lo à boa direção. Segundo Vilmar Alves Pereira (2008), Montaigne "estando na fronteira entre o pensar renascentista e o moderno, desenvolve concepções importantes para pensarmos a subjetividade e a noção de infância, assistindo ao desfecho e à mudança de concepção do home medieval para o homem burguês". Em sua obra *Ensaios* (1980), discorre sobre questões políticas e filosóficas e trata também da educação das crianças. Critica a educação tradicional, afirmando que o ensino deve necessariamente estar vinculado à vida das crianças e criticando a repetição idêntica do conteúdo transmitido valendo-se de uma metáfora: "É indício de azia e indigestão vomitar a carne tal qual foi engolida". Pereira ressalta que Montaigne, nessa obra, ainda no século XV, antecipa um conceito de leitura que será amplamente explorado por vários educadores, entre eles, Paulo Freire, no século XX. Trata-se da afirmação de que a primeira leitura possibilita, na infância, a leitura do mundo. "Este mundo tão grande [...] é o espelho em que nos devemos mirar para nos conhecermos de maneira exata. Em suma, quero que seja esse o livro do vosso aluno". (MONTAIGNE,1980) p. 101) Montaigne aponta para uma educação de um novo sujeito, que tivesse a capacidade de se desenvolver de modo racional e com sentimentos diretos de afeto. O pensamento de Montaigne sinaliza marcas profundas especialmente para quem está vivenciando um período de transição paradigmática, marcado por grandes incertezas.

forma mais abrangente. Nesse sentido, a maior parte da crítica viu em *Infância* uma "escrita do ressentimento" (RIBEIRO, 2008, p. 28). O desejo de denúncia e a necessidade de extravasar o sofrimento através da representação literária seriam as principais razões pelas quais o escritor decidiu elaborar o relato.

Detendo-se mais no funcionamento do discurso memorialístico, Maria de Lourdes Oliveira (1992) trabalha com a ideia de que a obra pode ser vista como um "álbum de fotografias" (OLIVEIRA, 1992, p. 8). O narrador rememora os fatos vivenciados no seu universo infantil para construir seu autorretrato: "Realiza-se feito heroico: vinga-se dos pais que o maltrataram. Através das terríveis armas das letras, ele revida, através da escrita, os ataques físicos que injustamente recebera quando criança[84]" (OLIVEIRA, 1992, p. 71).

Dessa forma, através da escrita, utilizando as armas "fracas e de papel", o adulto construiria um plano de vingança para aqueles que tanto o haviam atormentado. A imaginação torna-se o fator-chave para que se elabore a recriação dos fatos na representação das memórias, com a descrição, sob o ângulo negativo, das pessoas próximas e a exposição de fatos humilhantes da infância do escritor.

Nesse discurso memorialístico presente em *Infância*, destaca-se, finalmente, o empenho do narrador em compreender suas ações e vivências e também as dos outros personagens, num processo em que se lança mão de sentimentos e de desejos que atuam como redutores da distância que separa o *eu*, aquele que lembra e que escreve; do *outro*, aquela criança de outrora. Há um trecho de *Memórias*

84 De acordo com Vilmar Pereira (2008), René Descartes (1596-1650) delineou a subjetividade moderna, devido à sua postura radical de quem não aceita mais as premissas até então existentes para explicar a realidade. Dessa maneira, representa o racionalismo moderno e vê a infância como uma fase de perdição e de confusão, sendo a fase dos erros e dos vícios. O período da infância é uma fase infeliz da qual o indivíduo deve se libertar, é o primeiro aprisionamento da alma, sendo necessário que se proporcione os melhores meios para que se desenvolva o crescimento rápido da razão a fim de que o indivíduo se torne adulto. Paulo Ghiraldelli (1997) afirma que Descartes criou uma nova concepção de subjetividade, o que muito contribuiu para uma diferente acepção de infância, para o pensador francês, essa fase da vida seria "um trabalho de abafamento da história, da memória, da imaginação e do corpo em favor do entendimento inteligente e da vontade livre e racional" (GHIRALDELLI, 1997, p.15). Desse modo, a noção de infância como sinônimo de liberdade, espontaneidade e imaginação contrariava a lógica do "eu pensante", puramente racional. De acordo com Ghiraldelli, a filosofia cartesiana não ignora a infância, ao contrário, valoriza-a, porém com uma visão negativa dessa fase da existência.

do cárcere, livro que revela outra face das memórias de Graciliano Ramos, em que o autor expõe sua dificuldade em se relacionar com indivíduos muito diferentes dele: "Fiz o possível por entender aqueles homens, penetrar-lhes a alma, sentir as suas dores, admirar-lhes a grandeza relativa, enxergar nos seus defeitos a sombra dos meus defeitos" (p. 37, v.1). O desejo de compreender o *outro* colocado aqui de forma clara, deixando evidente que participam também do processo de construção da narrativa não só as elucubrações e a razão, mas também elementos de ordem subjetiva, pois para o narrador não seria possível solidarizar-se com o sofrimento alheio sem se deixar "contaminar" por ele.

A solidariedade do autor com o outro aponta para o fato de ele se posicionar como um dos escritores que mais refletem sobre a condição humana e seus sentimentos contraditórios – traço comum a todas as abordagens críticas de *Infância*. Para isso, tem na ironia a sua estratégia retórica mais utilizada, – algo ainda não explorado pela fortuna crítica.

Na escrita solidária com o tormento sofrido pelos personagens, as dores e as angústias dos seres criados pelo autor ou resgatados do passado são partilhadas pelo narrador que se aproxima delas o suficiente "para não ver com a frieza de um observador distante" (RIBEIRO, 2008, p. 116). Solidariza-se com os personagens, embora não os poupe e não poupe também nem a si mesmo, da agudeza mordaz da crítica. Essa postura caracteriza-se por um movimento duplo em que há simultaneamente empatia e crítica.

Nesse contexto de crítica contumaz, na obra de Graciliano Ramos, todas as instituições – Estado, família, escola, justiça – as ações humanas e até a própria literatura são submetidas às mais duras apreciações, o que confere uma grande carga de negatividade. Entretanto, a visão negativa do autor consegue captar uma dimensão generosa e humanizadora de homens, mulheres e crianças envolvidos nos conflitos que são representados.

Há uma dualidade pouco observada pela fortuna crítica, como sinalizou Otto Maria Carpeaux (2011), ao afirmar que o autor sempre se solidariza com seus personagens, porém "erigindo-os em monumentos de baixeza, como criaturas petrificadas dum maligno Demiurgo" (CARPEAUX, 2011, p.334). Para Carpeaux, ao lado do ataque às baixezas do mundo, estavam a piedade e a misericórdia na obra do memorialista. "O romancista Graciliano Ramos também se apieda; pois é cheio de misericórdia" (CARPEAUX, 2011, p. 337). O crítico expõe o conflito presente em *Infância* – a dureza do julgamento dos personagens e, ao mesmo tempo, o fato de se solidarizar com eles – enfatizando assim o seu lado humanitário que faz com se identifique com as figuras que cria, ou seja, relaciona-se com suas figuras com uma espécie de empatia crítica.

Essa presença tanto da empatia quanto da crítica é o elemento que leva Wander Melo Miranda (2004), a afirmar que *Infância* é um "livro de memórias e romance de formação[85]" (MIRANDA, 2004, p. 52). A narrativa direta, às vezes mesmo crua, dos principais momentos de sua formação, organiza-se em torno de eixos principais. Estes, algumas vezes, ora se superpõem, ora se distanciam dentro da obra. Em alguns momentos, os eventos são apresentados a partir da perspectiva da criança, a protagonista das ações que faz a experiência do conhecimento do mundo que o cerca, enxergando-o como um ambiente pouco amistoso e ameaçador. Em outros momentos, esses mesmos eventos são também representados, num movimento posterior e suplementar, por um narrador que fica à distância, que é objetivo, propenso a reinterpretar as diversas circunstâncias que dão forma aos episódios vivenciados.

A alternância entre esses dois polos dá o tom do livro e congrega muitos de seus significados. Como assinala Miranda, as passagens em que o texto é apresentado sob a ótica da criança[86] estão atreladas às sensações e aos valores

85 A questão da classificação de *Infância* como romance de formação será tratada mais adiante.

86 Numa linha de pensamento oposta à de Descartes, no século XVIII, Jean-Jacques Rousseau (1712-1778), assegura que a prática pedagógica não deve ser voltada para a aprendizagem de ensinamentos, regras, normas ou conteúdos, pois a verdadeira educação consiste muito mais numa preparação consistente das almas das crianças, por meio de um impulso próprio e natural, a fim de que possa crescer e desenvolver a inteligência, de acordo com o ritmo e os interesses particulares de cada criança. Como afirma Jeanne-Marie Gagnebin, para Rousseau, à racionalidade formal e calculista opõe-se "à intensidade do sentimento que une cada um consigo mesmo, longe dos olhos dos outros e das convenções impostas" (GAGNEBIN, 2005, p. 175). Somente a legitimidade desse sentimento de si, que busca uma sinceridade autêntica do *eu* em relação a si mesmo, é a garantia da veracidade da linguagem. Na teoria rousseauneana, importa não corrigir a criança para que esta se torne um adulto o mais brevemente possível, ao contrário, é fundamental escutar atenciosamente a voz da natureza da criança, colaborar no seu desenvolvimento, não seguindo as convenções sociais. Como se lê no

do passado (tempo do enunciado) e esculpem em fortes traços, um catálogo da dor e das arbitrariedades próprias das relações sociais e interpessoais do sertão nordestino daquele período. De maneira diferente, quando a narrativa se aproxima dos pontos de vista do escritor (no tempo da enunciação), torna-se uma densa reflexão, um questionamento constante de todos os valores e afirma, discretamente, mas de modo indubitável "uma ética da memória" (MIRANDA, 2004, p. 44).

Pelas searas da memória e seguindo um caminho oposto ao das narrativas realizadas sobre o tema por outros autores, distancia-se do tom nostálgico ou complacente no que se refere a uma rememoração idealizada do passado e opta pela construção de uma narrativa irônica, muitas vezes, sarcástica, com relação às injustiças sofridas e impiedosas, diante do absurdo das situações representadas.

Infância é a primeira obra do autor "assumidamente autobiográfica" (MIRANDA, 2004, p. 53). Como afirmam Lebensztayn e Salla (2014), é evidente a marca universal de "*Infância*, sua dicção de testemunho ficcional continua o realismo artístico dos romances, construção formal que combina representação crítica da realidade com expressão de impasses subjetivos" (RAMOS, 2014, p. 30). Nesse sentido, a obra é corajosa e original, escrita com alto teor ético e estético, como poucas vezes foi atingido na literatura brasileira.

Diante do alto nível estético das memórias de infância de Graciliano Ramos, propomo-nos aqui a realizar uma breve analogia, através dos contrastes, sobretudo, em relação à obra do autor alagoano e as memórias de infância do ensaísta, crítico literário, escritor e filósofo alemão Walter Benjamin (1892-1940).

Emílio ou *Da Educação* (1995), obra em que Rousseau cria um personagem homônimo ao título do livro, que é uma criança educada segundo as leis da natureza: "Não se encontra nele[na criança] nenhum vício do qual se possa dizer como e por que caminho penetrou ali. A única paixão natural ao homem é o amor de si mesmo ou amor-próprio. "O que devemos pensar, então, dessa educação bárbara que sacrifica o presente por um futuro incerto, que prende uma criança a correntes de todo tipo e começa por torná-la miserável [...]?" (ROUSSEAU, 1995, p. 65). Para Rousseau, importa educar a criança com zelo, mas sem sacrifícios, que, a seu ver, não terão uma compensação no futuro. Dessa forma, delineia os traços de uma nova subjetividade que não está calcada apenas na razão, mas também no sentimento que faz com que o indivíduo se desenvolva harmoniosamente.

2.2 Infância em Berlim de Walter Benjamin e Infância de Graciliano Ramos

Dois séculos após o discurso rousseauniano, acerca da infância, em *Emílio ou Da Educação* (1995), Walter Benjamin, em *Infância em Berlim por volta de 1900*[87] (1992), elabora uma narrativa de caráter memorial tendo em vista a sua experiência na infância.

Enquanto para Rousseau[88], a infância é vista como o lugar do paraíso "perdido, mas próximo" (GAGNEBIN, 2005, p. 178), em Benjamin[89], o narrador se lembra dos lugares de sua infância, mas não os vê como locais de uma felicidade inocente, pois não lembra o passado como realmente aconteceu, mas através do presente, descobre na infância que já passou, sinais que o presente deve desvendar, caminhos que pode retomar. A lembrança da infância não é idealização; é a realização do possível. "A experiência da infância é a experiência daquilo que poderia ter sido diferente" (GAGNEBIN, 2005, p. 179).

A experiência da infância do filósofo alemão configura-se numa releitura crítica do presente da vida adulta do narrador. Essa releitura não enfatiza a ingenuidade ou a inocência infantil. Ressalta a inabilidade e a desorientação naturais da criança que se opõem à orientação segura dos adultos. Contém "a experiência preciosa e essencial ao homem do seu desajustamento em relação ao mundo, da sua insegurança primeira, enfim, da sua não-soberania" (GAGNEBIN, 2005,

87 Título original *Berliner Kindheit um 1900* (1932-1938).

88 O personagem Emílio é idealizado e representado por Rousseau como uma criança cujos movimentos naturais são respeitados em oposição às convenções sociais. Esses movimentos são vivenciados de acordo com a natureza humana e com o ambiente natural (o campo) que o cerca. Entretanto, quando a personagem é uma menina, Sofia, na concepção rousseauniana, as convenções sociais devem ser respeitadas e ditam as regras de conduta, o que se mostra como uma nítida contradição no discurso do filósofo, ou seja, a rigidez no respeito aos padrões sociais deveria ser seguida apenas pelas crianças e adultos do sexo feminino.

89 Enquanto para muitos estudiosos e críticos da obra do autor, *Infância em Berlim por volta de 1900* é um livro autobiográfico (SONTAG,1992; BOLLE, 1994; GAGNEBIN, 2005), Damião (2006) afirma que esse livro de Benjamin não deve ser inserido entre os textos autobiográficos porque foi publicado em vida e "há uma inversão do propósito da transparência; a construção literária se mantém na procura pela subversão da forma tradicional de autobiografia" (DAMIÃO, 2006, p. 176).

p.180).

Nas memórias de infância, de Graciliano Ramos, o menino evade-se, por meio da escrita, de um mundo que parece detestar. Há uma busca incessante pelo testemunho da verdade, ou seja, da verdade humana, testemunho esculpido frente à dura realidade exterior que o afugenta. Entretanto, como afirma Reis (2008), esse testemunho não é impulsionado por um pessimismo doentio. O quadro cinzento e triste, quase asfixiante, "que povoa as suas páginas não está orientado, única e exclusivamente, por um pessimismo mórbido. O norte do testemunho é antes a condição humana, nos seus caprichos e veleidades". (REIS, 2008, p. 2). A escrita é necessária para afastar os fantasmas do passado e para satisfazer o desejo de testemunho. Pedaços de pessoas e de coisas são lembrados, no entanto, aparecem como "ilhas se esboçando no vazio [...] É o testemunho do memorialista que costura os pedaços num todo". (REIS, 2008, p. 3)

Já nas memórias de *Infância em Berlim,* o menino observa atentamente as diferenças sociais. "De resto, o bairro era seleto, [...] transmitia-se algo da natural descontração dos ricos, para quem o trabalho era feito por outros [...]" (BENJAMIN, 1992, p. 143) A fragilidade infantil aponta para questões que são negligenciadas pelos adultos, como a presença frequente de pessoas desfavorecidas por quem a criança possui uma empatia diferenciada do adulto. Enxerga o que os adultos não veem mais, os pobres e o triunfo dos vencedores. Benjamin evoca as lembranças da infância através das imagens negativas, que "jazem no prefixo *in-* da palavra in-fância" (GAGNEBIN, 2005, p. 180), com toda a sua fragilidade e insegurança.

Em *Infância*, de Graciliano Ramos, essa negatividade em relação às gritantes diferenças sociais, aparece, sobretudo na figura do pedinte Venta Romba, quando este personagem entra na casa do narrador. Venta Romba era um mendigo cuja "voz corria mansa; as rugas da cara morena se aprofundavam num sorriso constante; o nevoeiro dos olhos se iluminava com estranha doçura. Nunca vi mendigo tão brando" (p. 238). Certa vez sua mãe o expulsa de casa e o pedinte recebe voz de prisão. Diante da prisão injusta do mendigo, o menino ficou prostrado na calçada, sombrio e com aperto no coração, pois experimentava uma enorme tristeza com a cena que havia testemunhado e com a sua própria atitude diante daquela injustiça – a falta de solidariedade provoca um mal-estar:

> Fui postar-me na calçada, sombrio, um aperto no coração. [...] Eu experimentava desgosto, repugnância, um vago remorso. Não arriscara uma palavra de misericórdia. Nada obteria com a intervenção, certamente prejudicial, mas devia ter afrontado as consequências dela. Testemunhara uma iniquidade e achava-me cúmplice. Covardia (p. 243).

Graciliano Ramos e Walter Benjamin representam uma concepção de infância que se baseia numa crítica da cultura e da sociedade moderna. A criança, ser em maturação, esperança de uma humanidade desesperançada, é desalojada por parte da humanidade, que é fruto de sua tradição cultural, mas que também é capaz de recriá-la.

No caso de Benjamin, a arte, em geral, o cinema e a literatura, especialmente, contribuem para forjar um outro modo de ver a infância, revelando o seu próprio olhar e como ela pensa, sente e imagina o mundo que a cerca. Dessa forma, a história, a sociedade e a cultura delineiam-se como eixos centrais para que se possa construir uma nova visão da infância que passa a ocupar o lugar central numa concepção de história que se quer crítica.

Ao perceber já em sua época as seduções impostas pela lógica de uma razão que se pauta tendo em vista a ascensão da técnica, Benjamin quer orientar sua reflexão para outra direção, de algum modo, antagônica àquela apontada pela sociedade de seu tempo. Elege cenas da vida cotidiana, da vida infantil, dos sonhos. Nesse contexto, aparece, muitas vezes, o prazer da leitura.

Benjamin utiliza a *mímesis*, segundo Willi Bolle (1997), como recurso para desenvolver o potencial de recriação da realidade e também para tecer críticas aos modelos e formas tradicionais de educação, que tencionavam direcionar a criança para práticas que não permitiam o seu desenvolvimento espontâneo.

> O relógio no pátio da escola parecia ter sido danificado por minha culpa. Indicava “atrasado” [...] Foi assim que violei o meu dia que mal começara e entrei. Ninguém parecia me conhecer... Também o professor retivera meu nome desde o início da lição. Não deveria mais ser chamado. Quieto, ocupei-me até o toque da sineta. Mas foi tudo em vão (BENJAMIN, 2000, p. 84).

Além da representação da espontaneidade do universo infantil, que aqui se expressa por meio da representação da criança tímida e solitária, a escrita benjaminiana aponta também para as características da educação infantil em seu tempo e os estigmas que ficaram ocultos nesse modelo. Destaca-se a ideia de perfeição da memória e a lembrança da imagem enigmática de sua coleção de cartões-postais, num dos quais constava, de forma legível, o nome de sua professora Helene Pfahl. Lembra que o P, em seu modo de pensar, era o P da pontualidade, de perfeição, o F indicava fidelidade, fervor, fortaleza e o L final parecia o L de leveza, de louvor, de lirismo. Aquela assinatura com várias consoantes significava, para o menino, a perfeição caligráfica e a fonte inesgotável de todas as virtudes. Benjamin utiliza-se desse episódio para criticar o modelo de educação da época, que trabalha com objetivos, visando estritamente à formação, sem a devida atenção à compreensão da criança do presente.

Em todo o seu texto recupera a possibilidade de recontar e recriar imagens lúdicas de episódios que fizeram parte de uma infância que almeja expandir-se para além dos modelos tradicionais. Aponta para uma infância que se permite imaginar, saborear e sentir o gosto das coisas. Faz um belíssimo retrato sobre sua relação na infância com o jogo de letras. "Não há nada que me desperte mais saudade do que a caixa de letras" (BENJAMIN, 2000, p. 152).

Nesse viés de leitura, em que se sentia em "estado de graça", Benjamin valoriza sua relação com a escrivaninha que ganhara de presente porque o médico lhe diagnosticou miopia. "Receitou-me então um par de óculos e uma escrivaninha". Era um móvel engenhosamente construído que atendia a todas as necessidades do menino. Assim, a escrivaninha "junto da janela depressa se tornou o meu lugar preferido [...] muitas vezes, quando chegava da escola, a primeira coisa que fazia era festejar meu reencontro com a escrivaninha" (BENJAMIN, 2000, p. 153;169). Para Bolle, a relação do menino com a escrivaninha pode ser explicada porque esta era um espaço lúdico, com o qual a criança podia interagir, ao passo que na escola, esse elemento lúdico seria substituído pela obrigação. "A escrivaninha é o palco de seus afazeres prediletos, suas ocupações mais animadas. Depois do aborrecido dia de aula, ela lhe dá novo vigor" (BOLLE, 1997, p. 10).

Bolle entende que, num caso como esse, a criança se utiliza da astúcia da *mímesis* para, de alguma maneira, desarmar o poder da instituição de ensino. Protegido pela escrivaninha, o menino encontra desculpas até mesmo para não fazer as tarefas de casa. O móvel oferecia-lhe uma espécie de proteção que fazia com ele experimentasse outras sensações. "Nada mais consolador do que permanecer assim cercado de todos os instrumentos da minha tortura – cadernos de vocábulos, compassos, dicionários –, num lugar onde as suas reivindicações de nada serviam" (BENJAMIN, 2000, p. 171).

A leitura de Benjamin sobre a sua própria infância concebe uma forte crítica ao modo de educar a criança na época e, ao mesmo tempo, vislumbra a possibilidade de que poderiam ser criadas escolas que respondessem adequadamente aos anseios infantis. Por meio da proposta de recuperação das imagens infantis, critica o modelo do qual a escola moderna se valeu para transmitir o conhecimento.

Benjamin questionava o modelo de ensino, entretanto não era submetido a castigos físicos. Em *Infância* de Graciliano Ramos, o menino passa por momentos de muito sofrimento para se alfabetizar, em casa e depois na escola[90]. Para ele, o fato de ir para a escola era visto como um castigo: "A notícia veio de supetão: iam meter-me na escola" (p. 118). O narrador considerou a decisão dos pais uma injustiça, e procurou na consciência, um ato seu que determinasse essa punição. Acostumado a ser culpabilizado e punido, procurava compreender os motivos pelos quais teria de ir à escola dentro do determinismo de justiça que orientava suas relações familiares, ou seja, relações autoritárias que impunham as regras com o uso da violência.

Nesse contexto do recontar da infância e das críticas aos modelos de ensino, Benjamin, em nenhum momento, concebe a criança como alguém inocente ou ingênua, ou seja, não recupera elementos do pensamento de Montaigne ou de Rousseau. Ao contrário, Walter Benjamin ressalta a falta de orientação e de desenvoltura das crianças em relação aos adultos, ou seja, não vê a criança como um indivíduo frágil e incapacitado, mas como alguém que possui a capacidade

90 Sobre a relação do menino de *Infância* com a alfabetização e com a escola, trataremos mais adiante.

de pensar aquilo que está implícito no processo educativo, o que a maioria dos mestres ignorava em suas relações com as crianças.

Ao reencontrar esses elementos perdidos ou reprimidos, a leitura mimética de Benjamin proporcionaria, segundo Trevisan (2000) a possibilidade de um rompimento com a redundância de um discurso hermético e com a repetição a que está fadado todo o conhecimento. Nesse sentido, Benjamin "propõe a tese da recuperação da *mímesis* através da discussão de temas ligados à infância e à linguagem que são lacunas deixadas pelo discurso fechado e totalitário" (TREVISAN, 2000, p. 84).

Fugindo da lógica do discurso totalizador, a linguagem mimética associativa de *Infância em Berlim por volta de 1900* é utilizada para representar os fatos da infância causa uma ruptura no discurso homogêneo, propondo descontinuidades e possibilidades de se pensar aquilo que não está dito que se encontra subjacente como potencial de uma cultura reprimida.

Esse modo de representar a infância seria, segundo os autores mencionados, uma tentativa de fugir do processo de dominação. Ao enfatizar o lúdico, o prazer, a imaginação, a leitura como possibilidade de construção de uma fantasia espontânea, diferente da perspectiva da educação tradicional, Benjamin aponta caminhos importantes para que se possa refletir sobre a infância.

Da mesma maneira em *Reflexões sobre o brinquedo, a criança e a educação* (2002), Benjamin analisa, historicamente, as relações da fase infantil com seus brinquedos e tece críticas ao processo de crescente massificação da revolução industrial. Ressalta o fato de que, ao homogeneizar os brinquedos, sufoca-se a criatividade e as fantasias das brincadeiras, além de conceber a criança apenas como mais um indivíduo consumidor. Uma emancipação do brinquedo estaria a caminho, nesse sentido, quanto mais a "industrialização avança, tanto mais decididamente o brinquedo se subtrai ao controle da família, tornando-se cada vez mais estranho não só às crianças, mas também aos pais.'""(BENJAMIN, 2002, p. 91-92). Benjamin denuncia a lógica imposta pela cultura, que interfere até mesmo na relação das crianças com os adultos pela maneira como eram construídos os brinquedos; ou seja, os brinquedos deixam de ser miniaturas e não dependem mais dos cuidados dos adultos.

Benjamin não se atém a definir o que é a infância, mas preocupa-se em ressaltar as limitações que são impostas pela racionalidade que categorizou a infância, restringindo-a de sua capacidade de expressão em sua multiplicidade. O autor faz da tarefa da memória, como afirma Sedlmayer (2011), não apenas além de lembrar de livros, "escrivaninhas, armários, talismã da mãe, bolhas de sabão, jardins, reconhecer, no presente, os vestígios do passado. Ir na pegada, no indício, no sinal, na esteira de um eu que já não mais se encontra ali, mas, no entanto, deixou rastro" (SELDMAYER, 2011, p. 7). Seguindo esses rastros, a narrativa sugere que a educação da infância respeite a forma de ser da criança, nas brincadeiras, nas memórias, nos aprendizados, contando com a compreensão do adulto que deve tratar a criança com as peculiaridades que lhes são inerentes.

Nessa perspectiva, uma das mais importantes peculiaridades infantis é o uso da linguagem. Nesse sentido, Giorgio Agamben (2005) empreende sobre a questão da infância a seguinte reflexão: imagine-se um homem que nascesse desprovido de linguagem. Não teria infância, a linguagem não seria pré-existente, instrumento do qual o indivíduo necessitaria apoderar-se, e não haveria, para ele, "nem a fratura entre língua e fala, nem devir histórico da língua[...] não encontraria uma descontinuidade e uma diferença nas quais algo como a história poderia produzir-se" (AGAMBEN, 2005, p. 64). Portanto, se o ser humano nascesse, de antemão, com o dom da fala, não se depararia com a ruptura do processo de aprendizagem do ato de falar, o que, transforma, sobremaneira, o seu cotidiano, a sua história de vida.

Tendo em vista a afirmação acima, no que se refere à aquisição da linguagem e à aprendizagem da leitura, o menino de *Infância* passou por momentos traumáticos. Inicialmente, antes de chegar à sala de aula tentou imaginar o que seria o seu primeiro contato com os livros: "Tentei imaginar livros. Queria vê-los, terminar as férias insossas que me concediam. Sem dúvida, estavam próximos. [...] Bom virem logo. Piores que os folhetos não deviam ser" (p. 116). Entretanto, o contato com a linguagem escrita ocorre, paralelamente, à consciência da difícil relação com a autoridade, em especial com a dos pais. Essa relação complicada fez com que concluísse ser impossível resistir à ordem para ir à escola, pois tinha sido formado para se resignar aos sapatos apertados, aos cocorotes e aos gritos dos pais. Nas palavras do narrador: "Tinham-me domado. Na civilização e na franqueza, ia para onde me impeliam, muito dócil, muito leve, como os pedaços da carta de A B C, triturados, soltos no ar" (p. 120).

Mesmo com todas as dificuldades e sofrimento, como no caso do protagonista de *Infância*, de Graciliano Ramos, o homem necessita passar pela experiência singular e enriquecedora da infância, não porque esta seria um início paradisíaco – como afirmava Rousseau – ou domínio do pecado – como na visão de Agostinho –, mas porque o ser humano necessita vivenciar a eclosão da possibilidade de construir a sua história, no seu espaço, sendo a infância o símbolo de fragilidade, da incompletude, cujos traços vão constituir o adulto.

Como assinala Tavares (2008), nas imagens concebidas de infância de Graciliano Ramos e Walter Benjamin, temos a representação da sensibilidade de momentos que são captados, são detalhes vivenciados na infância. No caso do autor alagoano, o tratamento dado pela família, em geral, e o processo da aprendizagem da linguagem e da leitura foi muito traumático; já nas memórias de infância de Benjamin prevalece o acolhimento carinhoso da família, mas também há um questionamento acerca das normas de ensino. Em ambos, a discussão sobre as evidentes diferenças das classes sociais, que sobressaíam nos locais onde viviam era objeto de questionamento e de incômodo. As vivências da infância deixaram muitos rastros na vida adulta desses dois autores, cuja origem relaciona-se sobretudo com a temática do afeto.

2.3. Recordação, memória e afeto

De acordo com Assmann (2012), existe uma relação entre recordação e afeto que não se apresenta como fator obrigatório, porém esses dois elementos são acoplados de modo consciente e, de acordo com o caso, de forma arbitrária. Nas recordações biográficas individuais, como é o caso de *Memórias do cárcere* e *Infância*, recordação e afeto "fundem-se em um complexo indissolúvel" (ASSMANN, 2012, p. 270). Não é possível para o indivíduo saber que recordações em particular serão abaladas por essa força estabilizadora (arbitrária). Isso ocorre porque a participação afetiva em determinadas situações não está ao alcance do controle do indivíduo. Rousseau valorizava o fato de o afeto ser um estabilizador nas recordações. Em suas *Confissões* (2007), as bases da escrita são justamente as recordações subjetivas, o que sempre faz vir à tona a discussão sobre a credibilidade dos fatos narrados.

Nessa obra rousseuniana, a memória é evocada como uma musa; se essa musa canta algo verdadeiro ou falso, o narrador não se interessava por isso. Em busca de um parâmetro para a credibilidade das recordações, deparava-se com o afeto. Tinha consciência de que não poderia reconstituir situações passadas com a precisão que desejava e por isso desaprovou, desde o início, uma pretensão de verdade objetiva para suas recordações. Baseou-se na "cadeia de sentimentos" para construir uma pretensão de verdade, que fez valer para o afeto. "Eu posso deixar lacunas nos fatos, eles se movem, posso atrapalhar-me com as datas, mas não posso me enganar sobre o que senti" (ROUSSEAU, 2007, p. 102)

O afeto para Rousseau é um amplificador das recordações e também o núcleo das mesmas. Esse sentimento atua como centro indestrutível da memória com a qual possui uma ligação intrínseca. O afeto constitui-se como uma verdade mais ampla que escapa às normas de verificação. Assim, a verdade já não é o mais importante e sim o modo como o afeto atua na rememoração.

O sentimento do narrador atua como um termômetro das lembranças, no que diz respeito às narrativas sobre a infância, pois "as recordações latentes existem em um estado intermediário, de onde incidem na escuridão do pleno esquecimento, ou podem ser resgatadas para a luz da rememoração" (ASSMANN, 2012, p. 274).

Cada uma das pequenas histórias que alguém narra sobre sua infância, assinala Assmann, traz a marca de um afeto específico: culpa, humilhação, ressentimento e repugnância, – afetos do protagonista de *Infância* – participam desse jogo, em que percepções se cristalizam como experiências e estas como recordações. O afeto para as recordações da juventude [ou infância], é o "símbolo para as recordações da velhice" (ASSMANN, 2012, p. 275). A recordação que se torna símbolo é compreendida pelo trabalho retrospectivo de interpretação diante da própria história de vida que se situa no contexto de uma situação particular.

Nesse contexto, Freud (1996), em *Sobre a psicopatologia da vida cotidiana,* observou que, nas mais distantes recordações de infância de alguém, de modo frequente, pode-se "preservar aquilo que é indiferente e sem importância, ao passo que (amiúde, mas não universalmente), na memória dos adultos, não se encontra nenhum vestígio de impressões importantes, muito intensas e plenas de afeto daquela época". Ainda segundo a teoria freudiana, as lembranças não significativas da infância permanecem devido a um processo de deslocamento "elas [as lembranças] são substitutas de outras impressões realmente significativas" (FREUD, 1996, p. 33), ou seja, a memória realiza uma seleção de recordações. Por intermédio da análise psíquica dessas recordações, que são pouco significativas, pode-se chegar à lembrança dos fatos significativos, entretanto uma resistência impede que as lembranças importantes sejam reproduzidas diretamente. A lembrança dos fatos menos importantes é preservada não menos pelo conteúdo que possui, mas sim devido a uma "relação associativa entre conteúdo próprio e um outro, reprimido, ela pode fazer jus ao nome 'lembrança encobridora[91]'" (FREUD, 1996, p. 34). As lembranças encobridoras são ficções criadas pelo próprio sujeito para poder enfrentar, de algum modo, a própria história e seus traumas. Constituindo um processo que pode apresentar-se como prazeroso, mas também, extremamente sofrido, as experiências vivenciadas retornam através das recordações que se alternam com o esquecimento, peculiaridade intrínseca ao movimento das recordações.

91 Segundo Freud (1996), o processo em operação nessas lembranças envolveria um conflito entre duas forças opostas: uma que procuraria fazer lembrar e outra, a resistência, que buscaria evitar a lembrança. Essas forças não se anulam e seu conflito desemboca numa conciliação: a impressão relevante é preservada, mas sob a forma de outra impressão substitutiva. (Cf. Freud, 1996. p. 34)

2.3.1 Recordação, experiência e esquecimento[92]

Em *Infância*, ao mesmo tempo em que a memória se constitui como um recurso para registrar os fatos e reelaborar as experiências vivenciadas, ela também carregará as marcas que lhe são inerentes: a diferença do tempo do enunciado e do tempo da enunciação, o esquecimento, ou o recalque em especial, das experiências mais dolorosas. O discurso memorialístico por si só já traz, em seu bojo, todos esses desdobramentos, além disso, nele se constrói um denso tecido em que se alternam "esquecimento e lembrança, mascaramento e transfiguração, o consciente e o Inconsciente" (RIBEIRO, 2012, p. 156).

Memória e lembrança, segundo Weinrich (2001), são passíveis de falhas, pois o homem está "naturalmente sujeito às leis do esquecimento, ele é fundamentalmente um *animal obliviscens*". Ainda conforme o filósofo alemão, se seguirmos autores, tais como, Hegel e Thomas Mann, conceberemos a memória "como um armazém" e, desse modo, "estaremos tanto mais próximos do esquecimento quanto mais fundo descermos a esses porões" (WEINRICH, 2001, p. 17; 21), ou seja, o esquecimento estará sempre presente ao lado da memória, embora esteja velado ou se encontre conservado nas profundezas da consciência.

Nas páginas de *Infância*, a questão da memória e do esquecimento e suas repercussões possuem um sentido mais abrangente, sinalizam o dilema ético do escritor, presente também em *Memórias do cárcere*. É o problema de como relatar o ambiente e a questão do *eu* com relação ao outro – contar ou não contar – e os desdobramentos decorrentes dessa problemática.

> A primeira coisa que guardei na memória foi um vaso de pitombas [...] Ignoro onde o vi, quando o vi, e se uma parte do caso remoto não desaguasse noutro posterior, julgá-lo-ia sonho. Talvez nem me recorde bem do vaso: é possível que a imagem, brilhante e esguia, permaneça por eu a ter comunicado a pessoas que o confirmaram. Assim, não conservo a lembrança de uma alfaia esquisita, mas a reprodução dela, corroborada por indivíduos que lhe fixaram o conteúdo e a forma (p. 9).

---

92 Conforme Weinrich (2001), partindo do latim, da forma verbal *oblivisci*, derivou-se o substantivo *oblívio* (esquecimento), que se "encontra em muitas locuções, por exemplo: *in oblivionem venire* (cair no esquecimento) e *aliquid oblivioni dare* (entregar algo ao esquecimento). In: WEINRICH, H. *Lete.* Arte e crítica do esquecimento. Rio de Janeiro: Civilização Brasileira, 2001.

Na obra *Infância*, as formas dos objetos, os limites, as obrigações do menino e o esquecimento mesclam-se de um lado com o ressentimento e com o remorso – afetos e desafetos representados na escrita e que se caracterizam principalmente pelo tom de renúncia e rancor presentes em certos trechos da narrativa, quando, por exemplo, o narrador se refere aos maus tratos, explicando sua origem na inveja que a irmã natural despertava: "[A mãe] Maltratava-se maltratando-nos. Julgo que aguentamos cascudos por não termos a beleza de Mocinha" (p. 26). No entanto, por outro lado, essas questões irão se misturar, desordenadamente, com a necessidade de compreensão do outro, aliada ao questionamento dos valores morais e políticos instituídos, além de uma reflexão sobre o perdão possível, que é representada pela prosa lírica e evocativa de Graciliano Ramos. Alternam-se esses elementos, muitas vezes, contrapondo-se uns aos outros ou até mesmo se complementando para narrar o passado. Quando o menino de *Infância* faz referência a Fernando, assassino local e afamado sedutor de moças pobres, descreve-o um personagem de atitudes contraditórias, assim como a mãe, o pai, os educadores, o que suscita uma reflexão sobre questões éticas e morais:

> O sujeito tornou-se para mim um símbolo – e pendurei nele todas as misérias. Pois um dia minha convicção se abalou profundamente. Dois empregados abriam caixões na loja. [...] Uma das tábuas [de um dos caixões] ficara no chão, crivada de pregos. Fernando levantou-se, apanhou-a, agarrou um martelo, pôs-se a entortar os bicos agudos, a rosnar. Desleixo. Se uma criança descalça pisasse naquilo? [...] Julguei ter sido injusto. Fernando, o monstro, semelhante a Nero, receava que as crianças ferissem os pés (p. 227).

A revisão de valores já vivenciada no cárcere é concretizada também na escrita das memórias da experiência da infância. Assim, as recordações trazem em si a marca indestrutível da experiência. Essa experiência pode ser considerada singular na medida em que está contida nas recordações de acontecimentos que estruturam a vida interior de um único indivíduo, mas também em relação com a coletividade de que faz parte. A experiência individual desenvolve-se na convivência com um determinado grupo social e muitas vezes o indivíduo necessita resgatá-lo para construir sua história de vida. A palavra experiência[93] traz consigo um leque de possibilidades, entre as quais está a sua dimensão temporal, ou seja, a experiência se altera com o decurso do tempo.

O questionamento sobre a dimensão temporal não é uma preocupação recente. Agostinho, em suas *Confissões* (2011), destacava que a atitude mais correta em relação ao assunto seria dizer que há "há três tempos, o presente do passado, o presente do presente e o presente do futuro, porque essas três espécies de tempos existem em nosso espírito" (AGOSTINHO, 2011, p.227). O tempo, de acordo com essa visão, parece deter-se muito mais no presente do que nas outras dimensões temporais. Nesse sentido, a finitude do passado faz surgir a possibilidade do esquecimento.

Ainda com relação ao esquecimento, Nietzsche (2003), afirma que o ser humano, orientado por seus interesses em agir nunca dispõe, completamente, do conjunto de suas lembranças. O homem só tem acesso a partes do seu acervo de recordações; isso impõe a ele uma limitação, entretanto instiga a versatilidade e a capacidade de aprender. "Ele esquece a maior parte das coisas, para fazer uma só; ele é injusto com o que ficou para trás, e só conhece um direito, o direito do que cabe acontecer agora" (NIETZSCHE, 2003, p.12).

Weinrich (2001) mostra como Nietzsche elogia a força do esquecimento que se apresenta como a capacidade de se proteger das próprias lembranças resistentes e disseminadas. Essa apologia do esquecimento baseia-se em retirar dos conteúdos da memória até aqui fielmente preservados, os da formação histórica, a base da motivação, isto é, "construir com o agir, com a vida e com o futuro, uma motivação nova e concorrente, a partir da qual se deve reorganizar a memória" (WEINRICH, 2001, p. 183).

Dessa forma, Nietzsche contraporia polemicamente a memória benéfica à vida e a história estranha à vida. Na terminologia nietzscheana, "o que mais corresponde à história é *recordar*; à memória corresponde mais *esquecer*" (ASS-

93 A palavra "experiência" possui "etmologia latina *experientia,ae.* 'Prova, ensaio, tentativa'. Ato ou efeito de experimentar (-se). 1. Experimentação, experimento (método científico) 2. Fil. Qualquer conhecimento obtido por meio dos sentidos 3. Forma de conhecimento abrangente, não organizado, ou de sabedoria, adquirida de maneira espontânea durante a vida" (HOUAISS, 2001, p. 1.287).

MANN, 2012, p. 143). grifo da autora. O filósofo alemão tomou, como ponto de partida, a ideia de que cada indivíduo e cada povo, de acordo com seus objetivos e suas necessidades, necessitam de uma parte do conhecimento do passado.

Em virtude do desenvolvimento das ciências históricas do século XIX, esse conhecimento transformou-se numa fonte interminável de saber, cujo crescimento aumentava cada vez mais. Weinrich (2001) assinala que a preocupação maior de Nietzsche era que a memória cultural estivesse a ponto de perder sua capacidade de limitação e restrição ao essencial, e, com isso, perder sua capacidade de formar horizontes. Assim, a tradição estabeleceria cada vez menos, um vínculo de utilidade com o agir e com o futuro.

Retomando as reflexões de Agostinho, que, nas *Confissões*, construiu uma metáfora temporal e espacial da memória, nesta obra, esta é comparada a um estômago, cujo sabor é sempre variável.

> A memória é, por assim dizer, o estômago da alma, que ora é doce, ora é amargo. Quando tais emoções são confiadas à memória, podem ser aí despertadas como um estômago, mas perdem o sabor. [...] assim como a comida, pela ruminação, sai do estômago, elas saem da memória através da lembrança (AGOSTINHO, 2011, p. 274).

Dessa forma, Agostinho reflete sobre a memória lançando mão de uma metáfora digestiva de imagens: o estômago é um lugar de passagem, não de permanência, é um lugar de processamento e não de conservação, assim como a memória.

Ao contrário de Proust, em *Em busca do tempo perdido* (2012) que acentuou intensamente a dimensão do sabor[94] em sua recordação, na visão de Agostinho, o sabor se perde durante o processo. O sabor apresenta-se como uma qualidade

94 Com relação ao efeito sinestésico mencionado acima, destaca-se, na obra referida, o conhecido episódio em que o narrador aceita uma xícara de chá com bolinho seco – a *madeleine* – e, ao provar esse alimento, reconhece a lembrança evocada pelo sabor: uma experiência sensorial semelhante à que tinha quando sua tia-avó lhe oferecia as mesmas iguarias no passado. A grandeza dessa obra, segundo Gagnebin (2007), é "ter ousado entregar-se, pelo viés da memória involuntária, à dinâmica imprevisível do lembrar". É a lembrança involuntária, - fruto do acaso, não há como prever conscientemente - em meio às forças inevitáveis do esquecimento, que propicia ao narrador mais uma possibilidade de acesso ao passado. A filósofa também observa que "O golpe de gênio de Proust não foi escrever memórias, mas sim, empreender uma busca" (GAGNEBIN, 2007, p. 79;15).

sensorial da experiência que está ligada ao presente, isto é, que não pode ser salva do tempo que passa. Entre a experiência atual e a experiência lembrada há uma diferença inexorável. A imagem reforça a posteridade da memória, essa lacuna que se verifica entre a experiência e sua repetição na recordação.

Essa lacuna, segundo Freud (2011) configura-se numa experiência próxima à vivência do luto, pois este "é a reação à perda de uma pessoa querida ou de uma abstração que esteja no lugar dela, como pátria, liberdade, ideal etc" (FREUD, 2011, p. 47) Nesse sentido, podemos falar no caso do narrador de *Infância* e das *Memórias*, na perda do passado que não pode ser modificado, mas que retorna por meio da recordação e se expressa através da escrita melancólica. Nas *Memórias*, o narrador assinala a necessidade imperiosa de retomar as imagens do passado através da escrita: "De repente surge a necessidade urgente de recompô-lo [o passado]. Define-se o ambiente, as figuras se delineiam, vacilantes, ganham relevo e a ação começa" (p. 37, v. 1). As "figuras", que "se delineiam" e se apresentam "vacilantes", evidenciam o papel do esquecimento. Em *Infância*, o narrador, acostumado aos maus tratos recorda a presença do policial José Leonardo, o "sujeito mais digno" que conheceu, comparando a figura do rapaz às litografias dos santos:

> Mudei-me, fui viver na cidade. Mas a imagem serena [de José Leonardo] me acompanhou. Fixou-se na parede, à noite, perto das litografias dos santos, compreensiva e generosa, sem tentar corrigir-me, sem me dar conselhos que me aperrearam (p. 161).

A figura do rapaz que regressa, de forma melancólica, às lembranças do narrador aponta para o que a teoria em que Freud compara "a essência da melancolia com o afeto normal do luto"[95] (FREUD, 2011, p. 48). Dessa forma, o luto deveria conter o mesmo estado de ânimo doloroso presente na melancolia. Nesta, o objeto não é algo que realmente morreu, mas que se perdeu, neste caso, o passado retratado como doloroso e, consequentemente, com caráter melancóli-

95 De acordo com Marilene Carone, *Trauer* significa tristeza profunda pela perda de alguém e luto, no sentido das marcas externas desse sentimento, como vestir-se de luto, a duração desse luto. "A proximidade do conceito de luto com o de melancolia é em alemão mais evidente que em outras línguas: vem de *Trauer*, o adjetivo *traurig* (triste)" (CARONE, 2011, p. 44).

co. Ainda, segundo Freud (2010), o esquecimento ocorre quando há uma espécie de obstrução dessas experiências vividas. O "esquecimento de impressões, cenas, vivências reduz-se em geral a um "bloqueio" delas. Quando o paciente fala desse "esquecimento", raramente deixa de acrescentar: "Na verdade, eu sempre soube, apenas não pensava nisso" (FREUD, 2010, p. 148). Portanto, a memória pode preparar verdadeiras armadilhas para quem a ela recorre, principalmente no ato da escrita, em que, normalmente, há uma grande distância entre o enunciado e a enunciação.

Além de analisarmos *Infância*, sob a ótica dos estudos da memória e do esquecimento, com seus meandros e desdobramentos, pretendemos também investigar a aproximação da obra com a concepção de romance de formação.

2.4. Infância: romance de formação moderno?

Conforme mencionamos acima, Miranda (2004) inclui *Infância* na categoria de romance de formação. A respeito dessa temática, faremos uma breve abordagem sobre esse gênero e por que razão as memórias de infância de Graciliano Ramos poderiam ser incluídas nessa classificação.

Conforme afirma Carlos Ceia (2012), o *Bildungsroman*, romance de formação, é um gênero que aproxima da autobiografia, uma vez que estabelece uma relação semelhante com o tempo e pela abertura do final. Desse modo, o romance de formação mantém um olhar atento sobre "a acção formadora do tempo, os diversos momentos da história pessoal do protagonista são seleccionados para representar outros tantos degraus na sua compreensão do mundo e de si mesmo"(CEIA, 2012).

Tendo em vista a afirmação de Ceia sobre esse gênero no que respeita à questão do tempo, a dimensão histórica é interiorizada e é mais importante que o final do romance, nessa concepção, pois é "o processo, o devir que vai revelando a dimensão de acaso que domina a vida em confronto com a firmeza de propósitos e as certezas que pareciam dominar o herói no início do percurso da aprendizagem" (CEIA, 2012).

Nesse contexto, *Infância* é um romance autobiográfico, conforme assinala Miranda, (2008). É o que afirma próprio escritor Graciliano Ramos, quando concedeu entrevista a Homero Senna, na *Revista do Globo*, em 1948[96]. Quando o jornalista solicitou que o autor discorresse sobre o começo de sua vida, no interior de Alagoas, Graciliano Ramos responde: "– Mas isso tudo está contado em *Infância*. Valeria a pena repetir?" (RAMOS, 2014, p. 190). Desse modo, optamos por investigar o texto memorialístico *Infância* também, sob a ótica da aproximação da obra com o gênero romance de formação. Diante dessa perspectiva, julgamos ser relevante construir um pequeno histórico sobre o gênero.

2.4.1. Breve histórico do gênero Bildungsroman

Como definição, Santana (2003) avalia que o romance de formação é um "subgênero tido como um dos mais importantes do século XVIII para a evolução e consolidação do romance como gênero hegemônico" (SANTANA, 2003, p.36). Nesse subgênero, o relato da formação do protagonista pode se transformar na história de formação de um mundo no qual o conhecimento individual torna-se a fonte essencial da cultura e da perspectiva social, o que leva à produção desse tipo de romance.

O romance de formação denominado *Bildungsroman* constitui-se numa narrativa em que há uma avaliação do desenvolvimento cognitivo, sentimental e espiritual de um personagem protagonista. Nesse tipo de narrativa, o protagonista, possui traços comportamentais comuns ao herói e vivencia episódios em que se configura um embate entre ele e o meio sociocultural em que vive e, por essa razão surge a necessidade de compreender e, até mesmo, dominar sua constituição física e psicológica, o que não ocorre sem um confronto.

96 Nessa entrevista, o escritor declara que, inicialmente, fazia versos. "Aprendi isso, para chegar à prosa, que sempre achei muito difícil". E que, em 1915, já "lia muito e escrevia coisas que inutilizava ou publicava com pseudônimos" (RAMOS, 2014, p. 192).

De acordo com Santana (2003), dentre as características que distinguem o *Bildungsroman*, destaca-se a questão de o protagonista precisa estar consciente de que não está envolvido num processo em que experimenta aventuras mais ou menos acidentais, mas que está inserido numa trajetória de autodescobrimento e de orientação no mundo. Dessa forma, a imagem que o protagonista tem da meta do caminho a ser percorrido em sua vida é determinada por enganos e avaliações inadequadas, devendo ser corrigidas somente no decurso de seu desenvolvimento. Assim, o protagonista poderá estar sujeito a uma série de episódios, tais como: o abandono da casa paterna, a atuação de mentores e instituições, confissões intelectuais, experiências profissionais ou até mesmo políticas. "Na plasmação e na valorização desses motivos, os romances diferem extraordinariamente. [...] através da orientação para um final harmonioso, recebem necessariamente uma estrutura teleológica" (SANTANA, 2003, p. 37).

No que se refere ao plano teleológico, o protagonista deveria assimilar, por etapas bem delineadas, a familiarizar-se com os segredos e as adversidades da vida, tanto de caráter individual quanto no seu relacionamento com o outro, tornando-se capaz de realizar suas experiências integrativas e produtivas, de acordo com o que viria a ser uma inquestionável integridade de espírito e de caráter angariadas ao término de sua formação.

Traduzido, de modo geral, como "narrativa de formação", o *Bildungsroman*, Quintale Neto (2005) destaca a dificuldade para se transpor esse termo de origem alemã para outra língua, uma vez que não "há uma explicação completa e convincente do que vem a ser um *Bildungsroman*. Pode-se traduzir o conceito *Bildung*, mas a palavra é intraduzível" (QUINTALE NETO, 2005, p. 2). Entretanto, o questionamento acerca da impossibilidade da tradução do conceito de *Bildung*, em português convencionou-se nomear *Bildungsroman* como romance de formação.

Ainda segundo Quintale Neto, a origem do termo *Bildung* remonta à Idade Média e foi utilizada pelo frade dominicano Mestre Eckhart e, por essa razão, a existência da conotação religiosa. *Bildung* possuía, num primeiro momento, uma aura de valor, "significava a Foto, o Retrato, a Imagem (*imago*), mas também Imitação (*imitatio*), Forma e Formação (*Formatio*). Era também o modelo da imagem da divindade, cujo centro é ocupado pelo homem" (QUINTALE NETO, 2005, p.5). Portanto, a origem do conceito de *Bildung* refere-se à concepção do homem como imagem da divindade. Todavia, a partir do instante em que comete o pecado original, o homem perdeu essa imagem divina original e somente poderá retomá-la, quando sofrer uma transformação. A busca dessa transmutação ocorre através da reconquista da imagem primeira (original) que se perdeu e que tornaria factível o recongraçar do homem com a divindade.

De acordo com essa perspectiva, o termo *Bildungsroman* teria surgido como decorrência de uma justaposição, cujo sentido aponta para o estabelecimento do romance como gênero, mas também para o processo de evolução do indivíduo burguês, no que respeita a questões peculiares do processo histórico e político da Alemanha, nos últimos trintas anos do século XVIII (MAAS, 2005).

Conforme Maas (2005), primeiramente, o termo teria sido em 1803, utilizado pelo professor de filologia clássica Karl Morgenstern em uma conferência acerca das relações entre romances filosóficos. Anos mais tarde, numa conferência de 1820, Morgenstern estipulou uma relação entre o termo por ele criado e o romance de Goethe, *Os anos de aprendizado de Wilhelm Meister*, concebendo desse modo, o modelo paradigmático de definição do gênero. Essa categoria de romance poderá ser denominada *Bildungsroman* sobretudo devido "a seu conteúdo porque ela representa a formação do protagonista em seu início e trajetória em direção a um grau determinado de perfectibilidade" (MORGENSTERN, 2010 apud MAAS 2005, p. 64).

A primeira parte da concepção do termo é consequência dos estudos sobre a vinculação entre a epopeia e o romance burguês. Enquanto a epopeia representa o protagonista como aquele que agirá direcionando suas ações para o exterior, consequentemente provocando transformações importantes no mundo, no romance, o protagonista recebe as influências dos outros indivíduos e do ambiente, mostrando assim, a sua gradual formação interior. A epopeia representará sobretudo os "atos do herói com seus efeitos exteriores sobre os outros; o romance, ao contrário, privilegiará os fatos e os acontecimentos com seus efeitos interiores sobre o protagonista" (MAAS, 2005, p. 66).

Com relação à segunda parte da concepção de *Bildungsroman* cunhada pelo filólogo, será a definição responsável pela criação do termo no sentido de romance de formação, de longa permanência a história da literatura, que se renova sempre pela associação ao gênero *Meister* (*Os anos de aprendizado de Wilhelm Meister*[97], 2009), de Goethe. "Ou seja, há obras 'mais ou menos' *Bildungsroman*, quer se associam ou se afastam do modelo constituído pelo romance de Goethe" (MAAS, 2005, p.31).

A autora assevera que o gênero *Bildungsroman* foi apropriado pela literatura produzida no Brasil, que se baseia na questão das relações entre romance e epopeia. Essa perspectiva a respeito do processo de apropriação do gênero no país, conceito europeu, por excelência, ocorreu por constituírem as nossas letras uma "literatura jovem e excêntrica" (MAAS, 2005, p. 21), o que é alicerçado em alguns pressupostos. A primeira dessas conjecturas é o fato de que a fortuna crítica do gênero vem se consolidando em descompasso com a ordem cronológica da tradição do gênero na Alemanha e na Europa. Na Alemanha, o gênero se firmou logo após a publicação de *Os anos de aprendizado de Whilhelm Meister,* tanto no que se refere à crítica quanto na esfera da assimilação de outros autores contemporâneos. No Brasil, esse processo ocorrerá de modo extemporâneo, ou seja, somente no século XX. A tendência mais produtiva desse movimento é a que se manifesta, essencialmente, através da teoria romanesca de Lukács, por isso há que se considerar a importância da retomada das relações entre romance e epopeia. Outro pressuposto a ser considerado é que no Brasil, a partir da década de 1930, delineia-se um modelo de apropriação do romance de formação crítica feminista que, ao se insurgir diante dos pilares que sustentam a definição do gênero, associam-no à literatura de autoria feminina produzida no país. Por fim, Maas destaca que as dois modelos de apropriação do gênero no Brasil constituíram-se, marcadamente, com cunho ideológico. Ao citar exemplos dessa forma de apropriação no Brasil, a autora cita os estudos de Eduardo de Assis Duarte sobre *Jubiabá* (1935), de Jorge Amado e *Os tambores de São Luís*(1975), de Josué Montello.

97 O livro foi publicado, pela primeira vez, entre 1795 e 1796, em duas partes.

Assis Duarte (1996), em sua pesquisa sobre *Jubiabá*, baseia-se na concepção da descendência goetheana do conceito de *Bildungsroman*. Entretanto, para Maas, a síntese concebida por Lukács no *Meister* de Goethe, pode ser lida somente à luz dos "grandes romances", aqueles que aproximam do caráter coletivo da epopeia.

Nesse contexto, Lukács, na *Teoria do romance* (2003), assevera que o modelo tradicional de romance de formação não encontraria mais espaço na fase apontada por ele como "pós-gotheana". Desse modo, o romance *Os anos de aprendizado de Wilhelm Meister* destaca-se, na visão lukacsiana, como o momento de resolução da crise instalada, com o protagonista do romance burguês e o todo representado pelo mundo social, pela coletividade épica. Tendo em vista o que foi afirmado, Lukács aponta que, em sua teoria, tencionou "estabelecer uma dialética dos gêneros assentada historicamente na essência das categorias estéticas". Compreendia a questão do romance burguês sempre como contraponto ao universo coletivo da epopeia antiga, ou seja, Lukács divisava no romance burguês individualista e interiorizante um "romance da desilusão" (LUKÁCS, 2003, p. 140), o momento histórico em que o indivíduo solitário problemático malograria em seus projetos, o ponto em que a narrativa dessa trajetória de isolamento reverbera-se no fracasso dos projetos exclusivamente de cunho individual.

Essas aventuras e desventuras vivenciadas pelo protagonista do romance de formação aparecem como embasamento de investigação para se conceber como Goethe elaborou o seu *Bildungsroman*, *Os anos de aprendizado de Wilhelm Meister*, narrativa em que o protagonista travava um embate seus conflitos existenciais. Valendo-se desse romance de Goethe, Lukács aponta que, nesse tipo de narrativa, o que se almeja é uma trajetória intermediária entre a orientação do idealismo abstrato e a ação exclusivamente interna, a contemplação, como no Romantismo.

> A humanidade como escopo fundamental desse tipo de configuração, requer um equilíbrio entre atividade e contemplação, entre vontade de intervir no mundo e capacidade receptiva em relação a ele. Chamou-se essa forma de romance de educação,[...] pois a sua ação tem de ser um processo consciente, conduzido e direcionado por um determinado objetivo: o desenvolvimento de qualidades humanas que jamais floresceriam sem uma tal intervenção ativa de

> homens e felizes acasos; pois o que se alcança desse modo é algo por si próprio edificante e encorajador aos demais, por si próprio um meio de educação. (LUKÁCS, 2003, p. 141).

Nessa perspectiva, o amálgama entre contemplação e ação, como modelo para a formação humanista da sociedade é imperioso para a constituição do Romance de formação ou de educação goethiano. Assim, o sentido que o *Bildungsroman* tem em Goethe, que é o precursor desse subgênero, pode ser compreendido quando o protagonista Wilhelm Meister afirma: "Instruir-me a mim mesmo, tal como sou, tem sido obscuramente meu desejo e minha intenção, desde a infância" (GOETHE, 2009, p.58).

No entanto, a representação do romance de educação se tornou cada vez mais difícil de ser repetida nos modelos pós-gotheanos. Os protagonistas contemporâneos não se enquadram mais no modelo do que se poderia classificar como "exemplares", "protagonista e destino são algo exclusivamente pessoal" (LUKÁCS, 2003, p.142). A subjetividade em demasia concede à narrativa "o caráter fatalmente insignificante e sem alcance de uma história puramente privada. Trata-se do perigo a que sucumbiu, em nossos dias, o romance de educação na maioria dos casos" (LUKÁCS, 2003, p. 144).

Tendo em vista o que afirma a teoria lukacsiana, há uma crença numa intensificação histórica da experiência subjetiva, que se refere às narrativas das experiências pessoais do cotidiano privado. Os anos de aprendizagem de *Wilhelm Meister* espelhariam o momento perfeito, a derradeira possibilidade literária de reconciliação entre o indivíduo e a realidade social, a síntese entre a subjetividade da história individual e o sentido épico da história coletiva.

Nesse contexto em que a subjetividade está em destaque, pretendemos levantar, de forma breve, a presença do romance de formação no Brasil, aproximando o conceito de *Bildungsroman* da narrativa memorialística *Infância.*

2.4.2. O romance de formação no Brasil e a obra de Graciliano Ramos

Mas (2005) levanta a hipótese de que a fortuna crítica do romance de formação no Brasil atravessa, essencialmente, pela concepção da teoria de Lukács acerca do *Bildungsroman,* tanto de modo consciente, tal como na pesquisa de Eduardo de Assis Duarte, quanto pela veia da força imaginativa, citando como exemplos, as obras de Jorge Amado e de Josué Montello.

Em Jorge Amado, sobretudo, nos estudos de Eduardo de Assis Duarte, na obra: *Jorge Amado: romance em tempo de utopia* (1996), o autor afirma que *Jubiabá* pertence ao gênero *Bildungsroman.* "Amado se apropria da tradição do romance de aprendizagem para situá-lo no nível das classes populares dos anos 30" (DUARTE, 1996, p.112). O ensaio lukacsiano, mencionado acima, opera como mediador entre o leitor/crítico brasileiro e o romance de Goethe. Manifestando uma referência explícita à teoria lukacsiana, Assis Duarte assinala que a reconciliação entre o indivíduo e a realidade social não deve ser pautada pela acomodação nem pela harmonia pré-estabelecida, sendo o protagonista "forçado a procurá-la à custa de difíceis combates e penosas vagabundagens ao mesmo tempo em que deve estar, contudo, em condições de a alcançar" (DUARTE, 1996, p. 115).

Tendo em vista a abordagem apresentada, sobressai um reforço do enfoque da integração social na obra amadiana. Em *Jubiabá,* o protagonista passa por situações muito diferenciadas daquelas vividas por Meister, na obra de Goethe, principalmente no que se refere à condição burguesa de Wilhelm, que muito difere da de Balduíno, uma vez que o protagonista do romance amadiano era paupérrimo. O caráter de Balduíno vai sendo traçado com a representação de questões sociais muito diversas daquelas que produziram a ascensão burguesa na Alemanha. "Ele cresce tomando ciência de uma memória familiar marcada pela tradição da rebeldia social e de uma memória comunitária que atualiza a tradição do cativeiro" (DUARTE, 1996, p. 118).

Duarte baseia-se na teoria do romance de Lukács, ressaltando as diferenças marcantes entre o *Bildungsroman* alemão e o romance de formação de Jorge Amado, além de utilizar também, como aporte teórico, a teoria de Mikhail Bakhtin em *Estética da criação verbal* (2003). Na referida obra, Bakhtin categoriza o romance de formação ou de educação em cinco subclassificações, dentre as quais considera o quinto tipo o mais relevante. Na quinta subclassificação, Bakhtin avalia que o desenvolvimento do indivíduo é inseparável da evolução da história, sendo a sua formação consolidada no tempo histórico real, necessário, com seu futuro, com seu caráter fundamentalmente cronotópico[98]. O homem se forma simultaneamente com a evolução do mundo. Nesse sentido, o indivíduo é obrigado "a transformar-se em um novo tipo de homem, ainda inédito. A imagem do homem perde seu caráter privado e desemboca na esfera esperançosa da existência histórica" (BAKHTIN, 2003, p. 221).

Inserido no âmbito histórico, a trajetória do protagonista de *Jubiabá*, conforme assinala Duarte, permite que se compreenda o romance amadiano como uma narrativa em evolução, que se direciona a um momento da história em que o proletariado tomaria as rédeas de sua própria sorte. Dessa forma, destaca a importância de *Jubiabá,* visto que, nessa obra, "surge um novo sentido para o *Bildungsroman*, cujo desburguesamento leva à construção do herói proletário e camponês" (DUARTE, 1996, p. 100). Tendo em vista essa abordagem, o oprimido não vai ser apenas o protagonista, mas também o indivíduo que luta contra opressão, contribuindo assim, para a construção de uma nova consciência. Enquanto no romance goetheano, o protagonista opta pela vida de ator de teatro para que alcance um reconhecimento social usufruído pela classe dominante; na narrativa de Amado, o desejo de Balduíno distancia-se muito da ascensão essencialmente burguesa almejada por Wilhelm, configurando, assim, uma utopia socialista, alvo pelo qual luta o jovem baiano.

Assemelhando-se ao processo que se manifesta no romance amadiano, temos *Os tambores de São Luís*, de Josué Montello, que foi publicado na década de 1970 e que, além de também evocar traços do realismo socialista, discute, de

98 Conforme o *E-Dicionário de Termos Literários*, o cronótopo "reporta-se à relação entre as categorias de espaço e tempo. Composto pelas palavras gregas *cronos*: tempo e *topos*: lugar, por ele se enfatiza a indissociabilidade destes dois elementos tal como se manifesta nas representações literárias" (FERNANDES, 2009). Bakhtin (2018) afirma que o cronotopo "determina a unidade artística de uma obra literária em sua ação com a autêntica realidade [...] Na arte e na literatura, todas as determinações de espaço-tempo são inseparáveis [...] As artes e a literatura estão impregnadas de *valores cronotópicos* de diferentes graus e dimensões (BAKHTIN, 2018, p. 217). Grifo do autor

modo intensificado, esse tema por meio da inclusão da perspectiva da memória subjetiva e do tempo psicológico. Assim, um narrador, em terceira pessoa, apresenta *in media res*, no período de apenas uma noite de 1915 – configuração que nos remete ao romance *Ulisses*[99], de James Joyce, – a trajetória do ex-escravo Damião, que aos 80 anos atravessa a cidade de São Luís, fazendo com que a memória empreenda um processo de rememoração de muitos episódios da cidade e do Brasil, e também de sua própria vida particular. A trajetória de Damião é relatada desde a infância até a emancipação civil. Assim como no quinto tipo do romance de formação da concepção bakhtiniana, o personagem reverbera em si mesmo a formação histórica do mundo.

Conforme Maas (2005), é também a partir da analogia com o romance goetheano que se pode avaliar o romance de Josué Montello, uma vez que tal qual o protagonista da narrativa de Goethe, Damião também vai se tornar uma pessoa pública, entretanto não o fará com um objetivo individual, que é o que parece mover Wilhelm, mas sim induzido de modo consciente, pela inevitabilidade de uma transformação social.

Nesse contexto, tanto o personagem do romance de Goethe quanto o protagonista da narrativa de Montello são guiados por mentores. Wilhelm terá como mentora a Sociedade da Torre, um tipo de associação assemelhada à maçonaria e que direcionará o jovem personagem, monitorando o seu destino; Damião, por sua vez, terá como guias as personagens Santinha e Genoveva Pia que eram membros da Casa das Minas, uma sociedade que não era secreta, mas atuava como um espaço de reencontro das raízes africanas, espaço que o protagonista de *Os tambores de São Luís* frequentará até a velhice.

É possível reconhecer nessa obra uma simbologia que atua de forma similar à que ocorre no romance goetheano. A obra de Goethe foi escrita num clima de oposição ao regime de terror que se instalou após a Revolução Francesa; no romance de Montello, o trineto de Damião, que é fruto da mistura de raças, age como representante da utopia da miscigenação e do lema revolucionário francês liberdade, igualdade e fraternidade no que se refere à questão étnica e racial, não

99 No romance de James Joyce, toda a história se passa no dia 16 de junho de 1904. Campos assinala que "É indispensável conhecer essa obra para consciencializar suas conquistas e poder seguir à frente, no caminho do novo" (CAMPOS, 2000, contracapa).

obstante o projeto tópico e humanista seja bruscamente interrompido, ao término do romance, com o assassinato do filho de Damião.

Tendo em vista essa breve análise de dois romances brasileiros, sob a perspectiva do romance de formação, emerge uma das vertentes da apropriação do gênero no país, que se delineia a partir da leitura lukácsiana do *Bildungsroman* e do romance de Goethe que constitui o seu paradigma.

Dessa forma, o *Bildungsroman* é gênero, por meio do qual se configura o eterno movimento de ida e volta da reflexão à ação, da ação à reflexão, que tornaria o homem consciente de si e consciente da vida como atividade. Nessa perspectiva, legitima-se a síntese dialética da reflexão e da ação através do romance, uma vez que a arte é o grande instrumento de educação da humanidade.

Nesse sentido, na narrativa de formação, o processo de evolução da capacidade física, intelectual e moral da criança ou jovem e do indivíduo, normalmente, objetivando sua integração individual e social no meio onde está inserido, pode ser observado com facilidade nos romances que utilizam tais convenções. Diante do que foi exposto, pode-se afirmar que há uma aproximação de *Infância*, de Graciliano Ramos, como o *Bildungsroman*.

2.4.3 Infância: aproximação com o romance de formação

Há certas características do romance de formação descritas na seção anterior, em *Infância*, de Graciliano Ramos, obra que não foi citada por Maas em sua pesquisa acerca da apropriação do romance de formação pela literatura brasileira (OLIVEIRA, 2017). No entanto, não obstante haver peculiaridades do romance de formação em *Infância*, a obra apresenta-se com uma estrutura diferenciada daquela dos dois romances brasileiros retratados e também do romance de Goethe. Ora, o protagonista de *Infância* não é guiado um mentor tal como Damião em *Os tambores de São Luís* e como Wilhelm Meister, de Goethe. No caso da obra de Graciliano Ramos, o adulto escritor é que se remete ao passado, "para suas lembranças de infância e as reconstitui, na maior parte do tempo, dando voz à criança, mas também, por vezes, permitindo que se reconheça a voz do homem, do memorialista" (OLIVEIRA, 2017, p. 7).

O memorialista de *Infância* desvela-se para tentar representar em uma narrativa homodiegética, as transformações psicológicas e sociais pelas quais passa até chegar à fase de sentir-se capacitado para reelaborar e reorganizar, no presente da racionalidade adulta, os episódios formativos do passado nos primeiros anos da existência. Portanto, a narrativa pode ser incluída no campo daquelas que possuem como alicerce, a *Bildungs*, a formação, conceito base para tais narrativas do subgênero romance de formação. Nesse sentido, são consideradas como narrativas que pertencem ao subgênero, cujo tema central é a história de vida de um protagonista jovem, essas histórias que levam, através de uma sucessão de enganos e decepções, a um equilíbrio com o mundo no futuro. Esse aprumo é, normalmente retratado, consoante Mass, "de forma reservada e irônica, entretanto, ele é como meta, ou ao menos como postulado, parte necessariamente integrante de uma história de formação" (MAAS, 2000, p. 62).

Em *Infância*, como assinala Márcia C. Silva (2004), na história de formação do menino Graciliano Ramos, configura-se um centro temático que salienta a primeira e a segunda infâncias do narrador-protagonista, no período de dois aos onze anos de idade. Nesse decorrer, que abrange o universo espaço-temporal designado pela narrativa, realiza-se, através de episódios apresentados sem um princípio estruturador firme e sem apresentar uma coesão tradicional a não ser pelo fato de o protagonista ser o ponto de apoio que congrega as variadas atitudes, diante dos fatos ocorridos, uma reflexão de seu *eu* e também sobre a sociedade em que está inserido.

Infância revela um narrador-protagonista, por "entre as nuvens espessas que me cobriam" (p. 9). Lança mão de uma metáfora – a abertura entre nuvens[100] – que é a abertura (o iniciar) de sua vida para o conhecimento, para o

100 Conforme o verbete do *Dicionário de símbolos*, de Juan-Eduardo Cirlot (2000), a palavra "nuvens", como símbolo, apresenta dois aspectos principais: "de um lado se relaciona com a névoa, com o mundo intermediário entre o formal e o informal; de outro, constitui o oceano das 'águas superiores', o reino do antigo Netuno" (CIRLOT, 2000, p.420). Primeiramente, a nuvem simboliza a forma como fenômeno e aparência, sempre em metamorfose, no segundo caso, a nuvem é progenitora da fertilidade e pode re-

entendimento de si e do mundo. Nesse contexto, o primeiro bloco narrativo de *Infância* possui o título "Nuvens". Dando seguimento a esse movimento, parágrafo segundo, o narrador continua: "Houve uma segunda abertura entre as nuvens espessas que me cobriam: percebi muitas caras, palavras insensatas [...]" (p. 9), isto é, num ambiente povoado por incertezas e indefinições, variadas imagens são relatadas e há uma investida para construir e reconstruir, para si mesmo, um mundo que pudesse compreender. Emergem os acontecimentos cujas principais peculiaridades são o medo e a ansiedade, diante das pessoas que eram importantes em sua vida, desde os primórdios de sua educação à construção de sua personalidade como adulto. Também trecho da narrativa sugere que "houve uma primeira abertura entre as nuvens, neste acaso, o início da narrativa em que o narrador inicia descrevendo o vaso de louça vidrada, primeiro objeto que afirma ter guardado na memória" (OLIVEIRA, 2017, p.8). No entanto, a seguir, põe em xeque o fato de a primeira lembrança que possui ser realmente a do vaso para, mais adiante, afirmar que, talvez, essa recordação[101] só tenha vindo à tona em virtude de haver a confirmação das outras pessoas com quem conviveu, provavelmente, daquelas que compunham o seu ambiente familiar.

Esse ambiente familiar é representado de forma extremamente negativa, marcado por relações conflituosas, sobretudo com os pais. A formação familiar do protagonista destoa da ideia natural que, normalmente, é atribuída à família: ambiente em que deveriam predominar sentimentos como o amor, as relações de afeto entre os membros do núcleo familiar, os comportamentos éticos que devem ser imitados pelas crianças, além de segurança e tranquilidade no espaço caseiro. Todo o conjunto desses fatores constitui o aparato formativo que deveria ser transmitido pela família aos filhos, entretanto, no caso do narrador-prota-

---

lacionar-se analogicamente com tudo aquilo cujo destino seja dar fecundidade. Dessa forma, a metáfora utilizada pelo narrador é muito significativa, pois a vida do menino que toma consciência de seu lugar na família e no mundo inicia um processo em que muitas metamorfoses acontecerão, o que constitui uma sucessão de acontecimentos e de vivências que muito contribuirão para a formação do adulto-escritor.

101 No esquema da lembrança, o objeto ou o fato lembrado é identificado a um o objeto ou acontecimento singular que retorna à mente do indivíduo, o que faz com que exista uma "escolha" dos acontecimentos de que nos lembramos. Cf. Assman, 2012, p. 284.

gonista, são permeados por uma grande carga de turbulência.

O narrador homodiegético está ansioso para trazer à tona as situações e as razões que fizeram com que seu universo familiar se transformasse num pragmático agente de repressão, ao invés de figurar como agente transmissor de bons valores e atitudes para que a criança pudesse conhecer e consolidar sua capacidade no decorrer de sua vida.

Nesse contexto, em que a truculência era uma constante, ocorreram as primeiras noções do alfabeto, que foram recebidas em casa. Nem mesmo o ensino sistematizado não escapou dessa dinâmica violenta de educação e de imposição com requintes de crueldade, como se lê na seguinte passagem, em que o narrador relata uma cena violenta: "Meu pai não tinha vocação para o ensino, mas quis meter-me o alfabeto na cabeça. Resisti e ele teimou e o resultado foi um desastre. [...]À tarde pegava um côvado, levava-me para a sala de visitas – e a lição era tempestuosa" (p. 111). Como se não bastassem os castigos verbais e físicos, recebidos em casa, o menino, ansioso para aprender a ler e para penetrar no universo das fantasias literárias que ainda poderiam aliviar o seu sofrimento, encontrou nas escolas onde estudou, na maioria das vezes, os maus tratos impingidos pelos mestres que, quase sempre, humilhavam os alunos, marginalizando-os, nas pequenas salas de aula mal-arranjadas. Devido a essa situação, o menino praticamente sozinho, tornou-se autodidata e atendeu a sua necessidade de decifrar os risquinhos pretos que via nos folhetos e brochuras a que tinha acesso em casa e no balcão da loja do pai.

O interesse pelas letras o levou às incursões no universo da religião, de onde surgiam figuras sempre cerceadas por anjos justiceiros, representados nas histórias bíblicas, cuja leitura era uma imposição dos pais ao menino. A família e os religiosos com quem teve contato ministraram-lhe o catecismo com árduos castigos e advertências de que os pecadores teriam, como penalidade máxima, o inferno, palavra proibida que avivou a curiosidade do menino que já aos seis anos e idade, questionara a existência desse lugar terrível, que era o destino dos pecadores. "Não me satisfaziam as fogueiras, as tachas de breu, vítimas e demônios. Necessitava pormenores. [...] Minha mãe curvou-se, descalçou-se e aplicou-me várias chineladas" (p. 81). Assim, a ausência total de argumentos e explicações convincentes, ou mesmo a ignorância ou o receio por parte da mãe para definir o que era o "inferno", fizeram com que ela punisse a criança.

Em meio a tantos castigos recebidos em casa, na relação com pessoas fora do âmbito familiar, o narrador-protagonista empenha-se em desconstruir estereótipos que a família, a escola e a religião estabelecem para as pessoas com quem o menino se relaciona. Nessa perspectiva, a imagem dos pais representa quase sempre um sentimento povoado pelo pavor. Se cometesse qualquer atitude que poderia desagradá-los, era tomado por um medo terrível, uma vez que os via como o símbolo da autoridade, do poder que não tolerava questionamentos, como nesse trecho em que os pais são representados através de quadros metonímicos: "Depois as mãos finas se afastaram das grossas, lentamente se delinearam dois seres que me impuseram obediência e respeito.[...]Nunca as finas me trataram bem[...]as grossas, muito rudes, abrandavam em certo momentos" (p. 15), descrevendo assim a mãe (mãos finas) e o pai (mãos grossas).

Entretanto, essa visão se transforma quando os personagens representados são empregados da fazenda com quem o menino tinha um relacionamento franco e amigo. "Mais vivo que todos, avulta um rapagão aprumado e forte. [...]Chamava-se José Baía e tornou-se meu amigo, com barulho, exclamações, onomatopeias e gargalhadas sonoras. (p. 12) Empregados das fazendas e do comércio de seu pai, sertanejos de Alagoas e de Pernambuco, advogados, vizinhos, policiais, mendigos, pessoas tidas como indivíduos de má reputação, todos, de alguma forma, colaboram para a aprendizagem do menino em todas as suas potencialidades como ser humano.

A criança desconfiada das reações alheias, apesar de pré-julgar os adultos que com ele conviviam, quando entra em contato com as genuínas ações construtivas, cotidianamente marginalizadas por convenções de seu estrato social, muda seu juízo e fica surpresa ao descobrir que as aparências e as construções culturais excluídas podem ocultar bondades e belezas que não são facilmente reconhecíveis à primeira vista.

Nessa relação quase sempre tumultuosa e até mesmo humilhante dá-se a formação do narrador. Conforme Mass(2000), o ponto fulcral do *Bildungsroman* é o aperfeiçoamento individual que implica a concepção de *perfectibilité*, que já atuava no discurso intelectual da segunda metade do século XVIII, por meio dos textos de Rousseau.[102]

O constante desejo de perfeição almejado pelo protagonista de *Infância* é colocado para o leitor numa dinâmica natural de preparação para os incontornáveis encontros com as pessoas, instituições e valores do mundo em que está inserido. Todavia, quando se trata do romance de formação, há nuances e divisões de vários tipos que apresentam suas características próprias.

Dessa forma, a formação, num sentido amplo, constitui-se pela cultura proporciona ao indivíduo, por meio da aptidão que é inata ao do ser humano, mas também é aquela em que o sujeito vai conquistando, espontaneamente, em suas ações no cotidiano, além da formação sistemática que as instituições de ensino ou similares concedem sob estrutura e supervisão rígidas e, finalmente, uma espécie de formação que apenas acontece com indivíduos que são possuidores de talento para a arte.

Com a finalidade de descrever e avaliar o canône mínimo do *Bildusngromann* a história da literatura, Maas (2000) desenvolveu conceitos e reflexões. Este gênero surgiu no contexto sócio-político germânico do século XVIII, além de acompanhar a evolução historiográfica dos temas de que trata.

Nessa perspectiva, o cânone mínimo inicia-se quando é publicado o romance *Os anos de aprendizado de Wilhelm Meister* (1795/1796), de Goethe, que surge, ainda nos primórdios do gênero romanesco. A trajetória do iniciante Meister traz à tona, para o público leitor, uma visão panorâmica da movimentação sociocultural da burguesia alemã, no que toca a questões tais como a educação das gerações vindouras, a fim de que estas possam ocupar os postos destinados à aristocracia, no período posterior à Revolução Francesa.

Desse modo, a acepção da formação depreende a noção de uma sucessão de fatos que se concretiza numa sequência de etapas que chegarão a um determinado fim. Caso o processo se distinga pela presença de uma hierarquia fechada nos procedimentos e fins, terá uma categorização singularizada do *Bil-*

102 O aperfeiçoamento individual, na concepção rousseauniana, passaria pela "formação integral do indivíduo, harmonizando e equilibrando suas tendências e talentos naturais ao lado de sua formação para a sociedade" (MAAS, 2000, p. 69).

dungsroman, que seria a do *Erziehungsroman*[103] (romance educativo). O *Erziehung* é direcionado para a transmissão de uma tradição intelectual própria do ser humano e que, pelo seu valor na exigência de organização intraindividual e interindividual, deveria ser cultivada através de mecanismos de estímulo do aparelho perceptivo e do raciocínio lógico, portanto contém o sentido da ação dirigida "com objetivos propedêuticos bastante definidos, ao passo que 'formação' (*Bildung*) seria entendida mais como o resultado de um processo que não pode ser atingido apenas pela atividade metódica da educação" (MASS, 2000, p. 27).

Outras categorias de romance de formação, além daquelas citadas, devem ser destacadas, como o *Entwicklungsroman*[104], narrativa de formação de caráter geral e supra-histórico. O *Entwicklungsroman* apresenta uma narrativa de teor autobiográfico e se constitui como base para que as demais categorias historicamente posicionadas e datadas possam se expandir. Nesse gênero, predomina um sentido mais generalizado, o que ocorre, especificamente, devido ao significado poético simbólico representado e em menor grau ao recorte das circunstâncias históricas. No *Entwicklungsroman*, a funcionalidade ultrapassa as particularidades referentes à nacionalidade e à historicidade.

Já no *Künstlerroman*[105], abrange as peculiaridades das demais, mas também,

103 No *Erziehungsroman*, a narrativa locupleta-se de ações, em que o protagonista se vê circunscrito por um conjunto de conhecimentos, boa parte das vezes, exteriores às suas necessidades subjetivas e também gerais, sob o aspecto de uma formação integral e não tão específica como exemplifica o romance *O Ateneu*, de Raul Pompeia. Nessa narrativa, suscita-se o questionamento a respeito dos projetos educacionais divididos em metas, como a da educação especializada e da educação geral, sem chegar a um consenso final sobre essa temática (OLIVEIRA, 2017, p.10).

104 Na tradução de Marcus Mazzari, a palavra *Entwicklungsroman* significa: romance de evolução ou romance desenvolvimento. (Cf. MAZZARI, Marcus, 2010, p. 128). O *Entwicklungsroman* tem como base uma forma que se aproxima do caráter de uma funcionalidade específica, entretanto possui uma possibilidade temático-formal aberta que pode ser preenchida por inúmeras situações contextualizadas e historicizadas "de aperfeiçoamento ou deformação, trajetória utópica ou desilusão, adaptação ou negação e renúncia, ascensão ou descensão social, na qual se entrecruzam, frequentemente vetores positivos, negativos ou que conduzem à estagnação" (MAAS, 2000, p. 57).

105 De acordo com Mazzari, o *Künstlerroman* é o "romance do artista, da individualidade artística" (MAZZARI, 2010, p.108). As narrativas do *Künstlerroman* possuem vários pontos em comum com aquelas do *Erziehungsroman,* no que toca à direção formativa sistematizada em seus conteúdos e sempre muito direcionada para um objetivo definido de modo apriorístico. Todavia, se, na segunda categoria as aptidões adquiridas atuam

define-se pela exposição de uma trajetória formativa do protagonista no campo artístico. Destaca-se, nessa categoria, o fato de o protagonista sendo já um adulto, e com sua carreira profissional definida, rememorar, em uma narrativa de encaixe, todo o seu empenho para assimilar e dominar o engenho tecnológico que lhe proporciona a execução de suas finalidades concernentes à arte de sua aptidão.

O *Künstlerroman* é um dos gêneros romanescos que mais contribuíram para que o romance moderno e pós-moderno adquirisse condições de refletir sobre sua própria composição e funcionalidade (HUTCHEON,1977). Nesse sentido, essa forma narrativa concede ao artista os instrumentos necessários para que examine o fazer literário e se exercite, no enunciado literário, encontrando, assim, outras diversificadas alternativas de construção literária.

Tendo como ponto de partida o Künstlerroman, foi possível chegar a obras abertamente lúcidas e com capacidade de reafirmar que a ficção literária mostra-se consciente de que seus mundos fictícios, com seus diversos funcionamentos são construções linguísticas, que podem ter uma clara percepção de sua natureza, em ambos os lados, o do artista e o do leitor, que é orientado para fazer contato com a ficção, assumindo um posicionamento mais crítico diante da obra literária (OLIVEIRA, 2017).

As questões referentes às vivências do narrador-protagonista coexistem com as questões teóricas do aprendizado artístico no *Künstlerroman.* A narrativa nos mostra uma personalidade que se forma na interação com o meio. Assim, as suas opções e suas posturas com relação às competências artísticas vão se revelando e apresentando o estilo do artista. Todavia, nenhuma das temáticas escolhidas pelo escritor segue seu curso isoladamente. "As questões vivenciais sempre estarão envolvidas nessas escolhas e posicionamentos do narrador-protagonista em vias de formação artística" (OLIVEIRA, 2017, p. 11-12).

A narrativa de *Infância,* desse modo, pode ser vinculada ao *Künstlerroman*, embora não se possa afirmar que nenhum tipo de narrativa seja estanque. Em

como importante elemento de exclusão para outras competências, no primeiro existe uma propensão inversa já que o artista, no caso o escritor, vai adquirir as competências para compor o seu objeto artístico em uma dinâmica de inclusão ilimitada de saberes. Tal episódio ocorre devido à exigência que o fenômeno artístico possui no que concerne ao domínio dos conhecimentos e saberes heterogêneos, com a finalidade de realizar de modo ideal, um de seus principais objetivos que é falar a respeito da existência humana.

Infância, o narrador-protagonista está sempre envolvido com apólogos, contos, novelas, narrativas folclóricas e romances que lhe despertam a imaginação e o desejo imperioso de entrar em contato com a leitura e com a escrita, embora as narrativas citadas abordem a temática da pessoa que é educada pelo medo (OLIVEIRA, 2017). É o que se revela, quando o menino está no armazém do pai e avista alguns folhetos no balcão: "Tive a ideia infeliz de abrir um desses folhetos, percorri as páginas amarelas, de papel ordinário. Meu pai tentou avivar-me a curiosidade, valorizando com energia as linhas mal impressas, falhadas". (p.109). Paralelamente às traquinagens corriqueiras, peculiaridades da primeira e da segunda infância, infere-se nitidamente que essa narrativa de formação se direciona para a preocupação com a literatura e seu papel, no que se refere à possibilidade de se desprender da tirania que o oprimia. Em *Infância*, no episódio em que o menino relata ter lido todas as coleções de livros emprestados pelo tabelião Jerônimo Barreto, fica evidente o seu desejo de se dedicar à escrita:

> Finda a novidade, os meus conhecimentos originaram desconfiança e algum desdém: Versalhes, Notre-Dame e os rouxinóis tinham aparência de contrabando. E eram inúteis, com certeza. Mas serviam para a composição de narrativas – e fora daí não me inspiravam interesse (p. 234).

Nessa perspectiva, em que o narrador constrói, aos poucos a sua trajetória para se tornar um futuro escritor, pode-se perceber que, na narrativa de *Infância,* encontramos elementos que o aproximam na categoria do *Künstlerroman*, sem, no entanto, eliminar as qualidades formais e conteúdos relativos às outras narrativas de formação, pois a "classificação depende de muitos fatores como questões históricas, geográficas, políticas e principalmente questões estruturais, que não se eximem do processo de assimilação das formas afins" (OLIVEIRA, 2017, p. 13). Geralmente, o termo *Künstlerroman* é usado como sinônimo para as demais categorias, o que relativizaria as diferenças específicas tanto no que tange à estrutura quanto à temática.

A narrativa de formação do artista, conforme destaca Hutcheon (1977), será relevante como precedente para as inovações metatextuais, com relação à autorreflexão e à consciência desta, que se tornaram práticas corriqueiras no romance contemporâneo. Emerge, assim, um subgênero, um significativo aporte para que se multipliquem as probabilidades de a própria narrativa crie em seu interior um espelhamento dos procedimentos que atuam como sua própria gênese.

O narrador de *Infância*, que relata sua trajetória elencando os fatos e as pessoas que o auxiliaram para que pudesse construir o alicerce de sua formação para chegar a ser um escritor, ao contrário de muitos romancistas e poetas, descreve um ambiente familiar e escolar nada aprazíveis.

2.5 Infância: a descoberta de si e de um mundo nada paradisíaco

Estando ausente a idealização do passado, as memórias de infância do autor de *Vidas secas* não se apresentam como imagem do paraíso perdido. Mostram-se com o intuito de encarar os fatos, contrapondo-se ao tom idealizado com que é tratada usualmente por muitos autores essa fase da existência[106]. No mundo infantil descrito por Graciliano Ramos, não há espaço para encantamentos e belas paisagens. Estas são apenas pontos de referência entre os quais se movem os personagens. Os indivíduos apresentam-se, frequentemente, como seres que carecem de sentimentos puros.

Na narrativa, não há quase nenhuma indulgência, nem um refúgio consolador. Os objetos, as paisagens, os indivíduos e também o próprio corpo são descritos como seres que simplesmente existem, nivelando-se em importância, sendo o narrador representado como uma criança igual a qualquer outra.[107] A

106 A descrição da infância idealizada como um momento feliz está presente, por exemplo, no poema "Meus oito anos" (1859), do poeta romântico Casimiro de Abreu (1839-1860), como no fragmento a seguir: "Oh! que saudades que eu tenho/ Da aurora da minha vida, /Da minha infância querida /Que os anos não trazem mais![...] Como são belos os dias/ Do despontar da existência! [...]" In: ABREU, Casimiro de. **Primaveras**. Disponível em: http://www.dominiopublico.gov.br/download/texto/bn000163.pdf Acesso em 12 set 2013.

107 Segundo Lebensztayn e Salla (2014), de acordo com manuscritos que estão no Arquivo do Instituto de Estudos Brasileiros – IEB/USP, Graciliano Ramos afirmou, referindo-se à narrativa de *Infância*: "Quer dizer que julgue interessante o que narrei? Não, tudo aquilo é chinfrim, mas parece-me referir-se não apenas a um indivíduo, mas às crianças da classe média da minha terra – e assim, julgo diluir-me no decorrer da narração, confundir-me com outros tipos. Ignoro se consegui essa despersonalização, mas é certo

dor moral e a dor física também se nivelam, não se diferenciam.

Em carta de Maceió, de 28 de janeiro de 1936, Graciliano Ramos revelou à esposa Heloísa Medeiros alguns prováveis títulos de capítulos de um livro que planejara escrever. Essa seria a gênese de *Infância*.[108] Dentre os títulos cogitados, destaca-se "Sombras", que mais tarde o autor mudaria para "Nuvens", nome do primeiro bloco narrativo da obra.

Como vimos, o narrador de *Infância* inicia suas memórias de forma plástica, utiliza como referência primeira o "vaso de louça vidrada, cheio de pitombas" (p. 9). Hesita, num movimento do *eu*, em direção às névoas que encobrem o passado. Os casos mais antigos, trazidos pelas recordações vêm escondidos entre "nuvens". As imagens descritas pelo narrador são trazidas pela lembrança, mas são também objeto de hesitação. "Talvez nem me recorde bem do vaso; é possível que a imagem, brilhante e esguia permaneça por eu a ter comunicado a pessoas que a confirmaram" (p. 9).

Em *Infância*, os exemplos de hesitação do narrador são também recorrentes, como nas *Memórias do cárcere,* e estabelecem um percurso da memória que está permeado de lacunas. O narrador lança mão da lembrança alheia para construir a sua. Depara-se com um primeiro obstáculo, representado pelo vaso escondido atrás de uma porta. Os mecanismos da lembrança trazem um acontecimento que evoca outro que por sua vez deságua noutro e assim sucessivamente. Um caso que está num passado distante desemboca em outro posterior ou anterior, numa linha descontínua, sem respeito à ordem cronológica.

Na gênese de *Infância*, a mudança do título "Sombras" para "Nuvens" parece conjugar o aspecto fugidio e impreciso da memória com o seu potencial de resgatar e elaborar formas. A forma imprecisa das nuvens faz com que se adivinhem figuras, o esfumaçado ganha contornos. Graciliano Ramos, ao evocar

---

que se prolongasse as memórias, cairia num egocentrismo besta" (RAMOS, 2014, p. 170). O memorialista destaca que não desejava referir-se apenas a si próprio, mas também a outras crianças com quem convivia além de mostrar que não tencionava fazer uma narrativa sentimental. Assinalamos aqui a relevância da palavra "egocentrismo", o que corresponderia à construção de uma escrita anti-irônica, característica que, a nosso ver, não se aplica à obra do escritor.

108 Já mencionamos outro momento da gênese de *Infância* que aparece também numa passagem do livro *Memórias do cárcere*, página 178, v. 2.

suas memórias e tecer sua narrativa, reconstitui a descoberta do mundo pela criança com seus anseios e temores, revelando a formação da sensibilidade e da consciência do adulto.

Criando formas a partir das imagens nebulosas da memória ("Nuvens"), a primeira lembrança é um vaso de pitombas escondido atrás de uma porta. O narrador esclarece como essa lembrança se formou, entre a sensação onírica e a confirmação por parte de outras pessoas que com ele conviveram.

Essa imagem se fixou porque resultou num aprendizado para o menino. As pitombas remeteram às frutas vistas no pátio da escola que servira de pouso na sua viagem com os pais e as duas irmãs para o sertão de Pernambuco. As frutas eram, na verdade, laranjas e não pitombas. "Inculcaram-me nesse tempo a noção de pitombas – e as pitombas me serviram para designar todos os objetos esféricos. Depois me explicaram que a generalização era um erro, e isto me perturbou" (p. 9).

O menino é repreendido por considerar pitomba todo objeto de forma esférica, o que lhe rendeu o aprendizado de avaliar com seriedade as semelhanças e diferenças entre as palavras, entre os indivíduos. É a aquisição da linguagem que se constrói com erros e acertos. Conhecer, respeitar o sentido das palavras e dos seres são ações sempre imbuídas de muita tensão e dificuldades, entretanto acarretam um importante ganho de consciência.

Na escola, a primeira de outras que serão descritas na narrativa, a criança sentia-se encoberta por "nuvens espessas" (p. 9), cujas lembranças a remetiam a "muitas caras, palavras insensatas" (p. 9). A lembrança da primeira aula remete à imagem de uma sala de aparência enorme, à soletração de crianças que "se esgoelavam" (p. 10), diante de um velho barbado, o professor. A lembrança dessa primeira aula, foco de incompreensão para o menino, desperta-lhe um sentimento que é a combinação de fascínio e, ao mesmo tempo, opressão. Essa aula, com seu importante impacto, parece sintetizar toda a travessia da infância com seus imensos obstáculos, permeados de dor e sofrimento, com raros momentos de alegria que formaram adiante o adulto no seu aprendizado de ler e entender a realidade, combatendo, através de sua postura, os valores pré-estabelecidos representados pelo discurso autoritário presente na escola.

Em "Nuvens", o memorialista recompõe sua perplexidade de menino não só diante das letras, das palavras, dos objetos, mas também diante das pessoas e do ambiente que o cerca. O mundo, desde cedo, foi visto pelo narrador como incongruente. Sua trajetória difícil resume-se a imagens da hibernação, da inércia, da letargia. É o "tecido negro" com "rasgões", sombras "quase impenetráveis" (p. 7) picotadas por "vagos clarões" (p. 9). Alguns desses clarões eram fragmentos de pessoas: os brincos e o rosto moreno de Sinha Leopoldina, o gibão de Amaro Vaqueiro, os dentes brancos de José Baía.

Luiz Marchezan (2011) observa que haveria um universo simbólico na prosa memorialística de *Infância*. A utilização de algumas palavras mostra a maneira como o memorialista busca incorporar suas lembranças, através de imagens. "As expressões das lembranças amarguradas do menino motivam a narrativa por meio de um campo de imagens componente do universo simbólico construído pelo autor" (MARCHEZAN, 2011, p. 2). Marchezan divide em três as maneiras pelas quais o memorialista expressa sua forma de apreender e perceber a existência. A primeira delas reúne-se em torno dos vocábulos "névoa", "vapor" e "nuvem", como na passagem em que o menino afirma que sua primeira lembrança é a recordação sobre o vaso de pitombas, e também em outras: "Tudo é nebuloso" (p. 33), "Havia uma neblina, e não percebi direito os movimentos de meu pai" (p. 34), "Através de uma neblina, distinguia formas vagas e inconsistentes" (p. 41), "Em seguida, veio uma turvação, nevoeiro" (p. 66). O segundo modo envolve as palavras "treva" e "sombra[109]". "As sombras me envolveram, quase impenetráveis, cortadas por vagos clarões" (p. 14), "Contudo uma sombra às vezes nos toldava a alegria: a recordação do vigário"(p. 67), "eu vivia na treva, o rosto oculto num pano escuro [...] Os objetos surgiam empastados e brumosos" (p. 135), "Na escuridão percebi o valor enorme das palavras" (p. 146), "E meses depois, nova pausa, novo mergulho na sombra" (p. 154). A terceira maneira pela qual o autor se expressa é a sequência "teia de aranha", como nas seguintes passagens: "E ali permaneci, miúdo, insignificante, tão insignificante e miúdo[110] como as aranhas que trabalhavam na teia negra" (p.

109 As palavras "treva" e "sombra" sinalizam a presença do traço melancólico presente na escrita de Graciliano Ramos, em *Infância*.

110 Já nos referimos, no primeiro capítulo desse trabalho, à opção de Graciliano Ramos

37), "Cercavam-se as portas e as janelas, do teto negro pendiam teias de aranha" (p. 34), "A fumaça da cozinha unia-se à poeira de água, engrossava a fuligem que tingia as teias de aranha" (p. 59), "Entretinha-me remexendo as maravalhas, explorando os recantos escuros, observando o trabalho das aranhas e a fuga das baratas" (p. 97), "Só eu me atrapalhava nela, os meninos comuns viam facilmente o fugitivo esconder-se na gruta, a aranha a fabricar a teia." (p. 126)

Através desses exemplos, como assinala Marchezan, percebemos que a sinédoque – um tipo especial de metonímia – congrega o sentido exposto no campo da imagem construído pelo memorialista para expressar suas lembranças. Pelos três vieses do campo imagético – a névoa[111], o vapor e a nuvem; a treva e a sombra e a teia de aranha – a narrativa representa um menino que vive rodeado por incertezas e inseguranças, sem uma direção precisa para seguir. Dessa forma, a sinédoque, em *Infância*, é uma figura utilizada para representar "uma cadeia de significações com a função semiótica de fixar o nível das lembranças" (MARCHEZAN, 2011, p. 3). É uma figura plurissêmica, que destaca e enfatiza, através de um princípio estruturante, as lembranças de alguém que na sua infância sentiu-se alheio ao mundo.

Em meio a esse ambiente nebuloso, caracterizado por imprecisões, na narrativa, as pessoas surgem como figuras mal definidas, com exceção dos pais. "Mas pai e mãe, entidades próximas e dominadoras, as duas irmãs [...] eram manchas paradas" (p.11).

Aos poucos, a sensibilidade e a consciência do menino se aguçam, legitimando um sentimento que o acompanhará durante toda a narrativa: o medo. A violência e o pavor estavam sempre presentes na vida do narrador, com raras exceções ou "vagos clarões". Dessa forma, guiado sempre pelo receio de algo ou

---

pelas insignificâncias, pelas minudências para a matéria de sua obra. Os termos citados do trecho de *Infância* – "miúdo", "insignificante" – evidenciam esse fato.

111 Conforme aponta Cirlot (2000), "A névoa simboliza o indeterminado, a fusão dos elementos ar e água, o obscurecimento necessário entre cada aspecto delimitado e cada fase concreta da evolução. A 'névoa de fogo' é a etapa da vida cósmica que aparece depois do estado caótico, e corresponde à ação dos três elementos anteriores ao sólido" (CIRLOT, 2000, p. 406). A névoa, assim como a treva e a sombra, imagens que evocam falta de nitidez, de clareza, remetem ao universo melancólico que marca a escrita do autor.

de alguém, com poucos momentos de alegria, o narrador alega ter assimilado as características de seus pais e de seu ambiente.

Descreve os pais utilizando também uma representação metonímica, em que os traços mais fortes são destacados:

> Meu pai e minha mãe conservavam-se grandes, temerosos, incógnitos. Revejo pedaços deles, rugas, olhos raivosos, bocas irritadas e sem lábios, mãos grossas e calosas, finas e leves, transparentes[112] [...] Medo. Foi o medo que me orientou nos primeiros anos, pavor. (p. 14)

Diferentemente das narrativas convencionais sobre a infância, em que a família é representada como o porto seguro da criança, as recordações do narrador de *Infância* recompõem uma realidade permeada por atos de violência contra o menino. Os momentos de contentamento, da descoberta intelectual e da afetividade constituíam algo incomum. Após a caracterização dos pais como "grandes" e "temerosos" e também através de representações metonímicas dos corpos, com ênfase para os "olhos raivosos" e "bocas irritadas", a narrativa converge para a palavra que congrega todos os sentimentos do menino: medo.

Mais adiante, o narrador reforça a ideia do comportamento rude da mãe, ao mesmo tempo em que discorre sobre a inevitável proximidade afetiva com ela. "Habituei-me a essas mãos, cheguei a gostar delas. Nunca as finas me trataram bem, mas às vezes molhavam-se de lágrimas e os meus receios esmoreciam" (p. 15).

O ritmo cortante da frase e novamente a expressão metonímica "molhavam-se de lágrimas" fazem-nos inferir que a figura materna também possuía seus momentos de fragilidade, o que servia de alento para o menino dominado pelo medo que a mãe lhe inspirava.

O processo de tomada de consciência da existência dos pais inicia-se com uma descrição nebulosa em que, gradativamente, são reveladas partes dos corpos, formadores de uma unidade indefinida. Mais uma vez, utilizando uma descrição metonímica, os pais são caracterizados. Como afirma Gustavo Silveira (2008), "O protagonista enxerga a realidade aos pedaços, nunca vislumbrando

112 Nessa passagem, a figura humana aparece deformada, desmembrada, o que constitui uma descrição expressionista. Essa característica é inerente à arte moderna, como vemos nos quadros de Tarsila do Amaral, Cândido Portinari, entre outros.

uma imagem de conjunto dos lugares e pessoas que o cercam. Seu olhar se constrói, predominantemente pela metonímia[113]" (SILVEIRA, 2008, p. 39). As partes dos corpos descritas, juntamente com a descrição das mãos – "Depois as mãos finas se afastaram das grossas, lentamente se delinearam dois seres que me impuseram obediência e respeito" (p. 15) – materializam o pensamento do menino que se conscientiza de que essas pessoas são aquelas a quem deve temer, incondicionalmente. Os pais do narrador foram caracterizados pela primeira vez também no capítulo inicial do livro. Nesta descrição, já podemos entrever o medo que eles despertavam no menino.

> Nesse tempo meu pai e minha mãe estavam caracterizados: um homem sério, de testa larga, uma das mais belas testas que já vi, dentes fortes, queixo rijo, fala tremenda[114]; uma senhora enfezada, ranzinza, sempre a mexer-se, bossas na cabeça mal protegida por um cabelinho ralo, boca má, olhos maus que em momentos de cólera se inflamavam com um brilho de loucura. (p.16)

No que se refere à caracterização do ambiente, surpreenderam o menino inicialmente, a tempestade, a construção do açude e a vazante das abóboras. O momento incomum de agitação da natureza foi visto pela criança de modo antropomórfico: "Nuvens de poeira enrolavam-se em briga feia" (p. 13). Quanto à construção do açude, percebe-se que o menino revela seu primeiro questionamento em relação ao trabalho dos homens, comparando o reservatório de água a um pote de dimensões gigantescas, pois o maior "volume de água conhecido antes continha-se no bojo de um pote – e aquele enorme vaso metido no chão, coberto de folhas verdes, flores, aves que mergulhavam de cabeça para baixo, desarranjava-me a ciência" (p. 15). A vazante das abóboras é resgatada pela me-

113 Em *Infância* a utilização da metonímia é recorrente, o que se justificaria para explicar a condição do relato memorialístico que não pode resgatar integralmente o passado e que traz apenas dele algumas partes ou pedaços. Entretanto, Silveira afirma que "a metonímia identifica-se com o ponto de vista da criança, enquanto a metáfora constitui o recurso preferencial do adulto-narrador" (SILVEIRA, 2008, p. 40).

114 Kafka em *Carta ao pai* (1ª edição: 1966) descreve seu pai como um homem forte e autoritário tal como o autor de *Infância* o faz em suas memórias: "Tu, ao contrário, um verdadeiro Kafka na força, na saúde, no apetite, na potência da voz, no dom de falar, na autossatisfação, na superioridade diante do mundo, [...] naturalmente também com todos os defeitos e fraquezas que fazem parte dessas qualidades, nas quais teu temperamento e por vezes tua cólera te precipitam" (KAFKA, 2004, p. 7).

mória porque apesar de ter sido uma "safra inútil que apodreceu no campo" (p. 16), devido ao ataque de uma praga – consequência de um lapso do pai, que desconhecia técnicas agrícolas – serviu para a criança que procurava uma fonte de entretenimento – como uma "bela calçada movediça" (p.16), o que sinaliza os problemas da realidade nordestina, a seca, a fome e a falta de planejamento e de estrutura que pode ocorrer na agricultura doméstica.

Ainda com relação aos "vagos clarões", os momentos felizes vivenciados pelo narrador, destacam-se as leituras que a mãe, mesmo sendo uma mulher quase analfabeta, fazia. "Nessa linguagem capenga, d. Maria matracava um longo romance [...] e contos que me pareciam absurdo. De um deles ressurgem palavras esparsas: 'tributo', 'papa-rato'" (p.17). Aos poucos, o narrador reconstitui os versos: tratavam de um garoto pobre que fora abrigado por um padre amancebado e que era maltratado pelo casal e por isso decidiu se vingar, colocando fogo no rabo do gato e, quando fugiu, cantou o refrão:

> Levante, seu Papa-hóstia
> Dos braços da Folgazona
> Venha ver o papa-rato
> Com um tributo no rabo!

O narrador admirava a reação do menino aos maus tratos porque ele mesmo não tivera a coragem do garoto diante da opressão que sofria. "Encolhido e silencioso, aguentando cascudos, limitei-me a aprovar a coragem do menino vingativo" (p.19-20). Para o narrador, o menino era um herói, uma vez que, ele mesmo não seria capaz de um gesto vingativo, como o garoto dos versos. "Ouvindo a modesta epopeia, com certeza, desejei exibir energia e ferocidade. Infelizmente não tenho jeito para violência" (p. 19).

No fim do capítulo "Nuvens", o adulto que escreve a narrativa adentra numa reflexão sobre a necessidade de relativizar o valor do heroísmo, sugerindo que as ações imbuídas do desejo de vingança podem ocultar uma imensa covardia. Essa reflexão, que possui implicações políticas e educacionais, corresponde à sensibilidade do escritor, diante de injustiças. Tal como na história "matracada" pela mãe, as associações criativas entre palavras e imagens podem resultar em libertação, mas também em engano. Tendo experimentado injustiças desde criança, a sua coragem é expressa pela sua atitude ética na sua arte de escrever.

> Mais tarde, entrando na vida, continuei a venerar a decisão e o heroísmo, quando isso se grava no papel e os gatos se transformam em papa-ratos. De perto, os indivíduos capazes de amarrar fachos nos rabos dos gatos nunca me causaram admiração. Realmente são espantosos, mas é necessário vê-los a distância, modificados (p.20).

Nessa passagem, emerge uma indagação acerca dos atos e das pessoas. O narrador aparentemente questiona o sentido e a bravura do heroísmo como valores essenciais. O sentido de introspecção e recusa à violência condensam-se nas confissões de quem encolhia e silenciava. Ao tornar-se adulto, preferiu direcionar-se para as ações enérgicas que se converteram em imagens literárias, preferindo vislumbrar a violência à distância.

2.6. Infância como construção literária

Os capítulos de *Infância* foram escritos no decorrer de seis anos e apareceram esparsos num periódico de Alagoas, antes de aparecerem sob a forma de livro. Devido às particularidades de sua escritura, as memórias são compostas por blocos narrativos,[115] aparentemente autônomos, em que cada episódio, "isolado por um título tem o corte conclusivo e, ao mesmo tempo, suspensivo dos folhetins distribuídos por entregas" (LEITÃO, 2003, p. 273). Ou seja, necessitam do suspense que vai atrair o leitor para o relato que virá em seguida. Os episódios nem

115 Esses textos esparsos publicados pelo autor antes da publicação de *Infância* possuem caráter folhetinesco. Segundo Marlyse Meyer (1996), no início do século XIX, o folhetim, do francês, *Le feuilleton*, a princípio, designava uma seção específica nos jornais franceses, o rés-do-chão ou rodapé. Esse espaço era dedicado a diversas atrações de entretenimento como piadas, críticas culturais, culinária e relato de crimes. No início dos anos 1840, o gênero já estava estabelecido e importantes escritores franceses eram disputados pelos jornais do país para criar romances-folhetins exclusivos. As principais características do folhetim são "novas condições de corte, suspense, com as necessárias redundâncias para reativar memórias ou esclarecer o leitor que pegou o bonde andando" (MEYER, 1996, p. 59). No caso do Brasil, de acordo com Meyer, os folhetins eram publicados com frequência no *Jornal do Commércio*, entre 1839 e 1842. No país, antes de serem publicados em jornais, os romances eram acessíveis a uma parcela muito ínfima da população, devido ao alto custo. O folhetim democratizou o acesso à leitura. "É do romance de folhetim que se originam as principais características da técnica do romance no Brasil" (MEYER, 1996, p. 200).

sempre coincidem com a extensão do relato. Um fato aparece, reaparece ou é referido diversas vezes. O narrador se vale do desdobramento do *eu* para descrever as várias figuras representadas que nomeiam as pequenas narrativas: "Padre José Inácio", "O Moleque José", "José da Luz", "D. Maria", "Chico Brabo", entre inúmeros outros. Cada um desses personagens, como a imagem refletida num espelho, reproduz as muitas fases da socialização da criança, sua penosa aprendizagem da escrita e da leitura.

O processo da reflexão em que se dá a construção do *eu* por meio da troca de experiências com o outro, legitima o aspecto coletivo da memória individual, fazendo com que o memorialista se afaste da tendência narcisista tão comum no gênero.

Na construção do texto, a estrutura folhetinesca das pequenas narrativas orais ouvidas, assim como aquelas dos livros de capa e espada, lidos com prazer pelo menino na infância, é compreendida em função de uma prática do discurso da memória que se evidencia pelo caráter fragmentário, nebuloso e lacunar da reminiscência.

As primeiras recordações do adulto menino vão vagarosamente se formando, sem que se possam cobrir totalmente as lacunas, como nos relatos, "Nuvens" e "Manhã". "Naquele tempo a escuridão se ia dissipando, vagarosa" (p. 21).

No relato seguinte, "Verão", pessoas e fatos já se apresentam com mais nitidez. "Desse antigo verão que me alterou a vida restam ligeiros traços apenas" (p. 270). Embora o título expresse uma ideia de intensa luminosidade, não é suficiente para dirimir as incertezas, tampouco as lacunas do universo da rememoração.

A questão da alfabetização – tema cujas lembranças parecem muito nítidas para o memorialista – em que a rememoração se dá através das lembranças da dor e da humilhação: as repreensões do pai, a extrema dificuldade para aprender as letras iniciais do alfabeto, a confusão que o menino faz entre o *t* e do *d*, os castigos severos, com a palmatória e as lágrimas amargas, fazem com o menino se sinta alijado na escola de Buíque, onde se depara com a figura do barão de Macaúbas, em cuja obra se lê o seguinte provérbio elitista: "Fala pouco e bem, ter-te-ão por alguém" (p. 114)

Mesmo com a construção pomposa do provérbio, a regra estabelecida por esta máxima será, no futuro, de algum modo, seguida literalmente, pois o escritor fará da linguagem concisa e do cumprimento das normas gramaticais traços peculiares de seu estilo.

Os primeiros contatos da criança com a leituras são envolvidos de total dogmatismo: leitura que se prendia apenas ao sentido literal das palavras e das frases, aliados à coação que sofria por parte do pai e dos professores, marca indelével para o adulto que rememora os fatos. Na cena em que o narrador se vê diante das filhas de seu Nuno, que elogiavam muito o paletó do menino, chama a atenção o modo como falam a respeito da vestimenta: elogiavam para, na verdade, ridicularizar:

> Essas moças tinham o vezo de afirmar o contrário do que desejavam. Notei a singularidade quando principiaram a elogiar meu paletó cor de macaco. Examinavam-no sérias, achavam o pano e os aviamentos de qualidade superior, o feitio admirável. Envaideci-me nunca havia reparado em tais vantagens. Mas os gabos se prolongaram, trouxeram-me desconfiança. Percebi afinal que elas zombavam, e não me susceptibilizei. Julguei curiosa aquela maneira de falar pelo avesso, diferente das grosserias a que me habituara. Em geral me diziam com franqueza que a roupa não me assentava no corpo, sobrava nos sovacos. [...] Dissimulavam-se agora num jogo de palavras que encerrava malícia e bondade. Essa mistura de sentimentos incompatíveis assombrava-me – e pela primeira vez ri de mim mesmo. (p. 203-204)

O narrador descobriu que era curiosa "aquela maneira de falar pelo avesso" – as moças eram irônicas como a escrita do autor – e dessa forma, participa do jogo ambíguo entre "malícia e bondade" que somente as palavras contêm, o que traz como resultado uma nova maneira de falar e de escrever os livros e de descrever o mundo: a linguagem irônica. Dessa forma, o menino ultrapassa os limites tão precários dos compêndios escolares e do ambiente em que vive. Esse episódio possui uma grande importância para compreendermos o estilo do escritor que utiliza o discurso irônico como recurso estilístico em toda a sua obra.

A significação unívoca das palavras transmuta-se diante da mobilidade e da multiplicação de significados, como os livros do adulto-escritor irão demonstrar. O pai já havia dito que as palavras eram "armas terríveis" para quem sabia utilizá-las adequadamente, como na passagem abaixo, em que o menino está no armazém do pai e começa a manusear alguns folhetos sem ainda ser alfabetizado:

> Demorei a atenção nuns cadernos de capa enfeitada por três faixas verticais, borrões, nódoas cobertas de riscos semelhantes aos dos jornais e dos livros. Tive a ideia infeliz de abrir um desses folhetos, percorri as páginas amarelas, de papel ordinário. Meu pai tentou avivar-me a curiosidade valorizando com energia as linhas mal impressas, falhadas, antipáticas. Afirmou que as pessoas familiarizadas com elas dispunham de armas terríveis. Isto me pareceu absurdo: os traços insignificantes não tinham feição perigosa de armas (p. 109).

Os "borrões" que estavam no folheto e que se assemelhavam àqueles que o menino já vira nos jornais e nos livros despertaram a curiosidade da criança que se sente atraída pelos desenhos das letras que ainda não conhece e que um dia serão as armas frágeis utilizadas pelo adulto-escritor, como um instrumento de luta por uma sociedade mais justa.

Ainda com relação à valorização da singularidade das palavras, destaca-se o fato de quando o narrador passa por uma séria crise de oftalmia, o que está representado no capítulo "Cegueira", na passagem em que afirma: "Na escuridão, percebi o valor enorme das palavras" (p. 146). Os sons e os ruídos são mais valorizados, velhas histórias são recuperadas e o menino, finalmente, encontra um lugar na família, à margem, certamente, como o lugar do avô que confecciona urupemas (peneiras), em "Manhã". O menino se fixa na solitária e desvalorizada tarefa do avô materno e identifica-se com ele, revelando que trançar urupemas e traçar letras no papel são atividades semelhantes porque, em ambas, predomina o ato da lida artesanal, minuciosa, paciente e persistente com as fibras vegetais ou com as palavras, atividades alheias à função utilitária que, porventura, possam ter. Não visam à reiteração de modelos anteriores, mas são o meio peculiar de expressão de uma necessidade que se faz imperiosa:

> Trabalhador caprichoso e honesto, procurou os seus caminhos e executou urupemas fortes, seguras. Provavelmente não gostavam delas: preferiram vê-las tradicionais e corriqueiras, enfeitadas e frágeis. O autor, insensível à crítica, perseverou nas urupemas rijas e sóbrias, não porque as estimasse, mas porque eram o meio de expressão que lhe parecia mais razoável (p. 24).

Assim, com as fibras da região, o avô materno faz suas urupemas. Com a fala regional, o neto escritor construirá a sua linguagem também com estilo rijo e sóbrio. Não é um caso que se possa denominar "transcrição linguística, mas de transcriação [recurso], que parte da reelaboração do coloquial sertanejo, que conserva expressões portuguesas do século XVI, arcaizadas em Portugal, mas de uso comum no sertão nordestino" (MIRANDA, 2004, p. 58). A utilização de um mínimo de recursos para alcançar a máxima expressividade. "Contudo gastamos uma eternidade no arranjo de ninharias[116] que se combinam e resultam na obra tormentosa e falha" (p. 23)

A crítica ao estilo nobre, elevado tão propalado pelos compêndios escolares, realiza-se como um caminho de recuperação da oralidade e do discurso popular. Com relação à questão da oralidade, Marcelo Amorim (2003) destaca que as manifestações orais fazem parte do cotidiano do menino, por exemplo, a presença de José Baía, empregado do pai, que se tornou amigo do protagonista:

> Chamava-se José Baía e tornou-se meu amigo [...] Sentado, escanchava-me nas pernas e sacudia-me, sapateava imitando galope de um cavalo; em pé, segurando-me os braços, punha-se a rodopiar, cantando:
> Eu nasci de sete meses,
> Fui criado sem mamar
> Bebi leite de cem vacas
> Na porteira do curral (p. 12).

José Baía, o homem simples e sem instrução, tornou-se amigo do menino conjugando sua fala de homem do povo com "o jogo lúdico [e] acenava, com sua canção, para a experiência existencial do menino" (AMORIM, 2003, p. 2).

A proximidade entre a seleção lexical da canção e o mundo infantil do protagonista proporciona à criança um aprendizado envolto num clima prazeroso, como nessa passagem de *Infância*: "Na verdade, os melhores [mestres] que tive foram indivíduos ignorantes. Graças a eles, complicações eruditas enfraqueceram" (p. 111). Dessa forma, José Baía atua como um como um elo que liga a oralidade "como sistema simbólico de expressão, que transmite conhecimentos

116 Reiteramos o valor das pequenezas, das ninharias na escrita dos textos do autor (Cf. Gimenez, 2009). O estilo de Graciliano Ramos tende a valorizar o pequeno, o diminuto para compor suas histórias, o que também sinaliza o teor melancólico de sua escrita.

e tradições, e a cotidianidade infantil que se compatibiliza imediatamente aos elementos contextuais e empíricos" (AMORIM, 2003, p. 3) ao dia a dia da criança. A convivência habitual com José Baía dá ao menino um prazer e uma segurança que o ser humano encontra, quando se constrói um relacionamento com alguém pautado numa forte identificação e numa grande amizade.

Outro ponto que deve ser destacado, como assinala Silveira (2008), é o fato de as histórias contadas por José Baía serem, de certa maneira, uma espécie de libertação da tirania paterna, que tanto atemorizava o menino.

> Muito me haviam impressionado, em narrativas de José Baía, as referências a orações fortes, especialmente à cabra preta, de enorme virtude. Quem possui essa mandinga escapa às mais graves situações, desdenha emboscadas, suprime inimigos, anda afoito pelos caminhos, emudece armas de fogo. No perigo, transforma-se em toco. Ou some-se, evapora-se – e diante do bacamarte fixo na forquilha da tocaia apresenta-se a imagem de Nosso Senhor crucificado" (p. 60).

Na narrativa, José Baía associa a oração atribuída normalmente a São Cipriano à realidade de seu ambiente violento do sertão, caracterizado, principalmente, pela presença de emboscadas, pelas tocaias, além da existência do coronelismo e da procura da execução da justiça com as próprias mãos. Para o menino, essa oração representa a possibilidade de escapar aos castigos através da magia da palavra.

No episódio em que o menino ouve as histórias de Trancoso da professora Agnelina, a dimensão oral da língua aproxima a criança de sua professora – uma narradora com quem o menino cria uma identificação: "Essa professora atrasada possuía raro talento para narrar histórias de Trancoso"[117] (p. 212). A linguagem próxima à realidade da criança fazia com ela assimilasse facilmente as histórias, o que nos leva a crer que estas continham elementos típicos do cotidiano sertanejo.

Também a mãe do protagonista lê histórias e desempenhará a função de

---

117 As Histórias de Trancoso são narrativas orais. Conforme Portelli (1997), as histórias orais, apesar de se referirem "a padrões culturais, estruturas sociais e processos históricos, visa aprofundá-los em essência, por meio de conversas com pessoas sobre a experiência e a memória individuais e ainda por meio do impacto que estas tiveram na vida de cada uma. [...] A essencialidade do indivíduo é salientada pelo fato de a História Oral dizer respeito a versões do passado, ou seja, à memória" (PORTELLI, 1997, p. 15).

leitora (narradora)[118] para o filho, apesar de não haver essa intenção. Não lia para o filho, lia para si em voz alta devido à grande dificuldade para fazer a leitura.

A partir de um caso contado pelo moleque José, o menino cria um padrão oral de análise, recitando a frase, imprimindo-lhe musicalidade, como se lê na passagem a seguir: "José conhecia lugares, pessoas, bichos e plantas. Uma vez enganou-se. Presumiu enxergar meu bisavô num cavaleiro encourado visto de longe: – Seu Ferreira de gibão, no cavalo de seu Afro" (p.77) Apesar do engano de identificação em relação ao bisavô do menino, ele passa a repetir a frase, como se nela identificasse uma certa musicalidade e utilizou isso como uma maneira para desafiar a autoridade da mãe. "Acabei por dividir a frase em dois versos, que a princípio declamei e depois cantei: Seu Ferreira de gibão, no cavalo de seu Afro" (p. 77-78). A mãe o repreendeu severamente, como de costume, mas o menino continuou repetindo a frase.

> Minha mãe se aborreceu, atirou-me qualificativos ordinários. [...] Mas, trepado na janela, as pernas caídas para fora, não esquecia o disparate e monologava, batendo os calcanhares no tijolo:
> Seu Ferreira de gibão
> No cavalo de seu Afro (p. 77).

Para Amorim (2011), a divisão que o protagonista de *Infância* faz da frase evidencia a sua métrica de sete sílabas, desconhecida formalmente pelo menino, mas endossada pela cultura popular. Trata-se na realidade de duas redondilhas, que se decompõem da seguinte forma:

1	2	3	4	5	6	7
Seu	Fe	rrei	ra	de	gi	bão
No	Ca	va	lo	de	seu	Afro

(AMORIM, 2011, p. 19).

Dessa maneira, o verso da redondilha maior embutido na fala do menino que desafia a mãe e na cantiga de José Baía ("Eu nasci de sete meses") marca a

118 A questão da mãe que atua no papel de leitora para o menino será estudada mais adiante nesse trabalho.

presença da cultura popular no cotidiano do menino.

Não se tratando de reprodução linguística, como assinala Amorim (2011), nem de reprodução da realidade regional, a apropriação da palavra pela criança dá a conhecer uma leitura obstinada do mundo que se transformou no universo sem fronteiras que a linguagem proporciona.

Infância é uma narrativa que se configura como a construção literária da descoberta e da compreensão do mundo pelo narrador. É concebida a representação do olhar da criança que se depara com a complexidade física e social do sertão nordestino, com as contradições inerentes às relações sociais, em casa, na escola, deixando entrever-se a formação da personalidade do escritor, de sua autoestima e de sua consciência crítica em relação a temas centrais como a educação, a política, a justiça, a literatura. É uma narrativa que expõe muito sofrimento, todavia sem derramamentos e sem sensacionalismos, o que torna evidente como foi tenso o encontro do narrador com o universo das letras. Um encontro que se dá em meio à iminência do castigo, com agressões verbais e físicas – surras e uso de palmatória – além da cegueira (conjuntivite), que também causou sofrimento físico e moral. "As pálpebras inflamadas colavam-se. Para descerrá-las, eu ficava tempo sem fim mergulhando a cara na bacia de água" (p.143). A mãe do menino dava-lhe apelidos horríveis por causa da doença, "bezerro encourado", "cabra-cega" (p. 144), o que fazia com que se sentisse extremamente humilhado. A mãe utiliza de uma ironia sarcástica[119] para humilhar o filho, o que faz com a criança se autodeprecie cada vez mais.

Também devido à doença, talvez por não conseguir enxergar, a audição tornava-se mais aguçada. Ouvia os gritos do vizinho, Chico Brabo, que tinha como criado um menino de dez anos, a quem maltratava frequentemente, causando enorme desconforto ao narrador de *Infância*, por serem ambos, crianças

119 Segundo Anna Luíza Kauffmann(2003), a ironia deformadora aproxima-se bastante do conceito de sarcasmo que "aparece como traço de caráter em indivíduos depressivos e deve ser entendido como um ataque oral canibalístico dirigido a um objeto que está sendo percebido como frustrador." (KAUFFMAN, 2003, p. 21). O uso da ironia como traço marcante do estilo do adulto-escritor parece ter sido herdado de sua mãe, que provavelmente via o filho como um "objeto frustrador" devido ao despreparo de uma mulher que era apenas quatorze ou quinze anos mais velha que seu primogênito. Cf. RAMOS, 2006, p. 79.

que sofriam violência por parte dos adultos.

> Seu Chico Brabo não se zangava: [...] até que o pequeno se desentocasse e fosse receber as pancadas. Como a falta de pressa das duas partes me alarmava, dava-me suores frios. [...] Quando me acontecia uma desgraça como aquela, mexia-me, na tremura e no medo, a tentar uma defesa improvável, a condenar-me[120]. (p. 153).

As doenças e o sofrimento psíquico maltrataram o narrador de *Infância* que se solidarizava também com as outras crianças que, como ele, também sofriam violência física e moral. Entretanto, apesar dos padecimentos por que passou, foi surpreendido com momentos imprevistos de satisfação, em que vivenciou descobertas, cognitivas e afetivas. Dessa forma, *Infância*, através da rememoração, dá a medida dessas incongruências que parecem constituir o mundo, apreendidas pelo olhar do adulto, que está em permanente e sensível diálogo com o menino.

Através de associações (o vaso de pitombas, as nuvens), derivações e desdobramentos sucessivos, graças ao recurso à linguagem irônica, "as memórias se escrevem como ficção, libertam-se da determinante documental" (MIRANDA, 2004, pp. 54-55). Dessa forma, as memórias abrem espaço para a reinvenção do *eu* que redige a narrativa, diante da imagem pouco a pouco revelada de si e dos outros. Essas memórias mostram, com insistência, as vicissitudes da vida infantil, a difícil aprendizagem da norma familiar e da lei social, assimiladas como peculiaridades da educação repressora.

---

120 Freud (2011), em "O problema econômico do masoquismo", afirma que, diferentemente dos outros tipos, como no caso do masoquismo erógeno e o feminino, em que o sofrimento é originário da pessoa amada e atinge ao sujeito com a permissão deste, no masoquismo moral, "O que importa é o sofrimento mesmo; se ele é infligido por uma pessoa amada ou outra qualquer não faz diferença; pode ser causado também por poderes ou circunstâncias impessoais, o verdadeiro masoquista sempre oferece a face quando vê perspectiva de receber uma bofetada" (FREUD, 2011, p. 173). O sentimento de culpa e o desejo de punição estão sempre presentes na vida do protagonista de *Infância*, na vida do adulto-escritor, como se vê nessa narrativa e também nas páginas das *Memórias do cárcere*.

2.7 A inserção no universo das letras

É sabido que a linguagem é um dos estabilizadores mais poderosos das recordações. É muito mais fácil lembrar-se de algo que tenha sido verbalizado do que de algo que nunca tenha sido formulado através da linguagem. Com a verbalização, é possível lembrar-se dos acontecimentos de forma mais contundente. Os signos linguísticos funcionam como nomes, com os quais objetos e situações podem ser evocados novamente.

Em *Infância*, a questão da aprendizagem gradual do mundo é explicitamente uma questão de apreensão da linguagem. E a linguagem, que é consciência prática da realidade, torna-se aqui, a prática de uma consciência crítica. Isso ocorre porque o jogo narrativo que se dá entre a iniciante experiência linguística da criança e a experiência da escrita do narrador adulto, que se assume claramente como escritor, atinge seus objetivos. É o que acontece no episódio, já mencionado, do "paletó cor de macaco", em que as filhas de seu Nuno, elogiavam o traje do menino, com o intuito de zombar da feiura da vestimenta. "Ainda hoje, se fingem tolerar-me um romance, observo-lhe cuidadoso as mangas, as costuras, e vejo-o como ele é realmente: chinfrim e cor de macaco" (p. 204). O romancista associa o caso do "paletó cor de macaco" à sua condição de escritor, em relação à recepção de sua obra, mostrando-se desconfiado – traço inerente à sua personalidade, o que já tivemos a oportunidade de observar.

Se a conquista da linguagem compreende simultaneamente a aquisição da cultura e da ideologia a ela subjacente, o escritor, atento a tais implicações, tenta problematizá-las na consciência nascente da criança.

Na narrativa de *Infância*, são mostradas as diferentes etapas de conhecimento[121], pelas quais passou o menino que o narrador foi, dos dois aos onze anos de idade, descrevendo o mundo que o rodeava. Trata-se de uma travessia não só de tempo e de lugar, mas, sobretudo, entre coisas e palavras que

121 Conforme assinala Rosana Kohl Bines (2009) sobre a importância da fase infantil na formação do indivíduo: "Através da infância, saltamos. Do inumano para o humano, do sem fala para o falante, do vazio para a história. A infância abre o espaço da história, mas não como desenvolvimento contínuo de seres-humanos falantes, e sim como cesura e intervalo. A criança que acessa pela primeira vez a linguagem tem uma experiência da própria língua, na sua gênese" (BINES, 2009, p. 6).

põem em xeque o código cultural, a ética, os preconceitos, as crenças, as coerções e sanções sociais, enfim, os parâmetros da ordem estabelecida, como ocorre na narrativa das *Memórias do cárcere*.

À criança que protagoniza a narrativa é conferida a marca da dor. É o *pathos*[122], na concepção de perturbação que implica resistência ao que está pré-estabelecido, o que está no nível das ações, no herói criança. Essa perturbação, que é vista pelos adultos como incompetência linguística, e que aos olhos da família e dos professores, não passa de uma deficiência, impõe-se na narrativa, entretanto, como um privilégio, visto que, graças a ela, preserva-se a aquisição infantil da linguagem, que é, em contrapartida, a sua mais viva contestadora dessa deficiência. Dessa forma, a narrativa de *Infância* explica, pela dificuldade do menino com a linguagem, a formação do mestre em que se transformou o narrador.

As etapas referentes à aquisição da linguagem pelo menino abarcam cinco fases, conforme Maria Lúcia Dal Farra (1993), a primeira, dos dois aos três anos; a segunda, dos quatro aos cinco anos; a terceira, aos seis anos; a quarta aos sete anos e a quinta e última, aos nove anos de idade, encerrando-se após os 11 anos, quando, então, se dá a iniciação sexual do menino. "E, quando não havia testemunhas, uma rapariguinha silenciosa me examinava pacientemente o corpo. Levantava-me a camisa de chita [...] utilizava os dedos e os olhos, num estudo profundo" (p. 142). Nessa fase, deu-se, consequentemente, a sua despedida da infância. A cada uma dessas etapas correspondem, simultaneamente, tanto uma situação de vivência do menino sobre o conhecimento da linguagem quanto um conhecimento gradual do mundo, uma reflexão interna.

Se, sob a ótica da ordem constituída, o modo de falar infantil representa um equívoco ou um atrevimento do menino; enxergando sob outro ângulo, essa marca explicita a questão da criança com a linguagem e com a ideologia que lhe era imposta, em cada um dos períodos de tempo que vivencia.

---

122 O termo *phatos* vem do grego *phatos* e significa "sentimento", "sofrimento". Desse vocábulo, se originou o termo "patético", empregado nos dias atuais, em sentido mais pejorativo do que positivo, sinalizando para algo excessivamente afetado, como o melodrama. Cf. CEIA, op.cit., 2012.

A primeira fase, como assinala Dal Farra, representa uma situação em que menino não consegue apreender o mundo senão por meio de fragmentos. Tenta compreender o mundo das palavras concretas e também a proibições impostas pelas pessoas e pelas instituições. Na perspectiva da criança de dois ou três, a palavra "pitomba" passa a designar tudo aquilo que possui a forma esférica. Também, nessa etapa, através da rememoração dos contos lidos por sua mãe, como já descrevemos anteriormente, com palavras sugestivas como "Papa-hóstia", "Folgazona", "Papa-rato", o menino, ao tomar partido da outra criança, maltratada como ele, legitima a usa apreensão da linguagem porque exemplifica com desvios ainda mais arbitrários expressos pela manifestação cultural.

Apesar de ser sempre representada com uma imagem negativa em sua relação com o menino, a mãe apresenta um vínculo positivo com o filho, pois despertou nele, mesmo que de modo não intencional, o desejo de aprender a ler. "Nessa linguagem capenga, d. Maria matracava um longo romance de quatro volumes" (p. 17). Além da leitura, havia as cantigas:

> [...] duas cantigas desafinadas que a divertiam na fazenda. Provavelmente surgiram antes, mas foi lá que me inteirei delas. [...] Uma das poesias começava assim:
> A letra A quer dizer – amada minha;
> A letra B quer dizer – bela adorada;
> A letra C quer dizer – casta mulher;
> A letra D quer dizer – donzela amada;
> A letra E quer dizer – és uma imagem;
> A letra F quer dizer – formosa deusa (p. 148).

A mãe sempre lê com extrema dificuldade, o que o narrador chama de "gemedeira habitual" e não consegue admitir que comete erros durante a leitura, principalmente por estar diante do filho, que, vez por outra, a questionava:

> Uma tarde, reunindo sílabas penosamente, na gemedeira habitual, teve um sobressalto, chegou o rosto ao papel. Releu a passagem – os lábios finos contraíram-se, os olhos cravaram-se no espelho de cristal. Certamente se inteirava de um sucesso mau e recusava aceitá-lo (p. 74-75).

A leitura de forma "habitual", ou seja, frequente, mostra que a mãe desejava aprimorar-se por meio do exercício a duras penas. A leitura materna, com todas as suas deficiências, que se assemelha a uma "gemedeira", é comparada a um lamento que entedia o filho.

A segunda etapa, segundo Dal Farra, caracteriza-se pela apreensão da palavra abstrata em que são representadas as palavras de ordem, os preconceitos, a moral e a religião. Aqui retomamos o caso do cinturão do pai do menino, episódio em que foi o pivô de mais uma cena de violência sofrida. Esse caso mostra como a criança já cria seu próprio código de conduta, e agora tendo revisto o caso muitos anos depois, na fase adulta, emite seu parecer sobre o conceito de justiça. "As minhas primeiras relações com a justiça foram dolorosas e deixaram-me funda impressão" (p.33). Demonstra-se assim a inviabilidade da aceitação ética dos atos arbitrários cometidos pelos adultos e suas consequências presentificadas na vida adulta, pois o homem, desde a sua fase infantil, constrói em seu imaginário, uma ideia de justiça como algo que não se manifesta como se espera.

O narrador, na terceira fase, questiona a palavra abstrata e parte numa tentativa de desmistificar os conceitos através do olhar concreto que lança sobre eles. É o início, também não menos doloroso, da alfabetização. Vivendo num ambiente extremamente rígido e moralista, é colocada ao menino a seguinte máxima: "Fala pouco e bem: ter-te-ão por alguém. [...] Esse Terteão para mim era um homem" (p.114). Há uma distância entre a competência linguística do menino e a norma abstrata do estilo moral que é representada nessa construção do narrador.

No menino de sete anos, que já está na terceira fase, o conhecimento mais amplo do significado das palavras está intimamente ligado à descoberta da arbitrariedade dos fatos humanos. É exemplo desse comportamento o caso do personagem Chico Brabo, bom e prestativo homem com a vizinhança; mas cruel carrasco com o menino que trabalhava para ele, a sua "pequena subserviência": "Chico Brabo só dispunha daquela pequena subserviência. Depositava nela o veneno que produzia, purificava-se, voltava à sala, ia afagar as crianças, oferecer remédio às vizinhas" (p.156). O comportamento duplo, contraditório, de Chico Brabo confundia o pensamento do narrador de *Infância*, pois o menino não conseguia compreender como um homem que maltratava a criança que trabalhava para ele, poderia ser, em outro momento, gentil e atencioso com as senhoras da vizinhança, oferecendo-lhes remédios para os seus filhos doentes.

É também nessa fase que o menino se depara com o "Barão de Macaúbas", o sisudo personagem, autor do livro repleto de preceitos morais, na maioria, fábulas. Bichos falantes são os personagens da história. O menino não entende como um homem barbudo, com uma aparência tão séria poderia escrever histórias como aquelas para crianças.

> Que levava a personagem barbuda a ingerir-se em negócios de pássaros, de insetos, de crianças? [...] De quem deveria ser o defeito, do barão de Macaúbas ou meu? Devia ser meu. Um homem coberto de responsabilidade com certeza escrevia direito (p. 130;132).

Ao não conseguir encontrar sentido nas páginas do livro que é obrigado a ler, o menino autoquestiona-se, deseja saber se está errado por não gostar do livro ou se o autor da obra é culpado por ter escrito um livro tão ruim. Como acontece, na maioria das vezes, em que se interpela, toma para si a responsabilidade do erro, culpabilizando-se. Além do mais, não lê propriamente, apenas realiza tentativas. "Avizinhava-me dos sete anos, não conseguia ler e os meus rascunhos eram pavorosos" (p.132).

A quinta fase, como assinala Dal Farra, representa o período em que se dá a trajetória percorrida pela criança no processo da aquisição da linguagem com a descoberta e também a prática de ficção. Nesta fase, surge um nome estrangeiro cuja pronúncia cria certa polêmica. Trata-se do nome Samuel Smiles. Dona Agnelina, sua professora, também desconhecia a pronúncia correta da palavra estrangeira: "Afinal percebi nela um procedimento esquisito: antes que eu largasse barbaramente a extraordinária palavra, fechava o livro e desconversava" (p. 212). A professora tornava-se cúmplice do menino porque ambos ignoravam a pronúncia correta de uma palavra. Entretanto, para o narrador, a professora, apesar de ser "atrasada", tal como sua mãe, possuía a virtude de saber narrar histórias (de Trancoso), em que "reunia sílabas penosamente". Entretanto, a professora atraía a atenção de quem as escutava. "Visitava-nos, prendia-nos até meia-noite com lendas e romances, que estirava e coloria admiravelmente. Nada me ensinou, mas transmitiu-me afeição às mentiras impressas" (p. 212).

De modo caracteristicamente irônico, o gosto pela literatura, "pelas mentiras impressas" provém de uma mãe representada como ruim e de uma professora muito despreparada ou atrasada[123]. Mais adiante, torna-se aluno do professor Rijo, um advogado aposentado, que notoriamente possuía maior bagagem de conhecimento que a professora com quem o menino havia estudado anteriormente. O novo professor lhe transmitia segurança. "A firmeza séria me deu a suspeita de que me achava na presença de uma autoridade [...] O professor não podia comparar-se aos viventes comuns" (p. 213). O menino sentia, pela primeira vez, orgulho de ter aprendido com o novo professor, a pronúncia adequada da palavra "Samuel Smiles", o que o diferenciava das outras pessoas que viviam ao seu redor.

Nessa perspectiva de descrição das etapas pelas quais passou o narrador de *Infância*, aqui acrescentamos uma última fase, de fundamental importância na vida do protagonista de *Infância*, além das cinco propostas por Dal Farra. Trata-se do período em que o menino, já alfabetizado, deseja ler, mas não possui acesso aos livros. Ademais, ressaltamos também o momento em que o protagonista começa a escrever num periódico da cidade onde residia (OLIVEIRA, 2014).

É nesse contexto que destacamos o encontro do menino com o tabelião Jerônimo Barreto que fez com que ele tivesse acesso às mais diversas obras literárias nacionais e da literatura universal. "Jerônimo abriu a estante, entregou-me sorrindo *O guarani*[124], convidou-me a voltar, franqueou-me as coleções todas" (p.

123 As pessoas que o narrador critica, mais veemente, e que o levam ao sofrimento (a mãe, a professora "atrasada") são aquelas que, de alguma forma, o conduzem ao gosto pela leitura. De acordo com Freud, o masoquismo moral acentua a necessidade de sofrimento. Como observam Carvalho e Peres (2012), na relação ego-superego, "impõe-se uma satisfação pelo castigo e pela dor. [...] Freud acentua o caráter inconsciente do masoquismo" (CARVALHO; PERES, 2012, p. 9). Como assinalamos acima, existe um *eu* que necessita ser castigado. "Essa demanda remete à relação com o pai poderoso, base do fantasma de espancamento e da relação sexual passiva com ele" (CARVALHO; PERES, 2012, p. 10). Na narrativa de *Infância,* "o pai poderoso" é representado pelos personagens do pai, da mãe e da professora. É o que Freud aponta como sentido "oculto" do masoquismo moral "que não beneficia nem a moral, nem o indivíduo" (FREUD, 2011, p. 177)

124 Em entrevista ao *Jornal de Alagoas*, em 1910, quando ainda não tinha 18 anos, o escritor declarou sobre suas primeiras leituras: "Sem falar nas poesias e nos trechos clássicos espalhados por muitos compêndios escolares, a primeira obra que li foi *O guarani*, de José de Alencar. Tinha eu dez anos de idade, quando comecei a admirar as bonitas

231). A solicitude do tabelião surpreendeu a criança e fez com ela se embrenhasse na leitura assídua dos clássicos da ficção[125].

No caso do narrador de *Infância*, o acesso à produção cultural se deu, sobretudo quando travou esse contato com o tabelião Jerônimo Barreto, pois no seio familiar, o contato com a literatura foi pouco significativo e nas escolas a transmissão ocorria de modo autoritário. Dessa forma, o tabelião Jerônimo Barreto foi um dos maiores responsáveis pela formação literária do adolescente que almejava, decididamente, mergulhar na leitura dos clássicos.

Outro encontro que fez com que o jovem leitor também se envolvesse com maior vigor na entrada do universo das letras foi, efetivamente, conhecer o agente de correio e também professor de Geografia, Mário Venâncio. A aparência pobre e descuidada do rapaz contrastava com sua inteligência e sua sensibilidade. "Logo correu que havia chegado à terra um literato. Vi-o de longe, rápido e miúdo, o rosto fino como focinho de rato, modos de rato[126] – um guabiru ligeiro e cabisbaixo"[127] (p. 246). As qualidades desse novo morador da cidade

descrições, a linguagem atraente do autor de *Iracema*, os lances de fidelidade e de amor platônico de um índio[...] (RAMOS, 2014, p. 51-52). Em 1939, ao ser entrevistado por José Condé, Graciliano Ramos destaca que, aos onze anos, começou a ler os autores russos Máximo Gorki e Fiódor Dostoiévski, os franceses Émile Zola e Honoré de Balzac e o português Eça de Queiroz (RAMOS, 2014).

125 Com relação à opção pela leitura dos clássicos da literatura, nos remetemos aqui a Pierre Bourdieu (1930-2002) que coloca em discussão a questão da crença de que o gosto e o estilo de vida seriam um assunto de foro íntimo. De acordo com o autor, o gosto seria o resultado de "imbricadas relações de força poderosamente alicerçadas nas instituições de cultura da sociedade capitalista" (BOURDIEU, 2003, p. 251). Bourdieu argumenta que as instituições responsáveis pelos gostos culturais ou competências culturais seriam a família – com o aprendizado precoce e muitas das vezes, insensível – e a escola – com o aprendizado metódico e acelerado. Nesse sentido, o aprendizado adquirido no ambiente familiar seria caracterizado por seu desprendimento e invisibilidade; o aprendizado escolar sistemático teria como maior característica a perpetuação da estrutura da distribuição do capital cultural, contribuindo, assim, para reproduzir e legitimar as diferenças de gosto entre os grupos sociais.

126 A repetição da palavra "rato" para caracterizar Mário Venâncio, o "literato" que havia chegado à cidade onde residia o narrador, nos remete à expressão "rato de biblioteca", que, de acordo com a definição do dicionário Houáiss significa: "indivíduo que frequenta assiduamente determinado lugar (rato de biblioteca)" (HOUAISS, 2001, p. 2.388).

127 As expressões utilizadas pelo narrador - "modos de rato", "ligeiro e cabisbaixo" - para se referir a Mário Venâncio são qualidades que remetem à típica postura do indivíduo

logo chegaram ao conhecimento de todos. "E alguém afirmou na loja que estava ali um sujeito profundo, colaborador de jornais, autor de livros, o diabo" (p. 246). Esse "literato", cuja presença atiçou a curiosidade do menino decidiu fundar um periódico, o *Dilúculo*[128] e também despertou nele a possibilidade de concretizar uma futura vocação literária. "Mário Venâncio me pressagiava bom futuro, via em mim sinais de Coelho Neto, de Aluísio Azevedo – e isto me ensoberbecia e alarmava [...] eu faria romances" (p. 249). Entretanto, o menino desacreditava das previsões audaciosas do fundador do *Dilúculo*. "Mário Venâncio continuava a animar-me, eu desviava pretensões arriscadas[129]" (p. 250).

Em pouco tempo, "esse amável profeta" (p. 250) comete suicídio[130] e o periódico acaba. Entretanto, o adolescente tímido e inseguro já recebera a primeira previsão de que seu futuro estava irremediavelmente ligado ao universo das letras, um futuro marcado pelos traços de uma escrita melancólica.

Fundamental para o jovem Graciliano, já imbuído pelo forte desejo de embrenhar-se na leitura, foi a sua formação como leitor e todas as vicissitudes que decorreriam desse processo que nortearia seus caminhos como futuro escritor.

---

melancólico.

128 A palavra "dilúculo" vem do "latim, *diluculum,i.* 'a luz do romper do dia, o amanhecer'" (HOUAISS, 2001, p. 1042). O nome do periódico é muito significativo na narrativa de *Infância*, visto que o protagonista, a partir da criação desse impresso, começou a escrever e a publicar, ou seja, foi o alvorecer de uma vida que seria dedicada, no futuro, à literatura.

129 Quando foi entrevistado por José Condé (1939), o escritor destacou que, aos dezoito anos, preocupava-se em estudar a vida e a obra de importantes escritores. Ademais, procurava preencher todos os seus momentos ociosos para escrever, atitude que era totalmente desaprovada por seus familiares, que o criticavam severamente. A família de Graciliano Ramos o vê como "um rapaz inútil fadado ao fracasso na vida" (RAMOS, 2014, p. 83), previsão que se mostrou absolutamente equivocada e descabida.

130 Segundo Marie-Claude Lambote (1997), o suicídio, "esta questão de vida ou de morte, assim regrada desde a origem, e que põe a morte no real de um traumatismo, reaparece de uma maneira transposta nas reações do sujeito melancólico com a alternativa do 'tudo ou nada' composta pelo ideal ou pela aniquilação"(LAMBOTE, 1997, p. 481). Em *Infância*, o narrador não menciona, em momento algum, as razões pelas quais Mario Venâncio teria cometido suicídio.

2.8. Infância e a formação do leitor Graciliano Ramos

Examinaremos aqui como o leitor Graciliano Ramos é representado na obra e qual o seu papel no processo de criação, verificando de que maneira nas recordações do aprendizado das primeiras letras, encenam-se simultaneamente, um modo de ler e um modo de escrever, uma concepção ética e estética da leitura e da escrita. A leitura despertou o protagonista de *Infância* para uma forma peculiar de enxergar a si mesmo, os outros e o mundo. "Ora, um dia, na loja, achava-me remoendo um jornal em voz alta, só para me familiarizar com a literatura, sem notar que me escutavam" (p.213). Constatamos a existência peculiar de gestos do leitor adulto que recorda suas experiências com os livros.

A representação da leitura do passado oferece ao texto memorialístico um sentido diverso daquele construído no agora da leitura. O memorialista procura apresentar uma visão alegadamente objetiva (porque elaborada com o olhar de um observador), porém totalmente subjetiva porque traz a marca da experiência e nela tem a sua origem. No entanto, o que confere autenticidade a um texto é o arranjo singular de suas partes. Esse fator revigora as tensões presentes no ato de ler que podem ser entendidas como uma espécie de jogo, como aponta Wolfgang Iser (1999). O autor assinala que a noção de jogo pode superar o debate sobre o impasse criado pelos dilemas apresentados pela inconsistência da representação.

> O autor e o leitor participam, portanto de um jogo de fantasia; jogo que sequer se iniciaria se o texto pretendesse ser algo mais que uma regra do jogo. É que a leitura só se torna um prazer no momento em que nossa produtividade entra em jogo, ou seja, quando os textos nos oferecem a possibilidade de exercer nossas capacidades (ISER, 1999, p.10, v. 2).

Como assinala Iser, o jogo pode ser capaz de "cobrir todas as operações levadas a cabo no processo textual" (ISER, 1999, p. 11, v. 2). Isso ocorre porque o jogo apresenta peculiaridade de não se ocupar do que poderia significar e de não ter de retratar nada fora de si mesmo. Iser enfatiza também a importância das funções estabelecidas pelos jogadores e a natureza do campo do jogo. O duplo processo de imaginar e interpretar faz com que o leitor se obrigue à tarefa de visualizar as diversas formas possíveis do mundo identificável, de maneira que, inevitavelmente, o mundo "repetido no texto começa a sofrer modificações. Pois não importa que novas formas o leitor traz à vida: todas elas transgridem – e daí, modificam – o mundo referencial contido no texto" (ISER, 1999, p. 11, v. 2). Há um caráter transgressor do papel do leitor no jogo, algo que é pertinente à escrita de Graciliano Ramos e que pode ser observado a partir de sua condição de leitor de textos em *Infância*.

Tomando-se como base uma cena do capítulo "Nuvens", pode-se apresentar o modo como Graciliano Ramos delineia os principais gestos de leitor. Nessa cena, o narrador encontra-se numa sala suja e cheia de gente. Observa um velho de barbas longas, atrás de uma mesa e muitos meninos sentados em bancos sem encosto. A cena tediosa aguça a curiosidade do narrador:

> Seguravam folhas de papel e esgoelavam-se:
> – Um b com a – b, a: ba; um b com e – b, e: be.
> Assim por diante até u. Em escolas primárias da roça ouvi cantarem a soletração de várias maneiras. Nenhuma como aquela, e a toada única, as letras e as pitombas convencem-me de que a sala, as árvores transformadas em laranjeiras, os bancos, a mesa, o professor e os alunos existiram [...] Em pé, junto ao barbado, uma grande moça, que para o futuro adquiriu os traços de minha irmã natural, tinha nas mãos um folheto e gemia:
> – A, B, C, D, E. (p. 10).

Percebe-se aqui o caráter repetitivo e fragmentário do ensino escolar que é exercitado pela prática da soletração, a aproximação da leitura com a música entediante e o ato de ler associado ao de gemer, cantar e esgoelar. A cantiga monótona da soletração dos alunos e o gemido da moça ao ler o alfabeto transformam-se, na elaboração pessoal de Graciliano Ramos, num paradigma positivo da lembrança da leitura e uma metáfora do modo de ler no sertão alagoano. Essa lembrança inaugura uma primeira concepção do que é o leitor na narrativa: um indivíduo perdido que busca sentidos no bea-bá repetido num momento singular do próprio passado.

Em vários momentos, o narrador se recorda de como lia e de como liam os adultos com quem aprendia a ler, ou seja, de modo lacunar e com imprecisão. Da mesma forma, é recorrente na narrativa a inquietação do leitor menino diante dos textos com que se depara e que apresentavam frases incompreensíveis para ele, que tenta sempre investigar o seu sentido.

O narrador toma como referência para contar sua história de aprendizado da leitura e da convivência inicial com textos literários a cantilena da leitura dos meninos que assistiam à aula do professor "barbado". Ele apresenta, como vimos, a sua própria história com poucos leitores, poucos livros, mestres despreparados e escolas que funcionavam de modo improvisado, sem estrutura alguma. Mostra o modo como esse universo tão peculiar condicionará a sua condição de leitor e sua visão de mundo posterior.

Para a leitura mecânica e soletrada do alfabeto são utilizadas folhas, o que o faz pensar nas páginas de um livro ou, pelo menos, na distribuição fragmentária do conteúdo a ser utilizado. Os textos não possuem enredo, nem articulação, por essa razão as lembranças por eles evocadas não ultrapassam a experiência de conhecer as sílabas, ou seja, apenas a união das letras que juntas não apresentam nenhum valor semântico. Os folhetos, por sua vez, com uma aparência vulgar e desinteressante, não despertavam no narrador nenhum desejo maior de leitura, mas adquiriram um valor afetivo na rememoração sonora.

Na recordação mencionada, a leitura é sempre realizada por outra pessoa que não o narrador. Quando se lembra dessa leitura do outro, o narrador não identifica nela nenhuma visão idealizada de personagens. Os personagens e o cenário são os da experiência que vivenciou: o professor barbudo, os meninos que apenas repetem as letras e as sílabas e a sala suja, elementos que se fixam na mente do menino e nela permanecem até a vida adulta.

Outra imagem do leitor presente em *Infância* é aquela em que o menino se torna um leitor independente, diferente dos outros, mas ainda marcado pelo ambiente onde a leitura pode ser realizada, o armazém do pai. Quando encontra no balcão um livro esquecido por alguém, se dispõe a folheá-lo bem devagar, ainda soletrando:

> Folheei-a devagar, soletrando, consultando o dicionário, sentado num caixão de velas[...] Arranjava-me lentamente, procurando as definições de quase todas as palavras, como quem decifra uma língua desconhecida, mas a história me prendia, talvez por tratar de uma criança abandonada (p. 200).

O narrador se identifica com o personagem "uma criança abandonada" porque ele mesmo se sente como alguém que está à margem dentro de sua própria família e também diante do processo de alfabetização que lhe é tão dificultoso. Além disso, essa cena posterior também é caracterizada pela lentidão e pela fragmentação porque o menino ainda soletrava, lia com muita dificuldade. Entretanto aqui, a criança já busca uma trajetória própria como leitor. O local onde o menino lia não se distinguia do lugar em que se comprava e se vendia – o comércio do pai, o que sugere uma proximidade entre os livros e a mercadoria, entre a leitura e a sobrevivência, pois os dicionários consultados estavam nas prateleiras do armazém como mercadoria sem valor e o espaço da leitura era o mesmo que se prestava ao sustento da família.

Outro aspecto relevante nessa cena é que o leitor passa a relatar sua própria experiência de leitura e não a dos outros, registrando suas preferências, construindo assim, sua memória de leitura pessoal. Com isso, a leitura que, de início, era um ato desprovido de interesse e sem sentido passa a ser vista como algo muito instigante e desafiador a ponto de o menino se sentir atraído pela história e com ela se envolver. Aqui, o narrador encontra não uma toada monótona (como a dos meninos que vira anteriormente), mas a sua toada pessoal, ou seja, procura um espaço para a leitura, consulta dicionários e constrói um sentido pessoal para o texto que lê, o que mostra o trabalho árduo do leitor e seu nível de envolvimento com o ato de leitura.

Ler, para o narrador, torna-se um trabalho árduo, porém gratificante. O narrador-leitor não exibe aquilo que leu e não considera sua maneira de ler – confusa e desconexa – aquela que representa o modo adequado de fazer leitura. Pelo contrário, essas dificuldades mostram o quanto é dificultosa a inserção do indivíduo no mundo da palavra escrita. Antes de mostrar o quanto a leitura pode ser prazerosa, o narrador denuncia o que significa a falta de prazer na leitura e os danos que isso pode causar a quem é iniciante na arte de ler.

Dessa forma, as cenas de leitura aqui exemplificadas manifestam os gestos do leitor que busca se iniciar na leitura – fragmentar, cantar, gemer, trabalhar, consultar, decifrar[131]. Para se alfabetizar, o narrador necessita analisar,

131 Os verbos fragmentar, gemer, trabalhar, consultar e decifrar configuram uma constelação

sofrer (passar por grandes dificuldades), buscar outras leituras dentro da sua própria leitura (dicionários) e criar a sua própria interpretação dos signos.

Nesse contexto, uma lembrança marcante na vida do menino é aquela que se refere aos livros didáticos. Quando conhece o livro do Barão de Macaúbas, perde o ânimo pela leitura, mesmo tendo, na ocasião, uma professora por quem sentia respeito e carinho. O aspecto do livro causava repugnância ao menino. Era um exemplar extenso, "nas folhas delgadas, incontáveis, as letras fervilhavam miúdas, e as ilustrações avultavam num papel brilhante, como rasto de lesma ou catarro seco" (p. 130).

O livro era, para o menino, um objeto asqueroso e ele o manuseava com extrema má vontade. O exemplar era considerado esquisito e inútil. Ao se lembrar do que lia, contesta, utilizando de ironia – traço característico de sua obra – e denuncia o autor do livro.

> Infelizmente um doutor, utilizando bichinhos, impunha-nos a língua dos doutores.
> – Queres tu brincar comigo?
> O passarinho no galho respondia com preceito e moral. E a mosca usava adjetivos colhidos no dicionário (p. 130).

O narrador-leitor critica, ironicamente, a linguagem utilizada no texto. A "linguagem dos doutores" não é a linguagem acessível à compreensão das crianças. Quando analisa a linguagem no texto, reescreve-o, condenando o pedantismo e a perversidade do autor. Ao questionar as perguntas dos personagens dessas fábulas estereotipadas e moralistas – "Queres tu brincar comigo?" –, evidencia o descompasso entre o que seria próprio da linguagem das fábulas e o texto que lhe fora recomendado para leitura, eivado de construções retóricas e inadequadas a um texto para crianças.

Essa lembrança desagradável, em que, com ironia, o autor critica a lingua-

---

masoquista. Como afirma Isabel Fortes "Mais do que uma relação com a dor propriamente dita, o masoquismo é uma posição de vulnerabilidade, de abertura, de acolhimento à excitação" (FORTES, 2007, p. 41). Ao permitir a presença simultânea da dor e do prazer, o movimento masoquista consiste em não opor resistência à dor, pelo contrário, é um consentimento à dor, conforme já mencionamos acima. O sofrimento acompanhou o escritor ao longo de sua carreira com o desejo de perfeição impossível, as críticas muito severas ao seu próprio trabalho, a reescrita obsessiva de seus textos.

gem que não é acessível às crianças porque é a linguagem dos mais instruídos, ou dos doutores, não será atenuada, quando o menino se depara com o próximo livro que lhe é apresentado como "corpulento" e que faz com que sinta calafrios. Até mesmo o papel era de má qualidade: "papel ordinário, letra safada. E logo no introito o sinal do malefício: as barbas consideráveis, a sisudez cabeluda.[...] guardo a lembrança mortificadora de muitas páginas relativas à boa pontuação" (p. 132).

Nesse sentido, o modo como Graciliano Ramos critica os livros escolares é agudo e carregado de ironia – "papel ordinário", "letra safada", "linguagem dos doutores". Discorda radicalmente dos métodos escolares utilizados e também da qualidade do material didático que é oferecido às crianças. Afirma, ironicamente, que todos os autores de livros infantis eram iguais, ou seja, escreviam histórias desinteressantes e com uma linguagem dos doutores. Destaca que, mesmo se ficasse livre do Barão de Macaúbas, vantagem alguma essa libertação lhe traria: "Nenhum proveito a libertação me daria: os outros organizadores de histórias infantis eram como ele. Em todo o caso, ambicionei afastar a mosca, a mosca, a teia de aranha, o pássaro virtuoso" (p. 132).

Mesmo que a lembrança de sua experiência com os livros didáticos seja marcada por uma visão negativa, esta mostra que o menino ainda cultivava o desejo de ler. O que o desgostava não eram os livros em geral, mas sim os certos livros e temas e o moralismo neles presente, sobretudo a onipresença da gramática normativa e o livro de história do Brasil repleto de governadores gerais.

Como vimos, o narrador de *Infância* teve no tabelião Jerônimo Barreto um grande incentivador: "Diariamente, percorrendo a ladeira da Matriz, demorava-me em frente ao cartório dele, enfiava os olhos famintos pela janela, via numa estante, em fileiras densas, bonitas encadernações de cores vivas[132]"(p. 230).

132 Stefânia Chiarelli, em "Na biblioteca de Hatoum: leituras e mediações", afirma que, no universo não muito extenso dos leitores existem aqueles que avaliam os interesses e as inclinações de alguém de acordo com os livros que esta pessoa faz. Conhecer o gosto de leitura de alguém é como parafrasear o dito popular: "'Diz-me o livro que lês e te direi quem és': adaptar o velho ditado popular explicaria muito bem a curiosidade de se intrometer na intimidade literária alheia. [...]Desse prazer quase lícito se estabelece uma espécie de jogo de adivinhação, de palpites sobre como é a pessoa que lê aqueles livros"

Nitidamente, percebe-se a diferença entre o desejo de ler os livros emprestados pelo tabelião e a obrigação de ler os compêndios escolares. O menino cuida dos livros como se fossem objetos raros e os encapa com o papel de embrulho – o papel utilizado no seu espaço de leitura, o armazém do pai. O livro é visto com objeto de desejo, digno de apreciação estética.

As imagens do leitor[133] e da leitura, em *Infância,* mostram um leitor desejoso, mas seletivo, crítico que repudia os livros que lhe são oferecidos, pois são desinteressantes para uma criança. Posteriormente, na narrativa, essas imagens se tornam diferenciadas devido à possibilidade que o narrador tem de fazer as leituras que vêm ao encontro de seus interesses.

Como já destacamos anteriormente, o primeiro contato do menino com o livro aconteceu no armazém do pai. Ao se deparar com os cadernos que seriam utilizados para a aprendizagem da leitura, o menino encontrava-se "empoleirado no balcão, abrindo caixas e pacotes, examinando as miudezas da prateleira. Meu pai, de bom humor, apontava-me objetos singulares e explicava-me o préstimo deles" (p. 97).

A leitura ou o ensino da leitura está lado a lado com a luta pela sobrevivência da família da criança. A partir do contato que o menino tem com os livros no armazém, seus pais o obrigam a iniciar o aprendizado da leitura, o que para ele se torna "uma tarefa odiosa" (p. 35). O pai tentou alfabetizá-lo e não obtendo êxito,

---

(CHIARELLI, 2007, p. 62). Da mesma forma, o protagonista de *Infância* vai procurar nas estantes do tabelião as obras que deseja ler e toma-o como referência de homem culto. "Atribuí àquele rapaz moreno ciência poderosa, estranhei vê-lo simples e calmo, juntar-se aos frequentadores da loja, onde metia Robespierre e Marat, dois tipos que venerei antes de me chegar qualquer notícia de revolução e da França" (p. 230).

133 Ricardo Piglia, em *O último leitor* (2006), sobre a questão do leitor, afirma que "O leitor viciado, o que não consegue deixar de ler, e o leitor insone, o que está sempre desperto são representações extremas do que significa ler um texto, personificações narrativas da complexa presença do leitor na literatura. Eu os chamaria de leitores puros; para eles, a leitura não é apenas uma prática, mas uma forma de vida" (PIGLIA, 2006, p. 21). O menino de *Infância*, para quem se abre o universo da literatura, através da biblioteca do tabelião, é representado na narrativa como um personagem que se aproxima da imagem do "leitor puro", pois sofre uma grande transformação através da leitura, transformando-a numa "forma de vida". A criança que temia ler e escrever diferente dos outros passa a construir a sua própria trajetória de leitor e posteriormente de escritor.

passou a castigá-lo com crueldade.

No entanto, há outros momentos em que ler no armazém constituía-se como um prazer quase clandestino. Os dicionários com suas bandeiras coloridas e o livro *O menino da mata e o seu cão piloto* despertaram a atenção do menino:

> Os livros do estabelecimento eram o razão, o diário, o caixa e outros que José Batista manejava. Entre as mercadorias, porém, existia meia dúzia de dicionários. Examinei com algum proveito esses gêneros que não achavam comprador. Tinham as bandeiras de todos os países (aí comecei a minha geografia) e retratos de figurões (origem da pouca história que sei) [...] A mim revelaram pedaços do folheto amarelo, que se chamava *O menino da mata e seu cão piloto* (p. 202).

Para a criança, o aprendizado da leitura com o pai ou com qualquer outra pessoa da família, com exceção de Mocinha e da prima Emília, era uma espécie de aprisionamento. O ato de aprender a ler, de transformar os borrões e os riscos em histórias com sentido está aliado à deterioração da convivência do menino com sua família simbolizada pelo "folheto que puía e esfarelava" e que a criança "esfregava para abreviar o extermínio" (p.100). Pode-se entender aqui a leitura como ato de salvamento de uma destruição iminente. Porém, nas ocasiões em que se encontrava sozinho no armazém, encontrava prazer na leitura.

O menino preferia ler sozinho e nisso encontrava grande satisfação. A convivência com a maioria dos adultos que tentavam ensiná-lo a ler e com a leitura revela sua aversão a métodos violentos e pouco lúdicos utilizados para alfabetizar: a utilização da palmatória para impor disciplina e os métodos de ensino com a necessidade de decorar e a apresentação das letras, uma de cada vez. O menino que possui grande dificuldade para se familiarizar com o aprendizado da leitura, não consegue manejar a arma que o pai desejava lhe oferecer. O pai já havia lhe dito que quem estivesse familiarizado com as linhas impressas disporia de "armas terríveis" (p. 109). Mas ainda assim, a criança resiste aos maus tratos e não desiste da leitura. Podia compreender as histórias ("de fato, eu compreendia, ronceiro, as histórias de Trancoso"), mas a incoerência dos métodos, o modo como eram utilizados e as pessoas que coordenavam esse processo, vistas sempre como muito despreparadas, faziam-no sentir-se numa sessão de tortura. "O que me obrigavam a decorar, parecia-me insensato" (p. 102).

Apesar de ter convivido com um aprendizado da leitura, por vezes, torturante, depois de conseguir ser alfabetizado e já frequentar um estabelecimento de ensino que era uma "espécie de colégio" (p. 200), o menino arrisca-se a fazer leituras furtivas em plena sala de aula. A leitura clandestina representa uma válvula de escape para se distanciar dos aborrecidos livros didáticos e das aulas maçantes do professor. Enquanto os colegas "declamavam as capitais e os rios da Europa" (p. 228), o jovem leitor percorria os caminhos indicados por Jerônimo Barreto, entrando pelas aventuras de Joaquim Manuel de Macedo e de Júlio Verne.

A criança adentra nos caminhos dos clássicos da literatura, através da leitura feita às escondidas, e não por meio dos compêndios escolares, pois estes não ofereciam as trilhas que levavam aos clássicos.

As leituras de clássicos da literatura brasileira e universal realizadas pelo adolescente contribuíram, decisivamente, para que sua vida passasse por um processo de transformação e reavaliação de valores, constituindo-se assim, um divisor de águas na vida do adolescente. "Mudei hábitos e linguagem. Minha mãe notou as modificações com impaciência" (p. 235). Os clássicos, esses textos de leitura prazerosa, "textos de fruição" (BARTHES, 2002, p. 20), causaram impacto sem precedentes no leitor Graciliano Ramos, abalando suas bases culturais e psicológicas, motivando a alteração de seus gostos e de seus valores.

A imagem do leitor que é apreendida em *Infância* é a de uma criança que não se submete ao fluxo do texto. O narrador se rebela, salta partes, cria interpretações novas, ironiza a linguagem dos doutores no texto infantil, incomoda-se com a falta de nexo das narrativas. É o leitor que busca seu próprio caminho. O escritor encenado não age de forma diferente.

> Surgiu na cidade uma espécie de colégio e introduziram-me nele. Quando cheguei, o diretor, insinuante, macio, ditou meia dúzia de linhas a diversos novatos. Emendou e classificou os ditados; pegou o meu, horrorizou-se, escreveu na margem larga do almaço: incorrigível. Esta dura sentença não me abalou. Até me envaideci um pouco vendo a minha escrita diferente das outras (p. 215).

A intenção do menino não era escrever como os outros, que julgava comuns – ou seja, escreviam apenas o que poderia agradar ao professor – muito menos agradar aos adultos. A diferença que envaidece e que é mostrada, com ironia, parece ser uma procura obsessiva por uma identidade literária.

Em sua primeira experiência como escritor, no periódico *Dilúculo*, o adolescente fica constrangido ao perceber que Mário Venâncio, seu professor, faz muitas alterações nos textos, como no conto "Pequeno pedinte" ou "O pequeno mendigo"[134], entres outros que havia escrito. A narrativa trata dos infortúnios de uma criança abandonada, um tema caro ao menino, que, ao encontrar um livro esquecido no balcão do armazém de seu pai, sente-se atraído pela história que trata justamente da temática do menor abandonado:

> Pequeno pedinte
>
> (A Mario Venancio)
>
> Tinha oito annos!
> A pobrezinha da creança sem pai nem mãe, que vagava pelas ruas da cidade pedindo
> esmola aos transeuntes caridosos, tinha oito annos.
> Oh! Não ter um seio de mãe para afagar o pranto que existe no seu coração!
> Pobre pequeno mendigo!
> Quantas noites não passara dormindo pelas calçadas exposto ao frio e à chuva, sem abrigo de tecto.
> Quantas vergonhas não passara, quando, ao estender a pequenina mão, só recebia indifferença e o motejo!
> Oh! Encontram-se muitos corações brutos e insensíveis!
> É domingo.
> O pequeno está à porta da igreja, pedindo, com o coração amargurado, que lhe dêem
> uma esmola pelo amor de Deus.
> Diversos indivíduos demoram-se para depositar uma pequena moeda na mão que se lhes está estendida.
> Terminada a missa, volta quase alegre, porque sabe que naquelle dia não passará fome.
> Depois vêem os dias, os mezes, os annos, cresce e passa a vida, emfim, sem tragar outro pão a não ser o negro pão amassado com o fel da caridade fingida.
> G. Ramos[135] (RAMOS, 1979, p. 11).

134 Com relação ao nome do conto, há versões diferenciadas. Wander Melo Miranda, no Posfácio "Vida e obra de Graciliano Ramos", em *Vidas secas* (2004), não utiliza o artigo "o" antes do título; o estudo de Marili Ramos, irmã do escritor, em *Graciliano Ramos*(1979), também não utiliza o artigo, conforme reproduzimos aqui. Valentin Facciolli, em *Graciliano Ramos* (1987) faz uso do artigo e coloca o título entre aspas "O pequeno pedinte"), porém Graciliano Ramos, em *Infância*, utiliza o título "O pequeno mendigo" (p.248). No site oficial do escritor consta que o nome do texto era "Pequeno pedinte", portanto, sem o uso do artigo e com a substituição do substantivo. Cf. www.graciliano.com.br

135 O texto foi reproduzido com a ortografia vigente na época.

Observamos um tom patético no primeiro texto publicado pelo autor, bem diferente do tom e do estilo posteriores. O texto redigido pelo escritor iniciante sofre uma série de modificações ao ser revisado por Mario Venâncio, a quem o conto é dedicado, o que representa a gratidão e respeito que o jovem nutria pelo seu mestre. "O pequeno mendigo e várias artes minhas lançadas no *Dilúculo*[136] saíram com tantos arrebiques e interpolações que do original pouco se salvou" (p. 250).

A cena em que o menino descreve o impacto da intervenção de Mário Venâncio em seus escritos revela o desejo de cumprir um destino pessoal. Antes mesmo de se tornar escritor, já condenava como embuste os exageros propostos pelo mestre. Mas o mestre pressentia o escritor no menino. O aluno fica envaidecido momentaneamente, mas, a seguir, a vaidade é substituída pela aflição. Para Mário Venâncio, as composições do menino ainda não tinham qualidade. "Sem dúvida, afirmava o adivinho. Ainda não prestavam. Mas eu faria romances. [..] Depois a vaidade esmoreceu, foi substituída por uma vaga aflição (p. 249).

A aflição é consequência da obstinada busca por uma expressão própria e dificultada por uma língua que é apresentada como um caminho em que só há impedimentos – em que ele se sentia quase um analfabeto – e não como um conjunto de possibilidades. A língua manipulada com dificuldade é um sério obstáculo para os experimentos criativos, encontra-se no limiar entre o espaço de expressão e o espaço da opressão. Lembremo-nos aqui de uma importante referência à questão desse tipo de opressão que estará registrada mais tarde, nas *Memórias do cárcere*: "[...] nos estreitos limites a que nos coagem a gramática e a lei, ainda nos podemos mexer" (p. 34, v. 1). É nessa fronteira que o escritor procura examinar a escrita da vida para tornar a sua própria escrita diferente da dos outros.

Nas páginas de *Infância*, a ação mais evidente para consolidar essa diferença é o fato de o menino se recusar a imitar a letra da colega Dondon, que quer

136 Márcia Cabral Silva, afirma que quando Graciliano Ramos publicou "Pequeno pedinte", no *Dilúculo*, tinha apenas doze anos de idade e que é difícil classificar o texto quanto ao gênero porque "há aspectos que denotam emoção exacerbada: o tema da criança abandonada, a utilização de número elevado de interjeições. Tratar-se-ia de uma estrutura híbrida, entre o conto e o poema? Ou se trata de uma crônica?" (SILVA, 2004, p. 133).

ensinar-lhe caligrafia. Sem o menor gosto ou talento para a cópia, continuava a escrever suas garatujas. Segundo Cláudio Leitão (2003), a criança Graciliano Ramos é um leitor em exílio e também um escritor em exílio. Seu modo de ler e de escrever não encontrava semelhantes entre os seus. É um estrangeiro[137] em sua própria casa, estrangeiro pela linguagem adquirida nos livros, pelos comportamentos que apresentava e pelos lugares que conhecia por intermédio dos livros do tabelião.

Leitão assinala que assim como o narrador autobiográfico de *Infância* afasta-se "de perquirições da própria origem, também descarta as referências diretamente voltadas para uma ideia de nação. A presença dela, entretanto, fica diluída na historicidade das situações de exílio" (LEITÃO, 2003, p. 94).

Logo no terceiro bloco narrativo "Verão", o narrador de *Infância* distancia-se da literatura regionalista, produção literária do cenário nordestino, cujo ciclo teve início com a publicação de *A bagaceira*, em 1928, de José Américo de Almeida. Ao contrário da tentativa de construção do nacional originário, romântico ou moderno, "acumulam-se as imagens verbais e icônicas da desterritorialização e das condições marginalizadas de domínio da língua literária escrita" (LEITÃO, 2003, p. 95), como se lê nas passagens abaixo em que, devido ao problema da seca, o narrador e a família tem de deixar o lugar onde moram:

> Desse antigo verão que me alterou a vida restam ligeiros traços apenas. [...] Talvez até o mínimo necessário para caracterizar a fazenda meio destruída não tenha sido observado depois. Certas coisas existem por derivação e associação; repetem-se, impõem-se – e em letras de forma, tomam consistência, ganham raízes. [...]
> Pela primeira vez falaram-me no diabo, ele andava solto nos redemoinhos que varriam o pátio[...]
> Um dia faltou água em casa. [...] A boca enxuta, os beiços gretados, os olhos turvos, queimaduras interiores. [...]
> Espanto, e enorme, senti ao enxergar meu pai abatido na sala, o gesto lento. [...] Não me ocorria que o poder estivesse fora dele, de repente o abandonas-

137 Julia Kristeva em *Estrangeiros para nós mesmos* (1994), assinala que "O estrangeiro começa quando surge a consciência de minha diferença e termina quando nos reconhecemos todos estrangeiros, rebeldes aos vínculos e às comunidades" (KRISTEVA, 1994, p.10). Dessa forma, o narrador de *Infância* sente-se um estrangeiro em relação aos pais, um exilado da família – representada na narrativa de forma muito negativa - à linguagem dos livros com os quais tem contato e o modo como as pessoas ao seu redor se comportam.

> se, deixando-o fraco e normal [...]
> Não entendi o sussurro lastimoso [do pai], mas adivinhei que ia surgir transformação (p. 27-31).

Os traços que restaram na lembrança do escritor são representados pela mudança nas atitudes dos adultos, em especial, do pai, que, de homem rude e vigoroso, tornou-se "abatido", devido à falta de água, à crença na figura do diabo – a quem atribuída a responsabilidade pela longa estiagem –, à secura do ambiente. O adulto-escritor destaca as dificuldades – impostas pela memória "restam ligeiros traços apenas" – em representar, na narrativa, a fazenda parcialmente destruída.

Como assinala Leitão, no confronto com a língua de Camões, surge, na narrativa, uma "literatura menor[138], que tem sido produzida por um escritor sem origem clânica nem mítica, que adquire habilidades de ler e cultivar o talento que traz para a escrita, no exílio dos leitores e dos livros" (LEITÃO, 2003, p. 95). Através do olhar, dá-se o aprendizado da leitura de mundo empreendida por uma criança que, além das muitas situações adversas, sofrerá de uma doença que causa cegueira temporária. Entretanto, o exílio dos livros e algumas vezes do mundo, pela falta da visão, criarão para o menino as condições de um leitor sofisticado do espaço físico e humano: "Na escuridão percebi o valor enorme das palavras" (p. 146). O espaço é construído pelo menino e ele passa a ler o mundo munido de um olhar duplamente construído: o olhar adquirido devido à doença nos olhos "Os objetos surgiam empastados e brumosos" (p. 143) e o olhar da leitura com a imaginação excitada pela volta repentina da visão. "O pensamento divagava, escorregava de um assunto a outro.[...] Um dia

138 Conforme afirmam Deleuze e Guattari (1977), em *Kafka*: por uma literatura menor, a denominada "literatura menor" é aquela que é produzida numa língua que é "modificada por um forte coeficiente de desterritorialização" (DELEUZE; GUATTARI, 1977, p. 25). O protagonista de *Infância* está impossibilitado de ler, de brincar e de fazer tudo o que era natural para um menino de sua idade, devido à seca da região onde mora e a consequente destruição da fazenda e, mais tarde, a situação se repetirá, porque sofrerá de uma doença oftálmica que o impedirá de enxergar. Na literatura menor, "tudo é político. [...] O caso individual se torna então mais necessário, indispensável, aumentado ao microscópio, na medida em que outra história se agita nele" (DELEUZE; GUATTARI, p. 26). Na narrativa de *Infância*, não se encontra a ideia de nação, mas sim o acúmulo de situações e condições em que o narrador se encontra em exílio. O caso individual da criança remete a uma questão maior que é a da condição precária do país e a seca e o coronelismo imperantes no sertão nordestino.

as trevas se adelgaçavam, pedaços do mundo apareciam-me confusos. Voltava às ocupações miúdas, às brincadeiras mornas e tranquilas" (p. 149).

A escrita em exílio que se assemelha a uma garatuja incorrigível e ininteligível parece ter sido um caminho desejado. Num processo de reterritorialização, de volta à cidade de Viçosa/AL, o menino (assim como o adulto-escritor posteriormente) não deseja seguir o caminho determinado pela escola, mas ousa ser diferente e se sente incomodado quando é criticado em seu estilo pelas intervenções do professor Mário Venâncio. A crítica do mestre abala as suas certezas, o que faz com que chegue a duvidar de seu futuro como escritor.

Semelhante desconfiança aparece na escrita que se nega a ser repetição. O desejo de criar uma escrita própria e a maneira de ver a relação entre seus exercícios criativos de escrita e os textos aparecem na recordação do avô artesão que trança urupemas, como já assinalamos anteriormente. O avô não faz urupemas iguais àquelas que todos conhecem. "Trabalhador caprichoso e honesto, procurou os seus caminhos e executou urupemas forte, seguras" (p. 22).

O modo como o avô lida com o seu ofício apresenta-se na narrativa como um paralelo com as experiências da criança: a ausência de mestre ou a contestação do que ele prega, a negação à utilização de traços pré-definidos, a busca da autonomia e da tradição, a consolidação de um modo próprio de expressão. O menino e o avô estão sempre em dissidência com os mestres, propõem-se a criar, no difícil e movediço terreno da imprecisão, novas leituras e novas escritas, enfim novas urupemas.

A proposta do memorialista é diversa daquela dos escritores e artesãos que pretendem destruir as formas, para depois assimilá-las de modo que se tornem suas. Ao avô e ao neto, não interessa a repetição. O gesto criativo inaugural é desejado para se mostrar como diferença, como meio de conquistar um modo singular de expressão. Ambos são artesãos preocupados em criar seu estilo próprio. O narrador de *Infância*, ao mencionar sua relação com a literatura, e o escritor Graciliano Ramos ao construir a sua própria literatura, não aceitam passivamente a existência de modelos; ao contrário, a busca por um caminho próprio é uma obsessão para o leitor, narrador de *Infância,* e para o escritor.

A proposição de leitura e de escrita para Graciliano Ramos é a de não se entregar a estruturas estabelecidas, ainda que, de algum modo, as tenha assimilado. É também a de não dar crédito a elogios fáceis. Ao encenar a relação com os textos canônicos, o faz apontando para o distanciamento crítico em relação às obras lidas, encenando a diferença e não a semelhança. Esses textos podem ser referências, os autores podem ser tratados como alguma reverência, como é o caso de Eça de Queiroz ou Dostoiévski, mas o que se mostra ou o que se encena no texto é o que o distingue deles. "Talvez me fosse útil afirmar que escritores importantes, naturalmente estrangeiros haviam me induzido a fabricar uma novela. Seria mentira: as minhas leituras insuficientes iam deixando o século passado" (RAMOS, 1971, p. 233).

Além da característica artesanal visível, impõe-se a ideia da palavra como arma e a ideia da aproximação do fazer do artesão com a sobrevivência, em que o escritor aproxima seu ofício ao do sapateiro. É quando compara o fazer literário ao trabalho desse profissional e enfatiza como um e outro são vistos pelo público e ironiza a qualidade de sua escrita, como na passagem abaixo extraída do livro de crônicas *Linhas tortas* (1971):

> E expostos à venda romance e calçado, muita gente considera o primeiro um objeto nobre e encolhe os ombros diante do segundo, coisa de somenos importância. Essa distinção é preconceito. Se eu soubesse bater sola e grudar palmilha, estaria colando, martelando. Como não me habituei a semelhante gênero de trabalho, redijo umas linhas que dentro de poucas horas serão pagas e irão transformar-se num belo par de sapatos (RAMOS, 1971, p. 235).

Graciliano Ramos equipara o ofício do sapateiro ao do escritor, evidenciando com a comparação o caráter material da literatura. O escritor necessitou escrever e vender textos para garantir a sobrevivência de sua família. Aqui, o autor trata com ironia o valor de seus escritos – "redijo umas linhas". Essa experiência delimita o conceito e o valor dos produtos comercializados, entre eles, os produtos literários. O pai que um dia mostrou à criança o valor da palavra escrita revela que esta não faz parte de um mundo diletante, pois pode ser um instrumento para a sobrevivência. O escritor e seu produto (o livro) pertencem ao universo daqueles que necessitam sobreviver de seu trabalho, é um ser humano comum que precisa lutar concretamente por sua sobrevivência. Nesse sentido, o escritor Graciliano Ramos pode mostrar as agruras dos retirantes de *Vidas secas*, a vida infeliz de Madalena e a rispidez de Paulo Honório (*São Bernardo*), ou mesmo sua tragédia pessoal no cárcere. Pode encenar o malogro da construção narrativa, como em *Caetés*.

O conjunto de símbolos proposto por Graciliano Ramos, do sapateiro e do sapato, do armazém e dos dicionários como mercadoria encalhada, do menino que consulta esses dicionários no caixote do armazém, é uma maneira de apresentar uma história daquele que sempre lida com a escassez. Olhando por esse ângulo, o protagonista de *Infância* cumpre o seu papel, ou seja, dedica sua vida à literatura: o menino maltratado que vive em cima das mercadorias do armazém do pai, visto como um estorvo para a família, no entanto, tem nesse mesmo local, avesso à transformação, a "arma" que utilizará para a transformação: a palavra escrita, instrumento utilizado pelo escritor-sapateiro.

As concepções de leitor, escritor e escrita presentes em *Infância* dão o tom de quem deseja subscrever a crítica que o escritor faz aos modernistas, dos quais se diferencia. Assim como o avô, que dispensou a beleza e optou pela praticidade na construção das urupemas, o neto dispensa o experimentalismo vanguardista proposto por escritores como Mário de Andrade e Oswald de Andrade, relevantes nomes do modernismo da primeira fase[139]. Entretanto, na sua prática escri-

139 Segundo Leitão (2003): "É sabido também o desprezo que Graciliano Ramos dispensou aos 'ismos' do cadinho confluente de 22, bem como ao desleixo de alguns escritores pela correção da norma escrita" (LEITÃO, 2003, p. 88). Ainda sobre a questão relativa aos primeiros modernistas, Coelho (2011) assinala que Graciliano Ramos detestava as " 'aventuras' e as justaposições experimentais dos modernistas de 1922. Detestava igualmente a linguagem artificial, bacharelesca, de Ruy Barbosa e companhia. Terminou virando um clássico, pelo que rejeitou ao mesmo tempo de inovação gratuita e de artificialismo empolado" (COELHO, 2011, p. 290). Apesar de todas as manifestações de desagrado com relação ao modernismo de 1922, foi graças a esse movimento que autores como Graciliano Ramos e outros da década de 1930 obtiveram a liberdade de escrita necessária à composição de suas obras, como assevera Candido (1987) no que se refere à importância do autor de *Infância*: "[...] ele [Graciliano Ramos] só poderia ser clássico daquela maneira porque o Modernismo tinha passado pelo Brasil, não é? Porque o Modernismo permitiu uma libertação de tal ordem na expressão que foi possível realizar aquilo que os compêndios de retórica diziam que era necessário, mas que, no fundo, eles mesmo ensinavam a gente a ser contra" (CANDIDO, 1987, p. 425). Apesar de todas as opiniões contrárias ao Modernismo, aproximando-se da tese defendida por Candido, o escritor afirmou ao *Diário Popular*, em 1949: "- Devemos muito aos modernistas, que, embora nada tivessem construído, souberam empunhar e meter a fundo a picareta, es-

tural, não dispensa a experimentação, o trabalho cuidadoso da palavra que busca seu traço próprio. No caso particular do texto memorialístico e autobiográfico *Infância*, o narrador se apresenta como leitor para construir uma voz narrativa e dar legitimidade a esta. A construção das lembranças do memorialista é um trabalho de composição textual formado a partir das leituras realizadas e que concretizam a proximidade entre a ação de ler e a ação de escrever.

A memória das leituras realizadas constrói estruturas "em abismo" (LEITÃO, 2003), ou seja, um jogo infinito de encaixes de um texto dentro do outro. Quando lemos *Infância*, tomamos conhecimento do acervo de leitura do narrador, em toda a sua diversidade o que atua como um elemento a mais para que se compreenda a narrativa de caráter metaliterário.

Essa estrutura abismática se origina a partir das narrativas orais e da memória escrita. A rede de narrativas orais está presente nas conversas que o menino ouve ou de que participa no armazém do pai; já a memória escrita é indicada pelos textos lidos, com é o caso da leitura de *O guarani*, de José de Alencar, lido na infância e revisitado pelo adulto e escritor. "[...] entretive-me com d. Antonio de Mariz, Cecília, Peri, fidalgos, aventureiros, o Paquequer. Certas expressões me recordaram a seleta e a linguagem de meu pai em lances de entusiasmo" (p.231).

As lembranças de locuções proferidas pelo pai que se assemelham àquelas utilizadas pelo narrador de *O guarani* e a memória, dos demais textos lidos, estão situadas num passado que não pode ser recuperado ainda que o memorialista não estabeleça a distância entre passado e presente de modo concreto. Desse modo, o tempo se configura de várias formas. Como assinala Guimarães (2011), pelo teor das recordações registradas na narrativa, "pode-se verificar a existência de gestos de leitor específicos originados na experiência particular do menino que, adulto, relembra suas experiências com os livros" (GUIMARÃES, 2011, p. 3). O presente, no gesto do leitor, que toma o livro e o lê; o passado, porque quando lê relaciona a leitura atual com o que já foi lido anteriormente e o futuro, visto que o momento do agora da leitura é o tempo

palhar o terror e abrir caminho. Abrir caminho foi tudo, e muito, o que eles fizeram. Em 1930, o terreno estava mais ou menos desobstruído" (RAMOS, 2014, p. 215).

da realização da escrita. Essa pluralidade temporal está presente na cena do ato de ler. A voz do narrador, que se lembra da infância se expressa com o olhar do futuro sobre o ato de leitura do passado, mas que ainda permanece. Por isso, pode-se dizer que o ato de ler o livro do Barão de Macaúbas localiza-se no passado, mas ainda está presente na memória e, sobretudo na escrita do adulto, pois exatamente por ser movido por ela é que critica o exemplar cuja leitura fora imposta no passado. Os efeitos daquela leitura retornaram de forma intencional e reelaborada pela escrita.

O leitor é aquele que faz suas escolhas: subverter e transformar, como faz o protagonista de *Infância*. Na condição de escritor, que também é leitor, por sua vez, o narrador cria um modo peculiar de jogar com os prováveis leitores, direcionando-os para os caminhos construídos na rede textual que se abre para um jogo de escrita e leitura que é configurado, a partir da experiência do escritor-leitor que escreve suas memórias de leitura.

Quando encena suas formas de ler, o escritor-leitor expõe suas próprias convicções a respeito da literatura. Ao criar seus narradores, o escritor-leitor, mostrando uma realidade – a das crianças sem afeto e sem compreensão na família e na escola – menciona obras e autores, consolidando-os como parte de uma tradição na qual o próprio escritor se inscreve.

Essa inscrição do autor, numa determinada linhagem literária, faz parte do gesto autoral por excelência, que, no entanto, se realiza de forma oblíqua, pois é o resultado de tensões, conflitos gerados por influxos não de todo conscientes, que o escritor combate.

Em Graciliano Ramos – como em grande parte dos escritores – esse embate refere-se a tendências autodestrutivas, autodepreciativas. Muitas vezes, essas tendências têm origem numa configuração subjetiva de origem melancólica, aquela, dentro da descrição dos humores da medicina antiga do psiquismo, mais ligada a aspectos noturnos da personalidade, por um lado, e a aridez, à secura da compleição corporal, por outro. Elementos dessa antiga tradição que deixa marcas em grande parte dos autores, também da literatura universal podem ser identificados em obras da literatura brasileira e aqui, destacamos a obra de Graciliano Ramos.

Essa forma peculiar de expressão do escritor-leitor de *Infância* sobressai, ao longo de seus textos, pelas mais diversas razões, dentre elas salientamos o discurso irônico e a sua relação com a escrita melancólica.

3. A escrita melancólica na obra de Graciliano Ramos

3.1. Conceito de melancolia

Na Antiguidade, havia a crença de que a melancolia[140] era o resultado da alteração na produção da bile negra. "Como o vinho misturado ao nosso corpo em maior ou menor quantidade molda o nosso caráter, [a bile negra] nos torna tal ou tal" (ARISTÓTELES, 1998, p. 105). O baço era um dos quatro humores, que juntamente com o sangue, a bile amarela e a pituita, causariam algumas doenças, além de determinar os temperamentos e certos tipos psicológicos específicos, de acordo com a predominância de um ou outro humor. Na visão aristotélica, conforme Pigeaud (1998): "A bile negra age como o vinho, ou seja, ela produz um grande número de caracteres [...] os estados de embriaguez fornecem os caracteres possíveis, por um tempo específico. [...] O melancólico é essencialmente um polimorfo", assinalando também, ao tratar da categoria em que se enquadra o texto aristotélico, que esta é "menos uma teoria médica do que uma reflexão estética sobre o talento criador" (PIGEAUD, 1998, p. 48). Dessa forma, na concepção de Aristóteles, o melancólico tem, em si, a totalidade de caracteres de todos os homens, o que pode esclarecer a ideia da criatividade melancólica.

Como ressalta Peres (2011), a melancolia é uma perda eterna, um vazio na existência humana, "atemporal em seu acontecer, em que o limite entre passado e futuro torna-se indistinto pela presença constante de uma falta", o que sinaliza sua relação com o tempo, "tempo que faz pacto com a morte" (PERES, 2011, p. 101).

---

140 De acordo com Berlink (2011), não se deve confundir melancolia com depressão, o que, para o autor, revela desconhecimento da literatura psicopatológica sobre o tema: "[...]depressão é estado enquanto melancolia é estrutura inconsciente, ou melhor, uma formação repetitiva e padronizada do inconsciente, extremamente duradoura e resistente à mudança, manifestando-se de forma de forma sintomática. A redução da melancolia à depressão esquece uma das clássicas características dessa doença: a impossibilidade de um luto melancólico. Na melancolia, não há luto. A depressão, por sua vez, é compreensível no luto e, como ele, é passageira. Não há depressão interminável" (BERLINK, 2011, p. 6).

Nessa perspectiva, à luz dos estudos psicanalíticos freudianos sobre a melancolia, a utilização recorrente do discurso irônico na obra de Graciliano Ramos, mencionada ao longo desse trabalho, merece, a nosso ver, uma nova reflexão que deve ser investigada, pois entendemos que o recurso à ironia, tão presente no texto do autor, pode ser interpretado como um mecanismo de defesa contra os influxos melancólicos presentes na escrita do memorialista[141]. Esse processo atua, especialmente, nas duas obras autobiográficas, *Infância* e *Memórias do cárcere*, já que o intervalo de tempo entre o presente e o passado proporciona o distanciamento irônico necessário à escrita memorialística.

A psicanálise estuda e busca tratar sintomas e patologias cuja origem está em elaborações malsucedidas de traumas e vivências do passado remoto, a primeira infância do indivíduo. Essa sintomatologia está sempre relacionada ao modo como a criança elaborou, linguisticamente, suas vivências infantis, algo que podemos reconhecer na escrita de Graciliano Ramos. Ao narrar sua experiência no cárcere, o memorialista faz uma retomada dos livros escritos anteriormente, analisando-os e revelando o seu processo de escrita. Essa análise das obras anteriores é permeada por uma severa autocrítica que caracteriza a escrita melancólica do autor alagoano.

Antes de dar prosseguimento ao estudo da obra de rememoração de Graciliano Ramos, com enfoque na escrita irônica relacionada ao tema da melancolia, faremos um breve panorama da representação da escrita melancólica presente na literatura brasileira.

141 Robert Burton (1577-1640) em *A anatomia da melancolia*, vol. I (1621/2011), afirma que, ao escrever sobre a melancolia, entrega-se a esse exercício para desse mal conseguir desvencilhar-se, numa tentativa de justificar-se diante do leitor e dos críticos: "Se alguém objetar contra a matéria e a maneira de tratar esse assunto e demandar uma razão para tanto posso alegar[...] escrevo sobre melancolia, pois me ocupo para afastar a melancolia. Não há causa maior de melancolia que o ócio[...] Com essa finalidade escrevo[...] como ingenuamente confessa Paulo de Egina, *não porque alguma coisa fosse desconhecida ou omissa, mas para me exercitar*" (BURTON, 2011, p. 60-61, v.1). grifo do autor. Utilizando um teor erudito ou até mesmo jocoso, em alguns momentos "Burton fez renascer nos círculos intelectuais um termo que já existia [melancolia], mas que agora [no século XVII] ganhava novo significado" (SCLIAR, 2008, p. 133).

3.2. A melancolia na literatura brasileira

Moacyr Scliar afirma, em *Saturnos no trópicos: a melancolia europeia chega ao Brasil* (2003), que o teor melancólico possui uma representação significativa na literatura brasileira, uma vez que, para o autor, a melancolia foi trazida pelos colonizadores[142].

Nessa perspectiva, a tristeza é um tema recorrente na poesia e na prosa nacionais. Na poesia romântica de Casimiro de Abreu (1839-1860), "Minha alma é triste como o grito agudo/ das arapongas no sertão deserto" (ABREU, 2008, p. 34). Álvares de Azevedo (1831-1852), que viveu numa época em que a tuberculose dizimava os românticos, menciona, em seus poemas, os crepús-

142 De acordo com Scliar (2003), quando os europeus chegaram ao Brasil, trouxeram as sementes da melancolia. No século XVI, na Europa, irrompeu a peste negra, ademais havia a atuação da Santa Inquisição, com a terrível "caça às bruxas" e a reclusão impiedosa dos loucos. Todos esses aspectos colocaram em xeque a euforia maníaca da busca vertiginosa pelas riquezas e a crescente especulação comercial que se encontravam em desenfreada expansão. Em decorrência de todo esse processo, somando-se a cobiça incontrolável e a promiscuidade do colonizador, o resultado que daí emerge é a tristeza (SCLYAR, 2003). A saudade do país de origem também seria outra razão para a tristeza, porém, para o autor, o sentimento vai além da saudade, é uma "verdadeira ferida narcisística, agravada na cultura ocidental, pela hipertrofia do ego, esta, por sua vez, consequência da afirmação da individualidade" (SCLYAR, 2003, p. 191). Convém destacar também que a Europa estava passando pelo período do Renascimento, que, não obstante, representar um reflorescimento das letras e das artes, "à diferença do que se pensa habitualmente, foi marcado por uma atmosfera de magia, de superstição, de medo e angústia em face do destino e da morte" (ALMEIDA, 2015, p. 1; 5). Com o advento do Iluminismo (século XVIII), concebeu-se uma categorização dos mais diversos grupos humanos, tendo por base traços físicos e culturais. "Surge então a distinção filosófico-antropológica entre *civilizado* e *selvagem*, que no século seguinte, daria lugar para o dístico *civilizado* e *primitivo*" (ALMEIDA, 2019, p. 26). Tal classificação, segundo o autor, foi utilizada para justificar a dominação de povos não europeus, sobretudo os africanos. Nesse sentido, denomina-se colonialismo o processo de "implantar" a civilização onde esta era vista como ausente pelos europeus, o que acarretou um movimento desenfreado de destruição e de morte, dilapidação e abjeção, realizado em prol da razão iluminista (FANON, 2006). Mbembe(2018) destaca que o colonialismo tinha como principal objetivo incluir os povos colonizados "no espaço da modernidade", entretanto a "vulgaridade, a brutalidade tão habitualmente desenvolta e sua má-fé fizeram do colonialismo um exemplo perfeito de antiliberalismo" (MBEMBE, 2018, p. 175). Kilomba (2019), com relação à questão do colonialismo, alude à imagem da Escrava Anastácia, cuja imagem é sempre representada com uma máscara, impondo-lhe o castigo severo e o silenciamento. Nesse contexto, a autora afirma que "a máscara representa o colonialismo como um todo", simbolizando assim, "as políticas sádicas de conquista e de dominação" (KILOMBA, 2019, p.33).

culos, a solidão, a saudade, a morte. "Veio a lua/ Banhando de tristeza o céu noturno:/ Derrama aos corações melancolia/ Derrama no ar cheiroso molemente/ Cerúlea chama, dia incerto e pálido/ Que ao lado da floresta ajunta sombras" (AZEVEDO, 2000, p.90). Em "Música brasileira", o parnasiano Olavo Bilac (1865-1918) lembra que, atrás da cadência, está a "tristeza dos desertos, da mata, do oceano/ bárbara poracé, banzo africano" (BILAC, 1978, p. 85).

Na prosa, segundo Scliar, destacam-se Machado de Assis (1839-1908), Lima Barreto (1881-1922), Monteiro Lobato (1882-1948), Mário de Andrade (1893-1951) e Clarice Lispector (1920-1977).

A obra machadiana é permeada por referências à melancolia. Brás Cubas, o defunto-autor de *Memórias póstumas de Brás Cubas* (2008), nos diz sobre sua narrativa: "Obra de finado. Escrevi-a com a pena da galhofa e a tinta da melancolia" (ASSIS, 2008, p. 625, v. 2). Mais adiante, lhe surge a ideia de inventar um medicamento extraordinário, "um emplastro anti-hipocondríaco, destinado a aliviar a nossa melancólica humanidade" (ASSIS, 2008, p. 627). O defunto-autor, que levará a sua ironia e sua desfaçatez até as últimas consequências, não exclui ninguém, nem a si mesmo da chegada do fim melancólico. No encerramento da narrativa, no capítulo "Das negativas" –, Brás Cubas relata todos os seus desejos não realizados, enfatizando o lado "positivo" de sua vida: nunca precisou trabalhar para o próprio sustento. Entretanto, não há como negar o "pequeno saldo", o desejo de ser pai não se concretizou, esta é a melancólica e "derradeira negativa" (ASSIS, 2008, p. 758).

Ainda em Machado de Assis, temos o melancólico protagonista de *O alienista* (2008), Simão Bacamarte, que, instigado por suas delirantes pesquisas, oscila constantemente entre a onipotência e a impotência, entre e euforia e o desânimo. Sua melancolia decorre da crença na ciência e, ao mesmo tempo, de sua certeza de que esta possui inevitáveis limitações. Após, num rompante, internar dezenas de pessoas da cidade de Itaguaí, dentre as quais a própria esposa, em sua clínica psiquiátrica, a "Casa Verde", chega à conclusão de que o hospício deveria ser reservado para os sãos, ou seja, para si próprio. "Dizem os cronistas que ele morreu ali [...] no mesmo estado em que entrou, sem ter podido alcançar nada"

(ASSIS, 2008, p. 269, v. 2). Interna-se e morre, melancolicamente, para a surpresa da população da cidade.

Outro autor brasileiro que merece ser citado é Lima Barreto, que apresenta também, em sua escrita, manifestações melancólicas. Em *Triste fim de Policarpo Quaresma* (2005), o próprio título, que atua como um anticlímax, prognostica, de algum modo, o fim da narrativa. Policarpo Quaresma é movido por várias causas, dentre estas, a melancolia e entusiasmo, que atuam, num movimento pendular, em sua vida, o que o leva a apegar-se a sonhos esdrúxulos e quase impossíveis. Essa inconstância exacerbada se materializa no desejo de mudar o idioma do país e sua agricultura, para extravasar seu patriotismo delirante. O desfecho de sua história não poderia ser mais solitário e melancólico, diante da conturbada situação brasileira da época na Primeira República brasileira.

Dando prosseguimento à relação de obras nacionais elencadas por Scliar (2003), no que diz respeito à melancolia, o autor também destaca a obra de Monteiro Lobato, especialmente, em "Urupês" e "Velha praga", dois contos publicados na antologia *Urupês* (1984) – primeira edição em 1918 – em que é criada a figura do Jeca Tatu, que descrevia como um indivíduo triste, preguiçoso, para, mais tarde, descobrir a razão pela qual aquele indivíduo parecia uma figura tão tristonha e melancólica: fora acometido por várias doenças, em especial, pelas verminoses.

Em Mário de Andrade, com *Macunaíma* – o herói sem nenhum caráter (2019), o "herói" repete sempre um bordão: "Ai! Que preguiça![143]" (ANDRADE, 2019, p. 9). Para Scliar (2003), há um componente melancólico na preguiça de Macunaíma, pois o bordão mencionado acima está, por vezes, associado a ou-

143 Giorgio Agamben em *Estâncias* (2007) assevera que, na Idade Média, a preguiça e o desleixo eram associados "à imagem do acidioso [...] A acídia nada mais é que a preguiça" (AGAMBEN, 2007, p. 26; 29). Entretanto, na interpretação do autor, para os doutores da Igreja, a "essência da acídia não é posta sob o signo da preguiça, mas sim sob o signo da angustiada tristeza e do desespero" (AGAMBEN, 2007, p. 27), ou seja, da melancolia. Conforme assinala Peres (2011), a palavra acídia vem "do grego *akêdia* – uma alteração no humor comum entre os Padres do Deserto, monges que, a partir do século IV, povoaram os desertos do Egito, da Palestina e da Síria em busca de uma vida contemplativa, ascética e de meditação" (PERES, 2011, p. 103). Para Julia Kristeva (1989), os monges cultivavam a tristeza como um meio paradoxal se chegar à verdade divina e de provar que tinham fé. "É o que se chama de ascese mística, a acídia" (KRISTEVA, 1989, p. 12).

tra expressão comum no texto que é "brincar", isto é, fazer sexo. A preguiça do personagem, em certos momentos, fazia com que este se recusasse a fazer sexo com a amante Ci. Ou até mesmo, queria "brincar" e acabava se esquecendo do que desejava. "Essa falta de disposição para o sexo pode ser interpretada como uma manifestação melancólica" (SCLIAR, 2003, p. 220).

A melancolia do Jeca Tatu, de Lobato e a de Macunaíma, de Mário de Andrade apresentam-se sob a forma de resignação. Jeca vence a tristeza tomando um remédio que vai curá-lo e com o trabalho, que o enriquece. Macunaíma, após passar por inúmeras aventuras, morre e se transforma numa constelação: "A Ursa Maior é Macunaíma. É mesmo o herói capenga que de tanto penar na terra sem saúde e com muita saúva, se aborreceu de tudo, foi-se embora e banza solitário no campo vasto do céu", mas lá, o "herói de nossa gente" (ANDRADE, 2019, p. 180-181; 21) permanece solitário[144].

Já em Clarice Lispector (1920-1977), escritora ucraniana e judia, o judaísmo estaria presente, com uma expressão melancólica, em *A hora da estrela* (1977), obra na qual a personagem Macabéa, uma nordestina órfã que vive no Rio de Janeiro, não era uma pessoa triste, porque "Tristeza era coisa para rico, era para quem podia, para quem não tinha o que fazer. Tristeza era luxo" (LISPECTOR, 1977, p. 32). Tristeza é o equivalente à melancolia, mas Macabéa não conseguia sequer sofrer porque o seu caso caracterizava-se o de quem sempre foi exposta a toda sorte de humilhações e de sofrimento, devido ao fato de ser mulher, nordestina e a sua condição social, o que a levou a se enxergar como alguém que deveria aceitar passivamente toda e qualquer manifestação de injustiça contra si mesma.

Retornando à obra de Graciliano Ramos, objeto de nosso estudo, cuja fase é anterior a de Lispector, e que não é mencionada por Scliar, destacam-se,

144 "Banza", do verbo banzar, "ficar triste, estar saudoso da terra natal" (Houaiss, 2001); "desespero e tristeza confundidos em uma só e mesma melancolia" (BASTIDE, 2002, p.48). Entretanto, Lages (2002) afirma que os modernistas tinham, com relação ao significado da palavra "saudade", uma visão diversa daquela que corresponde ao senso comum: "Os modernistas investem contra a saudade enquanto sinônimo de saudosismo, de passadismo, repetição acrítica de padrões importados ou convencionais.[...] E não por acaso, a partir do modernismo proliferam releituras sobretudo bem-humoradas da célebre 'Canção do Exílio' de Gonçalves Dias, espécie de mito poético fundador do romantismo brasileiro" (LAGES, 2002, p. 48).

na obra do autor, marcantes traços melancólicos[145], especialmente em *Memórias do cárcere* e em *Infância*. Em Graciliano Ramos, a escrita possui um papel regenerador. A angústia, proveniente de uma melancolia passiva, transmuta-se, através da escrita, na "melancolia ativa" (BENJAMIN, 1984), de que nos fala Benjamin, o que fica evidente em todos os casos é a ambiguidade e a propensão para a criação que atingem o melancólico, conforme o conceito aristotélico.

3.3. As Memórias do cárcere como rememoração da própria obra: traços melancólicos

O rememorar da própria obra – traço marcante na escritura das *Memórias do cárcere* – é um retorno ao passado, ao que já foi escrito, o que configura um viés melancólico à escrita de Graciliano Ramos. O memorialista revisita sua própria obra, num processo de releitura das obras anteriores, processo que culminaria na escrita do texto memorialístico, que, segundo Hermenegildo Bastos (1998), é "o ponto de chegada, não apenas cronológico, [pois] a sua leitura impõe a releitura dos livros anteriores"(BASTOS, 1998, p.16) e estabelece uma necessidade maior de reflexão acerca da literatura.

Há reflexões sobre a literatura desde o primeiro romance do escritor, *Caetés*, publicado em 1933, o que se mostra na narrativa, através da postura crítica do narrador diante do homem e da sociedade. O protagonista de *Caetés*, João Valério pretende escrever um livro sobre os índios caetés. Inicia a composição, mas a autocrítica[146] o impede de prosseguir como desejava: "Também aventurar-me a

145 Lages (2007), afirma que os registros mais remotos que há sobre melancolia [do grego, bile negra], encontram-se na Antiguidade. Iniciam-se em Homero, passam por Sêneca, pelos escritos hipocráticos, pela tragédia, pelo pseudo-aristotélico *Problemata* XXX I, "escrito em que, pela primeira vez, o temperamento melancólico é associado a personalidades de exceção, à genialidade e, por escritos médicos como Celso, Sorano de Éfeso, Areteu da Capadócia e Galeno" (LAGES, 2007, p. 31). O texto aristotélico se inicia com a seguinte questão: "Por que razão todos os que foram homens de exceção, no que concerne à filosofia, à ciência do Estado, à poesia ou às artes, são manifestadamente melancólicos [...]? (ARISTÓTELES, 1998, p. 81). Tendo como base esse questionamento aristotélico, pode-se inferir que todo indivíduo intimamente ligado às artes está propenso ao estado melancólico.

146 A autocrítica é, de acordo com a teoria freudiana, um dos traços distintivos da melan-

fabricar um romance histórico sem conhecer história! Os meus caetés não têm verossimilhança, porque deles apenas sei que existiram, andavam nus e comiam gente" (RAMOS, 1993, p.38-39). A escrita é a única coisa que dá sentido à vida, daí a necessidade visceral de escrever. Em quase todos os romances de Graciliano Ramos, com exceção de *Vidas secas*, os narradores estão empenhados em escrever um livro ou tencionam fazê-lo em algum momento de suas vidas.

No caso específico de *Memórias do cárcere*, Hermenegildo Bastos destaca que a estrutura da obra engloba várias narrativas "que aí são (re)organizadas com vistas à unidade textual"(BASTOS, 1998, p. 20) envolvendo quatro níveis: o primeiro seria o testemunho do narrador acerca do "fascismo tupinambá", a sua prisão e as agruras sofridas no cárcere; o segundo incluiria o testemunho de situações vividas antes da prisão, abrangendo situações relativas à produção de sua obra; no terceiro, o autor revisita seus livros, retomando cenas vivenciadas por seus personagens e, finalmente, o quarto plano narrativo, que seriam os vestígios do livro sobre a "alma dos criminosos", as anotações feitas na prisão, das quais teve de se abster, jogando-as na água, para não ser apanhado com algo que poderia comprometê-lo, quando estava sendo transferido do Pavilhão dos Primários para a Colônia Correcional na Ilha Grande, no Rio de Janeiro:

> Não resguardei os apontamentos obtidos em largos dias e meses de observação: num momento de aperto fui obrigado a atirá-los na água. Certamente me irão fazer falta, mas terá sido uma perda irreparável? [...]Se ele existisse, ver-me-ia propenso a consultá-lo a cada instante (p. 36, v. 1).
>
> Subi ao convés, recebi vários maços de cigarros e caixas de fósforos. Ao metê-los nos bolsos, encontrei as folhas de papel cobertas de letras miúdas e joguei-as na água. Representavam meses de esforço, nenhuma composição me fora tão desigual e custosa, mas naquele momento experimentei uma sensação de alívio (p. 39, v. 2).

O narrador, num momento de extrema necessidade diante da iminência de ser flagrado pelos carcereiros, se desfaz das anotações redigidas no cárcere. Reflete sobre a questão da perda desse material, cujas letras se transformaram em letra morta, sem valor, textos sem efeito, que representavam, naquele momento,

colia, que se caracteriza pela perda da relação com o objeto e o retraimento do investimento libidinal para o *eu* que, identificado narcisisticamente com o objeto perdido, ataque a si mesmo no lugar do objeto (Cf. FREUD, 2011, p. 55).

um peso para o escritor e que anos mais tarde seriam apenas mencionados pelo narrador das *Memórias do cárcere.*

Nas *Memórias*, o romance *Angústia,* cuja escrita também é permeada por significativo teor melancólico, é citado diversas vezes no decorrer da narrativa. Como indica Bastos (1998), nas *Memórias*, há relações de intertextualidade com o romance *Angústia* que funciona como meio de interação entre essas duas obras, o que assinala a diferença entre os dois tipos de construção textual, sendo um o desdobramento de uma história matriz em histórias menores e o outro, um diálogo entre obras.

A presença do texto *Angústia*[147], dentro de *Memórias do cárcere* é algo recorrente e que se percebe nitidamente sob forma de alusão explícita. Graciliano Ramos, já no segundo capítulo das *Memórias*, menciona a necessidade de corrigir supostos erros na redação de *Angústia,* além de discorrer sobre a personalidade do protagonista Luís da Silva, afirmando que "alguns capítulos não pareciam muito ruins, e isto fazia com que os defeitos medonhos avultassem. O meu Luís da Silva era um falastrão, vivia a badalar à toa reminiscências da infância [...] (p. 42, v. 1)

Graciliano Ramos aproxima o narrador das *Memórias do cárcere* de Luís da

---

147 Segundo a teoria freudiana, a angústia aparece como o resultado de uma operação de defesa, como uma descarga de excitação, diante da adversidade. Surge da repressão sofrida pelo indivíduo, esta, por sua vez, tem a sua origem num trauma. "Tal como o Super-eu [superego] é o pai que se tornou impessoal, assim também o medo da castração pelo pai transformou-se em angústia social indeterminada ou angústia da consciência. Mas esse medo é oculto; o Eu se subtrai a ele executando, de forma obediente, os mandamentos, preceitos e penitências que lhe são impostos. Se é impedido de fazê-lo, logo há um mal-estar extremamente penoso, no qual podemos enxergar o equivalente da angústia e que os próprios doentes equiparam à angústia. [...]A angústia é a reação à situação de perigo; dela é poupado o Eu ao fazer algo para evitar a situação ou subtrair-se a ela. Poder-se-ia dizer, então, que os sintomas são criados para evitar o desenvolvimento da angústia[...] (FREUD, 2014, p. 50). Nesse sentido é a repetição de antigos acontecimentos que são revividos, pelo sujeito, de forma simbólica, que originam o processo de desenvolvimento da angústia. Luís da Silva, o protagonista de *Angústia*, vem de uma família que, no decorrer das gerações, foi alvo de uma crônica decadência financeira e consequente descensão social. Em *Memórias do cárcere, Angústia* é o livro mais mencionado por Graciliano Ramos. Representa o personagem Luís da Silva como um indivíduo que está, predominantemente, na narrativa, conectado ao seu passado. O passado é o objeto que se perdeu, representando, dessa forma, a característica melancólica do personagem.

Silva, protagonista de *Angústia.* O tímido e ensimesmado Luís da Silva apresenta características que levam a um ponto comum com narrador das *Memórias* e também com os protagonistas de outros livros do escritor: a dificuldade de se comunicar com o outro[148][149]. Tanto o protagonista do romance *São Bernardo*, Paulo Honório, quanto o de *Angústia*, Luís da Silva, vivem voltados para dentro de si mesmos, com a mente povoada de culpa e remorso que são as consequências dos atos violentos que cometeram. A escrita, como desejo concretizado pelos personagens, é motivada, fundamentalmente pelo sentimento do remorso. Por sua vez, os personagens sentem o peso da culpa em seus ombros, o que faz com que sua consciência fique atordoada[150]. O narrador de *Angústia*, Luís da Silva, refere-se à personagem Marina com desconfiança, fazendo um pré-julgamento, eivado de preconceito, sem mesmo conhecê-la, o que sinaliza a dificuldade do protagonista de se comunicar com as outras pessoas:

> – Sim senhor, disse comigo, muito poética, aí entre as roseiras, com os cabelos pegando fogo e a cara pintada.[...]
> Essa outra estava em todos os lugares ao mesmo tempo, ocupava o quintal inteiro. Um azougue.
> – Que diabo tem ela?
> E mergulhei na leitura, desatento, está claro, porque o livro não valia nada. Virava a página muitas vezes, e quando isso acontecia, olhava, fingindo desinteresse, a mulher dos cabelos de fogo. Tinha as unhas pintadas.
> – Lambisgoia! (RAMOS, 1993, p.33).

Nessa passagem, a cena de leitura sinaliza a presença de uma reflexão sobre a literatura. Há da parte do narrador Luís da Silva um julgamento do comportamento da personagem Marina, – com uma terminologia infernal muito presente com palavras como: "diabos", "infernal", "azougue" – mas que traz

148 A tendência ao isolamento, parte integrante do perfil do melancólico, é uma característica comum aos personagens, Paulo Honório, Luís da Silva, o narrador de *Infância* e o narrador de *Memórias do cárcere*.

149 Conforme Pigeaud (2009), "A melancolia enceta a relação da alma com o corpo e a relação do indivíduo com outrem[...] Ela é aprendizagem 'natural' de si e da sociedade: sua cura implica que se consiga suportar a si mesmo e os outros" (PIGEAUD, 2009, p. 126-127).

150 O peso da culpa, a cabeça baixa são posturas típicas do melancólico, segundo a iconografia. Cf. Lages, 2007, p. 37.

embutida uma crítica contundente ao livro lido pelo personagem, ou seja, uma crítica à própria literatura.

Também em *Infância*, livro de memórias, escrito posteriormente à saída da prisão, mas com publicação anterior a *Memórias do cárcere*, há uma aproximação do narrador que revive a sua infância com o *eu* do memorialista que escreveu sobre o período vivido no cárcere. O menino de *Infância* sofre com a dificuldade que tem para se relacionar com o outro, em especial, com a mãe[151]. Quando indaga, por exemplo, sobre o significado da palavra "inferno[152]", ela não sabe responder e reage com violência diante da indagação do filho. Do mesmo modo, no romance *Vidas secas*, o menino mais velho pergunta à mãe sobre o significado da palavra "inferno" e novamente ocorre um ato de violência, o que mostra que há, nas narrativas, uma reiteração do vínculo entre a palavra e a violência. As palavras tornam-se fonte de violência. Nos dois casos, a criança é silenciada através de uma ação brutal, é tolhida em sua natural curiosidade infantil.

No caso do narrador das *Memórias*, a relação entre violência e justiça coloca-se em cena desde a infância, como assinala Kiffer (KIFFER, 2006, p.10). No livro memorialístico *Infância*, publicado em 1945, escrito após a experiência do cárcere, mas com relatos que remontam à sua infância, Graciliano Ramos relata sentir no corpo as marcas do castigo que lhe foi imputado por um erro que não cometeu. O difícil relacionamento do menino com os pais, sempre marcado pela violência física, levou a criança a se fechar para o mundo e para as relações com

151 O jornalista Francisco de Assis Borba, em 1942, afirma que Graciliano Ramos havia afirmado numa entrevista que sua mãe tinha se casado aos treze anos e que o escritor era o primogênito de dezessete filhos. Era muito maltratado por sua mãe e que, quando se dirigia ao filho, chamava-lhe "meu besta" (RAMOS, 2014, p. 112).

152 Para Izidoro Blikstein (2011), o termo "inferno" é uma obsessão semiótica na obra de Graciliano Ramos: "Tudo começa na dúvida que assalta o menino mais velho, personagem de *Vidas secas*, quando este ao ouvir uma 'palavra esquisita' – *inferno*, procurar saber o significado. [...] O menino instaura de pronto um problema semiótico, na medida em que, conforme a clássica definição de Ferdinand Saussure, ele detém o significante, mas não conhece o significado. [...] Em *Infância*, ao negar o inferno, desafiando a própria mãe e a Igreja, Graciliano é, na verdade, o menino mais velho de *Vidas secas* na busca obstinada pela significação do mundo" (BLIKSTEIN, 2011, p. 1). O "inferno" é uma "realidade" construída pelo discurso do mundo adulto contra o qual se insurge o menino, em *Infância*, porque questiona "as certezas" das instituições (família, escola, religião). "E não é por acaso que uma dessas 'certezas' questionadas é a existência do inferno" (BLIKSTEIN, 2011, p. 2)

as outras pessoas. É o que se verifica no capítulo intitulado "Um cinturão". O pai da criança não encontra o seu cinturão e acusa o filho de tê-lo escondido em algum lugar. O menino é inocente, mas o pai o castiga e mais tarde, encontra o objeto perdido e não se retrata com o filho, embora constate que o garoto não apanhou o cinturão. O narrador enfatiza a dor que sentiu ao sofrer o ato de violência praticado pelo pai. Essa atitude era recorrente e tornou-se uma espécie de tortura no decorrer de sua infância. Com ironia, a noção de justiça é apresentada através de uma injustiça que o narrador sofreu:

> As minhas primeiras relações com a justiça foram dolorosas e deixaram-me funda impressão. Eu devia ter quatro ou cinco anos, por aí, e figurei na qualidade de réu. [...] Situações desse gênero constituíram as maiores torturas da minha infância, e as consequências delas me acompanharam.[...]
> Foi esse o primeiro contacto que tive com a justiça (2006, p. 36 e 37).

Em *Infância*, a pena teve de ser cumprida; esse cumprimento se repete em *Memórias do cárcere*. O comentário que fecha a citação traça, ironicamente, um paralelo entre as relações pessoais vividas no âmbito familiar e aquelas que serão vivenciadas, no futuro, no espaço público. O memorialista parece desejar demonstrar como o ambiente familiar, de alguma forma, antecipa, no aspecto negativo e autoritário as arbitrariedades intrínsecas às relações sociais e políticas do período em que vivia. Dessa forma, encontram-se sobrepostas, umas às outras, micro e macrorrelações de poder.[153] O menino e, bem mais tarde, o adulto, pagam por um erro que não cometeram. Os sinais do castigo ficam no corpo da criança e do adulto. As marcas da educação patriarcal e autoritária contribuirão para compor o homem e o intelectual no futuro, cuja literatura terá como marca o uso do discurso irônico – o "falar pelo avesso" mencionado em *Infância* – representado pela escrita melancólica. No mundo criado pelo escritor, a ausência de julgamento já não poderá figurar como algo natural. "O *cinturão* da infância está inserido exatamente no ponto da ligação entre lei e corpo. [...] *A justiça é injusta.* Esse é o enunciado que persiste da infância à prisão, em uma linha contínua e dolorosa" (KIFFER, 2006, p. 2-3). grifo da autora

153 Cf. Foucault In *Microfísica do poder*, p. 70

Como assinala Kiffer, a experiência da punição do corpo na infância de Graciliano Ramos é retomada na escrita sobre o sofrimento no cárcere. Tanto em *Infância* quanto nas *Memórias* o narrador cumpre uma sentença. "Em seu doloroso aprendizado, a lei garante poder sobre o corpo, surrando-o ou prendendo-o" (KIFFER, 2006, p. 3) É o que lemos em uma das passagens em que o narrador de *Infância* menciona a figura do pai: "Venerava o credor e, pontual no pagamento, economizava com avareza. Só não economizava pancadas e repreensões. Éramos repreendidos e batidos"(p. 31).

Da mesma forma que Kiffer, Ieda Lebenztayn (2009) assevera que a experiência vivenciada na infância, transforma-se numa espécie de "vingança"[154] que marca a formação do adulto escritor, cujo caráter seria o resultado de um diálogo entre o homem e o menino. O memorialista está preso à realidade da violência, a fuga para a imaginação, o esforço de decifração das letras e a escolha da mediação realizada pela literatura formam a sua vingança. Do diálogo do adulto com as perplexidades, impressões e pensamentos do menino, destacam-se os elementos que comporão a vingança pela literatura: a sensibilidade, a consciência histórica e a potencialidade do discurso crítico na construção "de mundos reunindo palavras, (...) no que toca tanto à consciência crítica quanto as questões centrais – a educação, a justiça, a política e a literatura" (LEBENSZTAYN, 2009, p. 276). Nas palavras do narrador das *Memórias*: "Talvez as vergastas não fossem muito fortes, comparadas ao que senti depois, quando me ensinaram a carta do ABC, valiam pouco" (p. 36, v. 1). E, mais adiante, discorrendo sobre a gênese do livro *Infância*: "Meu pai fora um violento padrasto, minha mãe parecia odiar-me, e a lembrança deles me instigava a fazer um livro sobre a bárbara educação nordestina" (p.178, v. 2).

Essas passagens de *Infância* e de *Memórias do cárcere* nos fornecem pistas para que possamos compreender a origem das dificuldades de relacionamento do memorialista e a explícita representação dessa peculiaridade de sua per-

154 Consoante Lebensztayn (2009), a "vingança" se concretiza na descrição rude e irônica que o narrador faz dos pais e dos educadores, em *Infância*. Ainda, de acordo com Barbosa (1942), ao entrevistar o Velho Graça, "A infância torturada torceu o destino do menino sertanejo, nascido com a vocação das letras, criado como se fosse continuar a vida dos seus para fazendeiro ou comerciante" (RAMOS, 2014, p. 113).

sonalidade na escrita ficcional e na escrita memorialística. Assim também na narrativa das *Memórias*, as tentativas de aproximação de Graciliano com os outros presos, são, na maioria das vezes, frustradas. O embaraço diante dos fatos estende-se à compreensão dos companheiros da cadeia. Mesmo quando há um esforço mental de sondar as intenções do outro, para que a comunicação se estabeleça plenamente, os equívocos são inevitáveis, levando ao estado de voluntário isolamento[155] (BOSI, 1995).

Estando o narrador preso no Pavilhão dos Primários, no Rio de Janeiro o segundo cárcere para onde fora transferido, manifestam-se as dificuldades de relacionamento e as desconfianças em relação aos outros:

> Percebi entre os meus companheiros uma esquisita amabilidade antes de pedir, ofereciam. Alguém me veio perguntar se necessitava qualquer coisa, dinheiro, cigarros. Nada me faltava, agradeci. A resposta era infalível: os meus escrúpulos me levariam a recusar a assistência, ainda que me achasse em penúria (p. 215-216, v. 1).

Também em *Infância*, há uma aproximação do narrador que revive a sua infância com o *eu* do memorialista que escreveu sobre o período vivido no cárcere. A estranha amabilidade é notada pelo escritor e registrada de forma irônica, pois o memorialista não acredita que seja possível alguém ser tratado com amabilidade e gentileza numa prisão. O menino de *Infância* sofre com semelhante dificuldade. Segundo Bosi, a infelicidade que acompanhou a experiência do menino de *Infância* com a comunicação resultaria numa "espinhenta solidão no adulto cuja escrita remoerá a percepção difícil, a relação truncada. O processo valerá, talvez para a obra inteira de Graciliano" (BOSI, 1995, p. 6). O adulto que rememora suas vivências infantis vai ressignificar a experiência através da literatura, e é também por meio desta que vai questionar o próprio fazer literário, não somente em

155 Como assinala Jackie Pigeaud (1998), uma das manifestações do estado melancólico é "a busca da solidão, que [é] ligada à misantropia, e consubstancial à melancolia" (PIGEAUD, 1998, p. 11), ou seja, o desejo de permanecer em isolamento. Com relação à questão da solidão, Barbosa (1942) assinalou, ironicamente, dentre outros pontos, a questão de como aquele menino que era visto como um "inútil" surpreende mostrando-se "inteligente": [Graciliano Ramos] escreverá as memórias da infância para mostrar a tragédia das crianças incompreendidas e maltratadas. [...] A solidão dez o resto. Ainda na escola primária, o menino deu para ler romances. Ficou inteligente num passo de mágica" (RAMOS, 2014, p. 113).

Infância e *Memórias do cárcere*, mas também no decorrer da quase totalidade de sua obra. Esse questionamento direciona a obra do autor para a escrita de caráter metalinguístico.

3.3.1 A escrita metalinguística em Graciliano Ramos: uma rememoração crítica com um viés melancólico

Para Lages (2007), toda narrativa é, de algum modo, é subordinada a um impulso melancólico, uma vez que, simultaneamente, traz à tona os fatos do passado, ratificando o que caracteriza, por definição, como pretérito, ou seja, o que não retornará mais.

> O que é a história, como disciplina, senão uma outra espécie de narrativa fundamentalmente melancólica, cujo objeto de estudo encontra-se ausente, por definição inalcançável para o estudioso, que paradoxalmente tanto mais é considerado apto a aproximar-se dele quanto mais distanciado em termos cronológicos estiver?" (LAGES, 2007, p.131).

Como, em toda a escrita memorialística, o narrador, de algum modo, deixa seus rastros mais ou menos visíveis, essa característica emerge de forma mais acentuada, permeada pelo distanciamento.

Tendo em vista a descrição do passado, na obra de Graciliano Ramos, simultaneamente, vem à tona a significativa presença de um jogo metalinguístico sob a forma do "livro dentro do livro", do texto inserido em outro texto, como assinala por Marcelo Magalhães Bulhões (1999). O leitor que se dispuser a ler os seus romances, na ordem em que foram publicados, perceberá que, nas *Memórias*, isso ocorre de forma ostensiva. Encontrar-se-á "diante de um narrador homodiegético, uma matéria debruçada sobre a experiência do "eu" individual e de uma narrativa que evidencia o próprio ato de narrar" (BULHÕES,1999, p. 53).

Nesse contexto com evidente traço metalinguístico, na obra do autor alagoano, temos, por exemplo, o conto "Silveira Pereira", publicado na antologia *Insônia,* de 1947[156], em que o narrador está imbuído do desejo de escrever

156 Ano da primeira publicação dessa antologia de contos do autor.

um livro, de se tornar um intelectual. O narrador-personagem é um aspirante a escritor, tema recorrente nas narrativas do autor de *Vidas secas*, assim como João Valério em *Caetés*, Luís da Silva, em *Angústia*, Paulo Honório em *São Bernardo* ou o próprio Graciliano, em *Infância*. O aspirante a escritor é um estudante que mora numa pequena pensão, sendo o seu maior desejo receber o reconhecimento dos outros hóspedes e do público em geral, quando algum dia se tornaria um intelectual. "Diante das vitrinas das livrarias, sonho, faço projectos: seria bom ver o meu nome na capa de um livro" (RAMOS, 1953, p. 163).

Já em *Caetés*, primeiro romance do escritor, que veio a público em 1933, a metalinguagem envolve o enredo de forma clara: o narrador de *Caetés* escreve um livro, cujo título não é mencionado, mas que deve se chamar "Caetés", por outro lado, Graciliano Ramos é o autor do livro *Caetés*. Portanto o autor está "diante de dois livros, um falso, outro verdadeiro, um simulacro e um fato" (BULHÕES, 1999, p. 29).

Nesse romance, o narrador-personagem, João Valério, envolvido num triângulo amoroso, em que também figuram seu patrão e a esposa, levanta uma discussão para uma questão literária. O narrador deseja escrever um livro sobre seus antepassados, os índios Caetés. Por essa razão, compara suas habilidades com as do rival e patrão. "Eu, sim, estava a calhar para marido dela, que sou desempenado, gozo saúde e arranho literatura" (1975, p.15). Além disso, afirma, não obstante, a grande frustração de não conseguir levar adiante o seu projeto, já ter iniciado um romance: "E eu, moço, que sabia metrificação [...] e tinha um romance começado na gaveta. É verdade que o romance não andava, encrencado miseravelmente no segundo capítulo" (RAMOS, 1975, p. 15).

Nas publicações seguintes, após *Caetés*, o leitor se depara com narradores-personagens que também desejam escrever um livro cuja finalidade é semelhante, ou seja, enfrentar o sofrimento que lhes impõe a experiência vivida[157].

Em *São Bernardo*, publicado em 1934, a questão metalinguística apresenta-se análoga a do primeiro romance. Assim como o protagonista de *Caetés*,

157 Os narradores-personagens buscam recompor a experiência vivida – o passado - através da escrita com forte teor melancólico.

Paulo Honório, narrador de *São Bernardo*, informa ao leitor que está envolvido numa tentativa de escrever um livro sobre sua vida. "Antes de iniciar este livro, imaginei construí-lo pela divisão do trabalho" (RAMOS, 1974, p. 61) O livro que o narrador tenta escrever sobre sua vida na fazenda São Bernardo, livro cujo título não se sabe, mas que poderá também ser o mesmo que dá nome à propriedade, é escrito por Graciliano Ramos: *São Bernardo*. Portanto, pode-se considerar que há dois autores: Graciliano Ramos e Paulo Honório, como no caso do primeiro romance, ou seja, um irônico desdobramento do papel autoral. Em *São Bernardo*, o protagonista, além de assumir a função de escritor, apresenta-se também como narrador. "Se me escapa o retrato moral de minha mulher, para que serve essa narrativa? Para nada, mas sou forçado a escrever. [...] Releio algumas linhas que desagradam. Não vale a pena tentar corrigi-las. Afasto o papel" (RAMOS, 1974, p. 159).

Segundo Bulhões, haveria duas hipóteses de interpretação possíveis. De um lado Paulo Honório seria apenas o narrador do romance escrito por Graciliano Ramos; por outro, ele é narrador e escritor ao mesmo tempo: o livro que escreve é aquele em que é narrador, sendo o romance *São Bernardo*. "O jogo metalinguístico expõe a ambiguidade" (BULHÕES, 1999, p. 32) e a ironia onipresente na obra do autor para representar este narrador e os demais que almejam escrever um livro, cuja execução ou não acontece na sua totalidade ou é realizada em meio a atmosfera eminentemente melancólica.

Em *Angústia* (1936), manifesta-se também o jogo metalinguístico, mas o narrador-personagem, Luís da Silva não consegue escrever o livro que pretende escrever na prisão. A ideia de escrever um livro torna-se uma obsessão para o narrador até o fim da narrativa. Luís da Silva, jornalista fracassado que escrevia artigos sob encomenda para sobreviver, reflete sobre seu processo de escrita. "Sapeco uma literatura ordinária, constrangido. Sei que estou praticando safadeza. Quando houver uma reviravolta utilizarão minhas habilidades de escrevedor?" (p.165). A publicação do livro seria um meio pelo qual receberia algum reconhecimento e também uma forma de superar seus sentimentos de fracasso e de inferioridade[158]: "Faço um livro, um livro notável, um romance.

158 O sentimento de inferioridade, como assinala Freud (2011), é excessivo no indivíduo

[...] esse livro que vai ter êxito e acaba traduzido em línguas distantes" (RAMOS, 1975, p. 140).

Pode-se cogitar, na visão de Bulhões, que o livro a ser escrito por Luís da Silva, futuramente, na prisão, seja o próprio *Memórias do cárcere,* o livro projetado no ambiente degradante do presídio. O narrador de *Angústia* encontra-se num estado de delírio:

> Escreveria um livro. A ideia do livro me aparecia com regularidade tentei afastá-la, porque realmente era absurdo escrever um livro numa rede, numa esteira, nas pedras cobertas de lama, pus, escarro e sangue. Olhava as telhas, movediças, a garrafa de aguardente, movediça. O livro só poderia ser escrito na prisão, em cima de pedras, na esteira, na rede, sob as cortinas de picumã, um livro escrito a lápis, nas margens de jornais velhos (RAMOS, 1975, p. 218-219).

Em *Infância,* livro escrito após a saída do cárcere, o narrador não se propõe a escrever um romance ou livro de contos, como em *Caetés, São Bernardo, Angústia* e em *Memórias do cárcere,* porém os livros cruzam as memórias de episódios da infância. A narrativa também apresenta uma grande quantidade de referências a livros que indicam a importância desse objeto para o narrador.

Infância cria um esboço do narrador como escritor, sugere traços do futuro escritor Graciliano Ramos na trajetória do menino. O processo de formação desse escritor realiza-se através da experiência da leitura. A formulação do narrador na condição de escritor é substituída pelo personagem leitor-criança que, apesar de todas as dificuldades por que passa no processo de alfabetização, com as abomináveis cartilhas, dedica-se, mais adiante, à leitura de romances e na adolescência, descobre a literatura russa. Nessa narrativa, destaca-se o "percurso eclético capturado na metalinguagem que enfoca o veículo livro nas mais variadas modalidades [...] narrativas bíblicas, jornais, compêndios escolares, dicionário, gramática, a Constituição do Brasil, periódicos" (BULHÕES, 1999, p. 38). Os livros sempre estiveram à volta do narrador menino causando-lhe sentimentos contraditórios[159] como aproximação e repulsa, interesse e desgosto, entrega e

melancólico, pois ele é extremamente perfeccionista e por isso raramente está satisfeito com aquilo que faz ou com que os outros fazem porque não atingem seu alto padrão de perfeição (FREUD, 2011).

159 O comportamento contraditório é, segundo Pigeaud (1998), inerente ao melancó-

desconfiança, numa significante reflexão metalinguística. "[..] e as lições gordas e safadas, os três borrões verticais, davam-me engulhos" (2006, p.111)

Uma severa crítica da linguagem e do conteúdo que o menino lê, em seu processo de formação escolar, é realizada no episódio em que o narrador relata, ironicamente, ter de ler os contos do barão de Macaúbas e *Os lusíadas*, de Camões:

> De quem seria o defeito, do barão de Macaúbas ou meu? Devia ser meu. Um homem coberto de responsabilidades com certeza devia escrever direito. [..] Foi por esse tempo que me infligiram Camões no manuscrito.[...] Aos sete anos, no interior do Nordeste, ignorante de minha língua, fui compelido a adivinhar, em língua estranha, as filhas do Mondego, a linda Inês, as armas e os barões assinalados (p. 132-133).

Já no capítulo "Um intervalo", o narrador vê com desconfiança os elogios ao seu "paletó cor de macaco" tecidos por certas moças em sua adolescência e associa este episódio do passado a sua vida de escritor no presente, enfatizando sua relação com a recepção de sua obra.

> Notei a singularidade quando principiaram a elogiar o meu paletó cor de macaco [...] Guardei a lição, conservei longos anos esse paletó. [...] Ainda hoje, se fingem tolerar-me um romance, observo-lhe cuidadoso as mangas, as costuras, e vejo-o como ele é realmente: chinfrim e cor de macaco (p. 203-204).

A preocupação do autor com a recepção de sua obra configura-se como algo de fundamental importância ao longo de sua carreira de escritor. O uso irônico da metalinguagem vai evidenciar como o memorialista problematiza a composição de suas narrativas em que os textos se curvam sobre a própria linguagem, discutindo-a, questionando-a, num esforço constante de avaliar a matéria utilizada para a sua escrita. No caso de *Memórias do cárcere*, a autocrítica tão presente na obra ficcional e também memorialística do escritor, constrói-se de forma melancólica e rigorosa, por meio da citação de seus livros anteriores.

O caráter metalinguístico nas *Memórias*, ainda segundo Bulhões, aparece em momentos significativos: no primeiro capítulo, em que o narrador se volta

---

lico: "A loquacidade, a piedade, o amor por outrem, a afeição exagerada, mesmo a agressividade, a violência, são comportamentos que implicam a relação com o outro" (PIGEAUD, 1998, p. 25).

para o próprio fazer literário, argumentando sobre os motivos pelos quais estava escrevendo suas memórias somente dez anos após sair da prisão e prevendo que a publicação seria póstuma. Nessas páginas iniciais, a menção às primeiras notas inutilizadas faz com o narrador levante a questão da análise sobre "o processo literário entre realidade e representação [com] a reflexão metalinguística" (BULHÕES, 1999, p.54) em que se posiciona por uma narrativa voltada para a atividade interior de quem escreve, tendo a memória como dispositivo propiciador da escrita. O memorialista enfatiza o lado positivo de ter se desfeito de suas anotações "num momento de aperto", de modo a garantir uma maior liberdade e eficácia na reconstrução de suas memórias.

Um segundo momento da presença da literatura dentro da literatura de Graciliano Ramos, conforme Bulhões, é aquele que está nas passagens em que o narrador discute e questiona sua própria obra ou a de outros escritores. O memorialista comenta a obra de vários escritores contemporâneos: Jorge Amado, citando *Suor* (1934), *Jubiabá* (1935), *Mar morto* (1936); José Lins do Rego, de *Moleque Ricardo* (1935) e *Usina* (1936); Lúcio Cardoso, de *Luz no subsolo* (1936), além da novela de Amadeu Amaral Júnior, sobre a qual tece comentários negativos, porém com a extrema cautela que lhe é característica: "Finda a leitura, fiquei em silêncio, de cabeça baixa, procurando um elogio vão, estúpido. No desagradável papel de juiz em casos de literatura insipiente, reduzo os defeitos e exagero as coisas boas que por ventura existam" (p. 210, v.1). Assim, procede em relação a seus pares o escritor Graciliano Ramos categórico, sobretudo com a própria escrita.

Nessa perspectiva, destacando o rigor crítico com a própria escrita, expresso em seu desejo de revisar *Angústia*, em carta a Antonio Candido, datada de 12 de novembro de 1945, Graciliano Ramos afirma:

> Por que *Angústia* saiu ruim? [...] Por que é mau? Pego-me a esta razão, velha e clara. *Angústia* é um livro mal escrito. Foi o que o desgraçou. Ao reeditá-lo, fiz uma leitura atenta e percebi os defeitos horríveis: muita repetição desnecessária, um divagar maluco em torno de coisinhas bestas, desequilíbrio, excessiva gordura, enfim, [...] (CANDIDO apud RAMOS, 1992).

Ricardo Ramos (1982), por sua vez, defende que a construção do texto empreendida por Graciliano Ramos tinha algo da pesquisa de linguagem da literatura dos modernistas, embora tivesse restrições a suas práticas: "Ele descartava o modernista 'me dê', por não encontrar base na sua realidade oral, nem na gramática em benefício de um 'dê cá', real e fluente" (RAMOS, 1982, p. 32). Como destaca o memorialista a respeito do romance que não pôde ser revisado, *Angústia*: "Burrice imaginar que me seria possível atamancar um romance além das grades. Nem conseguia meio de consertar o que d. Jeni datilografava. Isso me afligia. Defeitos por todos os cantos, prosa derramada e insípida" (p. 60, v. 1).

O protagonista de *Angústia* comete um homicídio e anseia escrever um livro na prisão, o que evidencia um paralelismo entre o personagem do romance e o memorialista que assinala, ironicamente, que a cadeia era o lugar ideal para corrigir o livro e se remete diretamente a Luís da Silva, o protagonista do romance *Angústia*.

> A cadeia era o único lugar[160] que me proporcionaria o mínimo de tranquilidade necessária para corrigir o livro. O meu protagonista se enleava nesta obsessão: escrever um romance além das grades úmidas e pretas. Convencia-me de que isto seria fácil: enquanto os homens de roupa zebrada compusessem botões de punho e caixinhas de tartarugas, eu ficaria largas horas em silêncio, a consultar dicionários, riscando linhas, metendo entrelinhas nos papéis datilografados por d. Jeni (p. 45, v. 1).

Aqui o discurso irônico se apresenta em singular conexão com o processo de ler e escrever. Como afirmar que a cadeia seria o melhor lugar para corrigir a escrita de um livro? O isolamento necessário para a escrita pode ser encontrado numa cela, nesse espaço circunscrito que recorda as celas monásticas, onde o monge medieval lia e escrevia envolvido numa melancólica *acedia* – a inércia do coração propiciadora do impulso escritural. No decorrer da narrativa, essa visão

160 A Homero Senna, em 1948, o escritor declarou como podia escrevia em qualquer lugar, porém não desperdiçou a oportunidade de criticar a burguesia brasileira e seu conforto, aludindo à maioria da população que era penalizada com a miséria. "Trabalho em qualquer parte. *Angústia* foi escrito em palácio, quando eu era diretor da Instrução Pública de Alagoas. *São Bernardo*, em péssimas condições numa igreja. Qualquer canto me serve. Mas, disponho hoje, em casa, de uma confortável sala de trabalho: isso que os burgueses costumam chamar 'escritório'" (RAMOS, 2014, 199).

idealizada do ambiente prisional se transformaria, de forma radical, na visão do memorialista.

Graciliano Ramos reescrevia seus textos várias vezes, a fim de eliminar o que achava desnecessário. A respeito desse aspecto obsessivo do escritor, Otto Maria Carpeaux (2011) assinala: "É muito meticuloso. Quer eliminar tudo o que não é essencial: as descrições pitorescas, o lugar comum das frases feitas, a eloquência tendenciosa" (CARPEAUX, 2011, p. 331). Essa tendência obsessiva a reescrever os próprios textos, eliminando, cortando, representa um aspecto que alude à mania[161], traço que atravessa a escrita de Graciliano Ramos e que esconde sua contraparte acidiosa ou melancólica.

O relato das *Memórias do cárcere* tem origem na escrita de notas que foram descartadas mais adiante pelo autor. Nas páginas iniciais das *Memórias*, a menção às notas inutilizadas faz com que o narrador levante a questão da análise sobre o "processo literário entre realidade e representação [com] a reflexão metalinguística" (BULHÕES, 1999, p.54), em que se posiciona por uma narrativa que se caracteriza pela ênfase à atividade interior de quem escreve, tendo a memória como instrumento para realizar a tarefa. O memorialista enfatiza o lado positivo de ter se desfeito de suas anotações "num momento de aperto". "Quase me inclino a supor que foi bom livrar-me desse material"(p. 36, v.1). Dessa forma, a verdade dos fatos, às vezes, pode ser menos autêntica do que a verdade da imaginação e o distanciamento dos fatos pretéritos impõe-se como essencial para a composição da narrativa.

Tendo em vista o que afirmamos, *Memórias do cárcere* seria também uma narrativa sobre elaboração de uma outra narrativa, cuja escrita teve de ser interrompida. Portanto, como aponta Bulhões, seriam duas narrativas: "uma concretizada e publicada [a que realmente importa porque é aquela que chegou até o leitor]; a outra inutilizada pelas forças das circunstâncias vividas na prisão" (BULHÕES, 1999, p. 56).

O escritor, em *Memórias do cárcere*, realiza o movimento do narrador-escritor que se debruça sobre sua própria obra e aponta que a mesma ainda será um instrumento do testemunho de sua experiência no futuro, com o intuito evidente

161 Nesse livro, mais adiante, a questão da mania será tratada de modo mais detalhado.

de resistir e ameaça o sistema opressor. O episódio representado pelo diretor da Colônia Correcional é exemplar nesse sentido. "E experimentei de chofre a necessidade imperiosa de expandir-me numa clara ameaça. [..]Vou fazer um livro sobre a Colônia Correcional. Duzentas páginas ou mais" (p. 158, p. v. 2).

Ainda sobre a questão da reflexão metalinguística na obra do autor, sobressai a evidente relação de intertextualidade entre o capítulo quatro das *Memórias*, "Casa de Correção" e os dois contos "Relógio do hospital" e "Paulo", que estão no volume de *Insônia* (1953) e também entre *Infância* e o capítulo 34, da terceira parte, "Colônia Correcional". As humilhações sofridas e a perspectiva de viver momentos ainda mais degradantes fazem com que o narrador se remeta a fases anteriores ao período da vivência no cárcere, que, ao "serem presentificados provocam inter-relações que dão ao tecido narrativo uma complexidade e uma ressonância temporal mais amplas" (MIRANDA, 2008, p.688). A lembrança da estada no hospital povoa a mente do narrador das *Memórias,* devido a sua condição de saúde debilitada, o que faz com que sinta uma necessidade vital de escrever[162]. Recorda um delírio em que se vê duplicado, duplicação que se transfere para o próprio processo de escrita:

> A lembrança do hospital se agravava [...] E o desejo me chegou de narrar sonhos, doidices, rumor de ferros na autoclave, os gritos horríveis de uma criança [...] Naquele tempo, no delírio, julgava-me dois. A parte direita não tinha nada comigo e se chamava Paulo. Estava podre. [...] Enfim a necessidade urgente de escrever de escrever dois contos: pegar de qualquer jeito o relógio do hospital e Paulo. Seriam contos? Não sei fazer contos. Precisava livrar-me daquilo, afastar o hospital e dormir (p.207-208, v. 2).

A situação degradante em que o narrador se encontra faz com que se recorde de sua passagem pelo hospital, anos antes (1932). Os dois contos surgiram de um deslocamento, uma duplicação de personalidade, algo próximo ao delírio, em virtude da doença.

Também em *Infância* o narrador se remete a uma figura complementar, seu duplo. Em condições sociais desfavoráveis, teria, talvez, tido uma vida se-

162 O escritor discorreu, brevemente, em entrevista à Francisco de Assis Barbosa (1942), sobre seu processo de criação: "A obra de criação, para mim, é quase imprevista. E espontânea. Refaço tudo, depois. Escrever dá muito trabalho. A gente muitas vezes não sabe o que vai fazer. Sai tudo diverso do que se imaginou" (RAMOS, 2014, p. 120).

melhante àquela do malandro que conheceu na prisão, devido à educação rude que recebeu, repleta de maus tratos, durante a infância e adolescência, cujas recordações o estimulavam a escrever um livro sobre esse tema, como destaca nas *Memórias*.

> a lembrança deles [dos pais] me instigava a fazer um livro a respeito da bárbara educação nordestina. Conservaríamos no exterior sinais de penas excessivas ou injustiças, asperezas, dores inúteis, indícios reveláveis a uma criatura que se houvesse visto em situação igual? (p. 178, v. 2).

O mecanismo da lembrança traz de volta as cenas da infância sofrida e o faz sentir participante da vida de outros. A publicação de *Infância* inaugura o ciclo memorialístico concluído com *Memórias do cárcere*.

Povoada de personagens que escrevem livros ou que desejam fazê-lo, a literatura de Graciliano Ramos reafirma a modernidade de seu texto pelo uso constante do fenômeno metalinguístico no fazer literário, sobre a produção e a recepção do texto escrito, empreendendo assim, uma (auto)reflexão sobre a literatura como forma de arte que, através de um discurso ambíguo, duplo, irônico, concretiza-se, de forma especial, em *Memórias do cárcere* com a construção de uma obra de caráter testemunhal que dá uma nova vida à experiência vivenciada no passado. Essa reflexão metalinguística empreendida por Graciliano Ramos, que é permeada por sentimentos contraditórios, manifesta-se através da escrita melancólica, que está representada também em muitas obras da literatura brasileira.

3.4 A escrita melancólica em Memórias do cárcere: uma leitura à luz da teoria freudiana

Se nos remetermos ao ano de 1935, – momento da história em que rumores sobre a iminência de um flagelo a nível internacional, a Segunda Guerra Mundial, que aconteceria brevemente – perceberemos que o discurso do memorialista estava alerta, em relação ao contexto nacional e internacional, aventando a possibilidade iminente do início de uma guerra cujas consequências seriam incomensuráveis, além de depreciar sua obra, colocando-se, ironicamente, como um cidadão vil que tira proveito da desgraça alheia para fazer literatura. O autor, de alguma forma, antecipa a escrita de um livro não sobre a guerra, mas que, indiretamente, relaciona-se com a possibilidade de ocorrer um conflito militar de proporções mundiais, assumindo a condição de um visionário, visto que a Segunda Guerra Mundial teve início somente em 1939. Antecipa a discussão acerca dessa temática, que também será mencionada nas *Memórias*, ao escrever sobre esse tema numa carta, datada de 3 de abril de 1935, desconhecendo o que lhe reservava o futuro:

> Eu sou um literato horrível, e só dou para isso. [...] O Estado está pegando fogo, o Brasil se esculhamba, o mundo vai para uma guerra dos diabos, muito pior que a de 1914 – e eu só penso nos romances que poderão sair dessa fornalha em que vamos entrar.[...] Agora morrerá muito mais gente. Mas pode ser que a mortandade dê assunto para uns dois ou três romances. Por aí você vê que eu sou um monstro ou idiota[163] (RAMOS, 1982, p. 43).

De forma irônica, o autor elenca suas inquietações em relação ao seu fazer literário, ao país e ao mundo, que recai, de forma inexorável, também sobre os seus ombros. O romancista se coloca como um indivíduo excêntrico, oportunista, cuja postura é desprezível ("monstro ou idiota"). Graciliano Ramos se autodeprecia[164], porque expressa o desejo ser beneficiado à custa do sofrimento e

163 Os traços melancólicos presentes nessa passagem nos remetem ao fato de que esse discurso está repleto de contradições ("literato horrível", "monstro ou idiota"). Segundo Walter Benjamin (1984), outra concepção acerca da origem da melancolia é a astrologia. De todas as influências astrais a que mais se destaca é a do planeta Saturno. Por ser um planeta pesado, frio e seco, também seria o responsável pela depressão e pelo apego à vida terrena. Saturno surge como o astro que governa o melancólico, astro das contradições, da inteligência e da contemplação, da apatia e do êxtase, da renúncia e do sacrifício. (BENJAMIN, 1984, p.177). Convém assinalar que, analisando essa passagem, em relação ao discurso melancólico, na teoria dos humores, Aristóteles afirma que os indivíduos que possuem a bile negra "abundante e quente [...] pela razão de que o calor se encontra próximo do lugar do pensamento, são tomados pelas doenças da loucura ou do entusiasmo" (BENJAMIN,1984, p. 95).

164 De acordo com Sigmund Freud, em *Luto e melancolia* (2011), a autodepreciação é uma das evidências do discurso melancólico e caracteriza-se por uma "exacerbada autocrítica, [o indivíduo] se descreve como um homem mesquinho, egoísta, desonesto e dependente, que sempre só cuidou de ocultar as fraquezas de seu ser" (FREUD, 2011, p. 54).

do homicídio em massa provocado por uma tragédia com proporções de âmbito mundial como a guerra, além de apontar para a exposição de um prazer sádico.[165]

Ainda tratando dessa dificuldade, o memorialista discorre, recorrendo mais uma vez ao discurso irônico, sobre a questão do fazer literário, que, como uma enfermidade – que se caracteriza, principalmente, pela existência de uma sensibilidade acima do normal e de uma vaidade excessiva de quem a possui – transforma os indivíduos acometidos por essa "doença" em "animais estranhos" e inferiores aos demais de sua "espécie":

> Somos uns animais diferentes dos outros, provavelmente inferiores aos outros, duma sensibilidade excessiva, duma vaidade imensa que nos afasta dos que não são doentes[166] como nós. Mesmo os que são doentes, os degenerados que escrevem conversa fiada, nem sempre nos inspiram simpatia: é necessário que a doença que nos ataca atinja outros com igual intensidade para que vejamos nele um irmão e lhe mostremos as nossas chagas, isto é, os nossos manuscritos, as nossas misérias, que publicamos cauterizadas, alteradas em conformidade com a técnica (RAMOS, 1982, p. 44).

---

165 Etimologia do termo "sadismo": "Sade, Marquês (1740-1814) +*ismo*; por inf. do fr. *Sadisme* (1834)" (HOUAISS, 2001). Segundo Freud, (2010) o masoquismo é o sadismo que retorna em direção ao próprio ego. "Quanto ao par de opostos sadismo-masoquismo, o processo pode ser apresentado da seguinte forma: a) o sadismo consiste em prática de violência, exercício de poder tendo uma outra pessoa como objeto. b) Esse objeto é abandonado e substituído pela própria pessoa. Com a volta contra a própria pessoa também se realiza a transformação meta instintual ativa em passiva. c)Novamente se busca uma outra pessoa como objeto, a qual, em virtude da transformação de meta ocorrida, tem de assumir o papel de sujeito. O caso *c* é o que comumente se chama de masoquismo" (FREUD, 2010, p. 47-48). As memórias são o gênero do retorno do *eu*. Também na melancolia, há o retorno do *eu*. O termo "sadismo" proveio do vocabulário de sexologia, mas Freud o retomou e o aplicou no quadro de uma teoria mais geral de uma teoria da perversa e da pulsão, "estendida a outros atos além das perversões sexuais. Nesse sentido foi acoplado ao termo masoquismo para formar um novo vocábulo o sadomasoquismo, que posteriormente impôs a toda terminologia psicanalítica" (ROUDINESCO; PLON, 1998, p. 695).

166 A "doença" de que fala o escritor pode ser interpretada como a doença de produzir arte, de produzir literatura, de escrever, logo, a doença da imaginação. Na Renascença, a melancolia se tornou a mais temível das patologias, porque passa a ser vista como uma doença da imaginação do indivíduo e, logo, mais penosa que o sofrimento do corpo. Para combater os delírios e as alucinações provenientes do mal, recorria-se aos astros e aos elementos da natureza (KRISTEVA, 1989).

Nesse trecho, o autor compara, utilizando-se de um viés irônico, o impulso artístico que se configura a uma doença da sensibilidade e do caráter, entretanto, essa é uma enfermidade que atinge os outros indivíduos que se dedicam à literatura. O literato – o enfermo psíquico – necessita se afastar do mundo, ensimesmar-se, pois está apegado às pequenas coisas, às insignificâncias. Por essa razão, em suas memórias, busca a escrita de teor testemunhal, alinhada à técnica como seu último (e único) meio para comungar das ideias do *phatos* coletivo. Ao ensimesmamento melancólico, contrapõe-se uma escrita irônica, como mecanismo de defesa contra os influxos melancólicos que o atraem para caminhos autodestrutivos.

Nesse sentido, pode-se inferir que a angústia de viver o aflige, pois não está somente dentro de si, está na vida ao redor. Por isso busca na linguagem literária um caminho saído do *eu* de retorno ao público leitor. Essa dor de viver transmuta-se em arte compartilhada, mas não abandona o tom melancólico. Como assinala Gimenez (2009), a escrita literária, "enquanto mimese crítica da sensibilidade, confere ao escritor um contraveneno para o seu desencanto" (GIMENEZ, 2009, p.240).

Esse contraveneno dos influxos autodestrutivos da angústia e da melancolia, no caso de Graciliano Ramos, é a ironia. Não por acaso, além das obras claramente autobiográficas – *Infância* e *Memórias do cárcere*, o escritor possui um romance cujo nome é *Angústia,* idealizado e escrito anteriormente, sobre o qual já falamos neste livro. O contraveneno não elimina o desencanto, mas o penetra e faz deste uma seara para se comunicar por meio da escrita.[167]

167 Julia Kristeva, em *Sol negro*: depressão e melancolia (1989), assevera que a melancolia possui traços em comum com a depressão: a intolerância à perda do objeto e a falência do insignificante, em particular, da linguagem. Qualquer perda acarretaria a perda do próprio ser. O sujeito tem o "sentimento de ser deserdado de um bem supremo não nomeável, de alguma coisa irrepresentável que nenhuma palavra poderia significar" (op.cit.p.19) Ou seja, na escrita melancólica de Graciliano Ramos, a tentativa de representar o passado, na experiência da infância difícil e nas agruras vividas no cárcere. Se a narrativa "oferece espaço para a melancolia do narrador, [as narrativas] "se constituem, por definição, na tentativa de recuperar, por meio da linguagem e da memória, algo que já deixou de constituir parte da experiência presente é, de algum modo, "tributária de um impulso melancólico" [...] A tristeza advém do fato de que o evento narrado passou[...] (LAGES, 2009, p.138). Portanto, a perda do passado leva à atualização de fatos já ocorridos, através da linguagem e o discurso melancólico manifesta-se, de maneira singular, na escrita que possui uma dimensão autobiográfica.

A escrita do artista solitário e desencantado aproxima-se do discurso melancólico assim como descrito por Freud, em *Luto e melancolia*[168] (2011). Segundo Freud, o melancólico apresenta um "rebaixamento extraordinário de seu sentimento de autoestima [que se mostra] mesquinho, egoísta" (FREUD, 2011, p. 53). Em *Memórias do cárcere*, o narrador, desde o primeiro capítulo, o "capítulo-prefácio", apresenta um discurso cujos traços podem ser vistos como característicos do discurso melancólico freudiano: "[...]julgando a matéria superior às minhas forças, esperei que outros mais aptos se ocupassem dela" (p.33, v. 1). "Não desejo ultrapassar meu tamanho ordinário" (p. 37, v. 1). No discurso melancólico, o paciente demonstra sentir necessidade de expor seus defeitos, o que se manifesta em situações em que humilha o seu próprio *eu*. Para Kehl, (2011), este indivíduo teria perdido seu lugar no laço social, o que faz com não se sinta capaz "de adaptar-se às exigências do outro"(KEHL, 2011, p. 20).

O memorialista Graciliano Ramos afirma sentir prazer com o fato de que será privado de sua liberdade e diz encontrar nesta situação, uma maneira de se sentir livre. "Naquele momento a ideia da prisão dava-me quase prazer[169]; via ali um princípio de liberdade [...] suponho que me revelei covarde e egoísta [...] desejei que na acusação houvesse algum fundamento" (p. 45, v. 1). Ou ainda no trecho abaixo em que o memorialista afirma que há muito já desejava "aquela viagem" (a prisão). Nesse sentido, destacamos aqui a ambivalência do discurso melancólico, tal como assinalaram Benjamim e Kristeva e que aparece no texto das *Memórias*.

---

168 Segundo Maria Rita Kehl (2012), a teoria freudiana da melancolia conduziu o autor a escrever textos como *Considerações Atuais sobre a Guerra e a Morte* (a primeira edição é de 1915) "uma investigação filosófico-científica sobre a desilusão (melancólica) que a Primeira Guerra trouxe para os habitantes das supostas civilizações evoluídas do Ocidente" (KEHL, 2012, p. 54).

169 A ironia contida na frase "a ideia da prisão dava-me quase prazer" revela o desejo de autopunição, sentimento recorrente tanto nas *Memórias* quanto em *Infância*, como veremos mais adiante. Stringfellow (1994) afirma que "A autopunição, elemento masoquista, pode, eu acredito, ser encontrada em toda a ironia, mesmo relativamente inocente ou inofensiva" (tradução nossa). "*This self-punishing, masochist element may, I believe, be found in all irony, even relatively 'innocent' or 'harmless*" (STRINGFELLOW, 1994, p. 128)

> Julgava-me autor de várias culpas[170], mas não sabia determiná-las. Arrependia-me vagamente de asperezas e injustiças, ao mesmo tempo supunha-me fraco, a escorregar em condescendências inúteis [...] Aquela viagem era uma dádiva imprevista. Estivera a desejá-la intensamente, considerando a difícil, quase irrealizável, e alcançava-a de repente. Sucedera-me um desastre, haviam pretendido causar-me grande mal – o mal e o desastre ofereciam-me um princípio de libertação (p. 56, v. 1).

Na ambivalência do discurso melancólico, os objetos e os significantes denegados, na medida em que são identificados com a vida, adquirem o valor do não-sentido. A linguagem e a vida não possuem mais sentido. Entretanto, por outro lado, "pela clivagem[171], um valor intenso e insensato é restituído à coisa, ao Nada: ao não significável e à morte" (KRISTEVA, 1989, p. 54). Na escrita das *Memórias*, a iminência da morte do autor prefigura uma libertação.

Tentando alcançar palavra, o melancólico sempre esbarra no silêncio. Diante da ameaça da mudez, a narrativa melancólica pretende desdobrar asas, estar livre. Mas o poder do abismo sempre o atrai para baixo. A linguagem só pode se fazer retratando esse sentimento melancólico ambíguo, ou seja, através de paradoxos e oximoros (a cadeia: "princípio de libertação").

De acordo com Kristeva (1989), a melancolia apresenta uma subjetividade peculiar que se manifesta em dois polos: o da opacidade e do ideal. "A opacidade das coisas, como a do corpo desabitado pela significação – corpo deprimido – transfere-se para o sentido da obra, que se afirma, ao mesmo tempo, absoluto, corrompido". Pela obra de arte, no polo ideal, processa-se

170 Sobre a questão da autoacusação, uma das características do discurso melancólico, Freud afirma que as autoacusações proferidas, são, na verdade, adequadas ao perfil de outrem: "Se se ouvir com paciência as múltiplas acusações do melancólico, no fim não se deixará de ter a impressão de que as mais violentas dentre elas frequentemente se adéquam muito pouco à sua própria pessoa, mas que, com ligeiras modificações, se adéquam a uma outra pessoa. [...] tudo de depreciativo que dizem de si mesmos no fundo dizem de outrem" (FREUD,2011, p. 59).

171 Clivagem é um termo introduzido por Freud, em *Luto e melancolia* (1927/2011), para designar um fenômeno que se traduz pela coexistência, no eu, de "duas atitudes contraditórias, uma que consiste em recusar a realidade, outra em aceitá-la" (ROUDINESCO; PLON, 1998, p. 135), ou seja, o eu apresenta-se cindido. Conforme Laplanche e Pontalis (2001), no lugar da realidade negada, é colocada "uma produção de desejo. Estas duas atitudes permanecem lado a lado sem se influenciarem reciprocamente (LAPLANCHE e PONTALIS, 2001, p. 87).

uma "alquimia dos signos (musicalização dos significantes, polifonia dos lexemas, desarticulação das unidades lexicais, sintáticas e narrativas)" (KRISTEVA, 1989, p.98), o que fará voltar o sentido para o melancólico. É dessa ambivalência absoluta do discurso melancólico – presente na linguagem dos personagens de Graciliano – que surgirá a tentativa de recuperar o que se perdeu através da escritura,[172] como vemos nessa passagem no primeiro capítulo de *Memórias do cárcere,* em que o memorialista escreve sobre a necessidade vital de escrever. "Alguns reclamam a tarefa, consideram-na dever, oferecem-me dados, relembram figuras desaparecidas, espicaçam-me por todos os meios. Acho que estão certos: a tarefa se fixa, domina-me" (p. 35, v.1). Portanto, recuperar a linguagem submersa na mudez é a salvação.

No segundo capítulo das *Memórias*, após afirmar a necessidade imperiosa da escrita, o narrador explica a situação em que se envolveu durante o ato da prisão. O tenente que o prendeu era o mesmo oficial que havia, tempos atrás, lhe pedido um favor pessoal. É também na narração desse episódio que o memorialista faz uma descrição negativa da própria pessoa, um traço tipicamente melancólico:

> Uma pergunta me verrumava o espírito: porque vinha prender-me o sujeito que um mês antes me fora amolar com insistências desarrazoadas?[...] Desejariam os poderes públicos que eu mandasse aprovar com dolo a sobrinha do tenente, em Penedo? Não me exigiriam expressamente a safadeza, mas deviam existir numerosos tenentes e numerosas sobrinhas, e a conjugação dessas miuçalhas mandava para as grades um pai de família, meio funcionário, meio literato (p. 49-50, v. 1).

No modo como o narrador descreve a si mesmo, há elementos autodepreciativos, com exceção no que toca à sua condição familiar – "pai de família", algo que o liga, intrinsecamente, à vida e o ajuda a resistir. A autodepreciação do melancólico, normalmente ausente no processo de luto, deve-se a uma "perturbação ocorrida nas primeiras identificações do sujeito, ainda na fase oral de

172 Conforme assevera Kristeva, "A criação literária é esta aventura do corpo e dos signos, que dá testemunho do afeto: da tristeza, como marca da separação e como início da dimensão do simbólico, da alegria como marca do triunfo que me instala no universo do artifício e do símbolo, que tento fazer corresponder ao máximo às minhas experiências de realidade" (KRISTEVA, 1989, p. 28).

seu desenvolvimento" (LAGES, 2007, p.60), ou seja, na primeira infância, e que permanece inconsciente. No discurso melancólico, por sua vez, o indivíduo não cessa de se autorreprovar, dirigir a si mesmo todo tipo de rebaixamento, como se lê na passagem abaixo, em que se autoavalia como escritor:

> Eu vivera numa sombra razoável, quase anônimo: dois livros de fôlego curto haviam despertado fraco interesse e alguma condescendência desdenhosa. Era um rabiscador provinciano detestado na província, ignorado na metrópole. Iriam analisar-me os romances, condená-los, queimá-los, chamar para eles a atenção da massa? (p. 97, v. 1).

Nessa perspectiva de autoavaliação, as acusações proferidas são infundadas do ângulo de quem está de fora da situação. Na descrição psicanalítica, essas autoincriminações são dirigidas a outra pessoa que é ou pode ter sido amada pelo melancólico. Porém, o indivíduo a dirige a si mesmo, devido à existência de um processo de identificação narcisística com um objeto perdido ou esquecido, com o qual mantém uma relação e que sofreu algum tipo de estremecimento ou frustração e por quem o indivíduo sente amor e ódio simultaneamente, de forma inconsciente. Para Freud (2011), na visão dos melancólicos, "queixar-se é dar queixa". Há uma idealização e desvalorização de si e do outro, pois o indivíduo identifica-se com o outro "amado-odiado, por incorporação-introjeção-projeção, que instalo em mim sua parte sublime, que se torna meu juiz tirânico e necessário, assim como sua parte abjeta, que me rebaixa e que desejo liquidar" (FREUD, 2011, p. 46).

A dificuldade do narrador das *Memórias* em se relacionar com o outro, assunto de que já tratamos aqui, fica expressa na irritação, na cólera, como se lê na passagem em que o memorialista se abala devido ao modo de falar de um companheiro da prisão:

> O velho Eusébio veio trazer-me a sua camaradagem mofina [...]
> – Nós vão mandar para a Colônia? Será possível?
> Novamente a confusão pronominal, observada no Pavilhão, me chocou; não havia meio de acostuma-me ao diabo da sintaxe encrencada. Isso conjugava-se aos receios e à moleza da criatura, aos gestos ambíguos, às citações do Velho Testamento, e uma forte repulsa me enchia o coração (p. 19, v. 2).

Essa significativa repulsa que dominava o narrador manifesta-se também, na narrativa, na espera para iniciar o relato, no conhecimento da iminência da morte, nos temores que assaltaram sua mente, desde o momento em que deixa o cárcere, na falta das anotações que fizera quando ainda estava preso – o que, a princípio, é apresentado como objeção para o adiamento da escrita. "Não resguardei os apontamentos obtidos em largos dias e meses de observação" (p.36, v.1). O fato de não ter mais acesso às anotações feitas no cárcere sinaliza a ideia de elementos esquecidos do passado, objetos perdidos que se constituem como elemento melancólico presente nesse contexto.

O memorialista utiliza, permanentemente, o discurso irônico para representar sua experiência no cárcere. Este discurso atua como defesa, diante dos impulsos autodestrutivos e paralisadores de que é acometido o narrador. Entretanto, a escrita é, para ele, um dever inadiável a ser cumprido consigo mesmo e com a sociedade. Graciliano Ramos assume todas as prerrogativas com a "consciência aguda de sua inscrição da história e a violenta irrupção da morte no horizonte temporal da vida" (MIRANDA, 2008, p. 154).

Quando o narrador das *Memórias*, na Colônia Correcional, começa a refletir sobre uma provável semelhança entre ele e José, outro presidiário, um "malandro", conclui que a sua infância não devia ter sido melhor que a do outro, no que se refere aos maus tratos e ao desamor que recebeu nos primeiros anos de sua vida: "Meu pai fora um violento padrasto, minha mãe parecia odiar-me. [...] Débil, submisso à regra, à censura e ao castigo, acomodara-me a profissões consideradas honestas" (p. 178, v.2).

A passagem citada refere-se diretamente ao contexto da infância do narrador. Ele era apenas quatorze ou quinze anos mais jovem que a mãe, o que, de algum modo, deveria fazer com se sentissem mais próximos devido à pouca diferença de idade, no entanto, os constantes maus tratos e humilhações faziam com que o adulto, desde a infância, construísse uma imagem aterrorizadora da mulher que lhe deu a vida[173]. Em *Infância*, o narrador destaca: "Minha mãe se aborreceu,

173 Kehl (2012), seguindo a teoria freudiana, assinala que a mãe ou um substituto seu representam para a criança este "Outro superpoderoso que haverá de comparecer, de forma negativa, na origem das melancolias" (KEHL, 2012, p. 56).

atirou-me os qualitativos ordinários. Estúpido, idiota. Mordi os beiços, fui esconder-me no armazém, olhar o beco" (p. 88).

O melancólico[174] não acredita que é capaz de ascender no plano pessoal e também profissional, nem ao menos crê que pode ter realizado empreendimentos de valor no passado. É acometido por um sentimento de inferioridade em relação aos outros, tecendo sobre si mesmo uma autocrítica implacável.

> Dois romances quase desconhecidos, o terceiro inédito, um conto, vários produtos inferiores – de fato, isso me daria duzentos mil réis mensais. E não me sentia capaz de progresso; talvez nem chegasse a fazer coisa igual (p. 117, v. 1)

Quando recebe de sua esposa Heloísa Ramos, em 5 de outubro de 1936, um bilhete informando que teria um advogado de defesa, Graciliano refuta a ideia respondendo, de modo irônico, e autodepreciativo: "Essa história de defesa não me agrada. Estou resolvido a não me defender. Defender-me de quê? Tudo é comédia e de qualquer maneira eu seria um péssimo ator" (RAMOS, 1986, p. 167). A "comédia" a que refere é a grande farsa em que se configurou sua prisão, sem processo e sem interrogatório. Ao ser informado por seu advogado, já preso na Colônia Correcional, de que sua prisão se devia, aos temas abordados em seus romances, o memorialista novamente se autodeprecia, afirmando que a sua literatura valeria muito pouco para que, de algum modo, constituísse uma ameaça e justificasse a sua prisão:

> – Ora, doutor, para que tantas minúcias? Como é que o senhor vai preparar a defesa se não existe acusação? [...]
> – Dê graças a Deus [...] Por que é que o senhor está preso?

174 Conforme Joel Silveira (1939), o que mais despertava a atenção em Graciliano Ramos eram os seus olhos. "Não são olhos comuns. São olhos vivos e alertas, sombreados por duas olheiras esmaecidas. Olhos profundos que penetram, que indagam, que às vezes substituem a voz. Os gestos desse homem são lentos. A conversa é macia. O riso é curto, quase sem expressão. [...] E o pensamento distante, muito distante, um pensamento perdido que parece flutuar em outra esfera, em momentos inexplicáveis de sentir" (RAMOS, 2014, p. 90). De modo semelhante, o mesmo jornalista, ao descrever fisicamente o escritor, destaca: "Graciliano Ramos é comprido e seco. Costuma usar a cabeça um pouco abaixada e um cigarro esquecido entre os dedos. Fala como um nordestino, arrastado e cheio de arestas" (RAMOS, 2014, p. 174). De acordo com o retrato do escritor esboçado por Silveira, a postura de Graciliano Ramos, com o olhar distante, com a cabeça um pouco pendida, mostra o perfil melancólico do autor alagoano.

> – Sei lá! Nunca me disseram nada.
> – São uns idiotas. [...] Se eu fosse chefe de polícia, o senhor estaria aqui regularmente, com processo.
> – Muito bem. Onde é que o senhor ia achar matéria para isso, doutor?
> – Nos seus romances, homem. Com as leis que fizeram por aí, os seus romances dariam para condená-lo. [...]
> Os meus romances eram observações frágeis e honestas, valiam pouco. Absurdo julgar que histórias simples, produtos de mãos débeis e inteligência débil, constituíssem arma [...] Sobral Pinto, homem de caridade perfeita, queria tirar da cadeia um bicho inútil, na minha opinião, um filho de Deus, na opinião dele (p. 299-300, v.2).

Desse modo, sob a ótica de dois pontos de vista opostos, as "armas de papel", na visão autodepreciativa do memorialista ateu, não teriam força suficiente para abalar as estruturas do governo Vargas a ponto de levar para a prisão um escritor; por outro lado, na visão do advogado católico, os romances do autor alagoano teriam poder bastante para incomodar as autoridades governamentais.

Ainda na questão da autodepreciação, no sentido de enfraquecer o próprio corpo, ao ser conduzido para o Rio de Janeiro, no navio *Manaus*, o memorialista repudia com veemência a ideia de se alimentar apesar de desconhecer quanto tempo ficaria preso e o destino que lhe aguardava, quando desembarcasse. Um dos sintomas do melancólico, segundo Freud, é a recusa a se alimentar, o que demonstra extremo desapego à vida:

> O estômago e a barriga não funcionavam desde a minha chegada: provavelmente estavam secos, [...] Ainda se mexiam no começo, uma picada me fazia pensar no alimento, ocasionava a repulsa invencível; estavam agora em repouso de morte (p. 181, v. 1).

> A língua seca, os beiços iam rachar-se, a ponta do cigarro se colaria à pele sangrenta. Agachados nas esteiras, diversos homens sentiam prazer em mastigar, e o apetite deles me causava estranha indignação. O som das colheres nas marmitas feria-me os ouvidos, era insuportável (p.22, v. 2).

O narrador descreve como sofre com a inapetência[175], a "secura" de seus

175 Scliar assinala que, no Brasil, um dos antídotos contra a melancolia é a comida típica, quase sempre muito condimentada, sobretudo no Nordeste e a aguardente, "clássico antídoto contra a melancolia" (SCLYAR, 2003, p. 210). Em algumas passagens das *Memórias*, o escritor menciona o uso da bebida quando, por exemplo, refere-se à escrita de *Angústia,* tecendo críticas à sua maneira de representar, na narrativa, o procedimento de Luís da Silva, o protagonista do romance: "Aquele assassinato, realizado em vinte e sete

órgãos, com um espírito resignado de quem está apenas à espera da morte, uma morte que acontece aos poucos. No decorrer da narrativa, esse processo de desapego à vontade de viver, o desânimo em relação a si mesmo e aos outros são recorrentes.

A insônia, outro traço característico mencionado por Freud, também é mencionada: "A apatia sexual, notada meses atrás, depois esquecida, novamente me causava surpresa. Tentei vencê-la enchendo as horas de insônia com cenas lúbricas [...]" (p. 24, v. 2).

O memorialista revela em diversos momentos o seu desejo de reescrever seus textos, prática recorrente em seu trabalho de escritor que parece ser sinal de uma obsessão vital:

> Queria endurecer o coração, eliminar o passado, fazer com ele o que faço quando emendo um período – riscar, engrossar os riscos e transformá-los em borrões, suprimir todas as letras, não deixar vestígios de ideias obliteradas (p. 56, v. 1).

Impossível para o memorialista empreender um apagamento total de seu passado doloroso e humilhante. Daí a importância do processo da escrita com o fito de ressignificar essa dor e transformá-la em arte. Essa ressignificação do passado se manifesta também na obsessão pela reescrita. Numa reportagem biográfica, realizada por Francisco de Assis Barbosa, em 1942, que descrevia a vida do escritor, o jornalista afirma:

> Via de regra, escreve em papel sem pautas, de um só golpe, ao calor da composição. A forma definitiva vem depois. Emenda muito. E até mesmo quando passa a limpo, com sua letra explicativa de escrevente de cartório, corta muita coisa, tudo o que vai achando ruim. Às vezes, risca linhas inteiras. As palavras morrem sob o traço forte de tinta [...] (RAMOS, 2014, p. 119).

---

dias de esforço, com razoável gasto de café e aguardente, dava-me impressão falsidade" (p.42, v. 1). Outro episódio em que menciona o uso da aguardente é aquele em que deixa a Colônia Correcional e é conduzido a pé até à Vila Abrão. "-Meu amigo, esta viagem me arrasa. Não posso caminhar. Vamos bater à porta de uma bodega, beber um pouco de aguardente. [...] Recusei o pão e o café. – Não quero isso. Traga um copo de aguardente" (p. 167, v.2). O consumo de álcool atua como uma espécie de anestesia contra toda a melancolia ou até mesmo um antídoto, como assinala Scliar.

Quando se refere à *Angústia*, em carta a Antonio Candido, em 1945, o escritor também faz referência à questão dos cortes que desejava fazer na narrativa e à necessidade da reescrita: "Naturalmente seria indispensável recompor tudo, suprimir excrescências, cortar pelo menos a terça parte da narrativa"[176] (CANDIDO apud RAMOS, 1992, p. 9).

Como vimos, a escolha de Graciliano Ramos caracteriza-se, especialmente, pelo corte de tudo o que não lhe parece essencial, do que se aproxima da eloquência e do lugar-comum, mergulhando num processo constante de redução dos textos escritos e consequente reescrita, como assinala Carpeaux (2011):

> É muito meticuloso. Quer eliminar tudo o que não é essencial, as descrições pitorescas, o lugar-comum, das frases feitas, a eloquência tendenciosa. Seria capaz de eliminar ainda páginas inteiras, capítulos inteiros, eliminar os seus romances inteiros, eliminar o próprio mundo: para guardar apenas aquilo que é essencial [...] (CARPEAUX, 2011, p. 331).Essa obsessão pela reescrita dos textos,[177] [178]característica peculiar do fazer literário de Graciliano Ramos, poderia ser vista como a mania[179], contraparte da melancolia patológica, descrita

176 Robert Burton, em *Anatomia da melancolia* (2011), afirma que um grande defeito de sua obra é não ter sido realizada uma revisão no texto e manifesta insatisfação com o resultado: "[...]não revisei a cópia, nem emendei o estilo, que agora flui frouxamente, tal como fora concebido; [...] confesso que não está nem como eu queria" (BURTON, 2011, p. 74).

177 O escritor Milton Hatoum (2013), em entrevista ao suplemento *Prosa* do Jornal *O Globo*, quando se refere ao seu livro de crônicas *Um solitário à espreita* (2013), assinala que a melancolia é uma das características de seu estilo. Quando fala de seu estilo afirma: "Mas espero que as crônicas sejam lidas com prazer, apesar da melancolia e do pessimismo. Fui influenciado por Machado de Assis, que ficava entre o pessimismo e o niilismo". O escritor também afirma que, ao preparar o livro (algumas das crônicas já haviam sido escritas há algum tempo), foi tomado por uma "compulsão flaubertiana, pois como o autor de *Madame Bovary*, Hatoum reescreveu seus textos de tal modo que alguns se tornaram quase inéditos. Quanto a esse impulso de reescrever seus textos, no que se assemelha a Graciliano Ramos, Hatoum afirma: "– É, eu tenho esse lado meio maníaco" (HATOUM, 2013, p. 5).

178 Sobre o livro *Memórias do cárcere*, o escritor declarou a Joel Silveira, em 1946, que, por vezes, escrevia uma mesma página quatro ou cinco vezes (RAMOS, 2014). Do mesmo modo, com referência à questão da reescrita, conforme a publicação do *Diário Carioca* (1952), o escritor Paulo Mendes Campos retratou uma cena inusitada protagonizada por Graciliano Ramos: "Na porta de uma livraria. – O meu maior trabalho é corrigir o que escrevo. Sofro pra cachorro – disse o romancista Graciliano Ramos" (RAMOS, 2014, p. 369).

179 Brigitte Balbure (1997) afirma que a mania seria um meio pelo qual ocorre uma "des-

por Freud:

A impressão [...] é de que a mania não tem um conteúdo diferente da melancolia, e que ambas as afecções lutam com o mesmo "complexo", ao qual provavelmente o ego sucumbe na melancolia, ao passo que na mania o ego o dominou ou o pôs de lado. (FREUD, 2011, p. 74)

De acordo com o ensaio freudiano, a mania[180] ocorre em função de uma grande quantidade de energia que há muito estava sendo consumida no estado melancólico e que, no estado maníaco, encontra-se integralmente liberada. A mania é gerada por um processo inconsciente assim como a melancolia[181]. Segundo Rotta (2007), o homem maníaco "parece liberado do objeto perdido e procura vorazmente novas catexias[182] objetais" (ROTTA, 2007, p. 112).

Desse modo, a energia que era vinculada a todas as formas de opressão que sofreu ao longo de suas vivências, especialmente na infância e adolescência,

---

carga" do impulso melancólico: "A razão do acesso maníaco se explicaria pelo fato de que a perda do objeto, em lugar de acarretar, por ligação de energia, a perda do *eu* e de seus investimentos libidinais, deixaria ao contrário disponíveis todos estes investimentos que utilizariam então o acesso maníaco como meio de descarga" (BALBURE, 1997, p. 142). Conforme Berlinck (2011), a hiperatividade maníaca é uma "desesperada tentativa de se livrar daquilo que está associado à culpa e o exercício maníaco adquire tonalidade própria do sacrifício. Nesse sentido, a mania é própria da melancolia e dela faz parte" (BERLINCK, 2011, p. 8).

180 Tendo como base a teoria aristotélica dos humores para explicar a definição de melancolia associando-a à de mania, segundo Roudinesco e Plon: "A melancolia pode caminhar de mãos dadas com a alegria e o riso (o sangue), a inércia (a fleuma) e o furor (a bile amarela): através dessas misturas, portanto, ela afirmaria sua presença em todas as formas de expressão humana. Daí nasceria a ideia de uma alternância cíclica entre um estado e outro (mania e depressão), característica da nosografia psiquiátrica moderna" (ROUDINESCO; PLON, 1998, p. 520).

181 De acordo com a teoria freudiana, a melancolia é um "buraco" que, exercendo uma pressão sobre a energia psíquica, poderia consumi-la. Assim, ao se encontrar livre da pressão ao fim do acesso melancólico, ocorreria uma grande descarga de energia. A energia consumida na melancolia, que ao seu término estaria livre, tornando possível a mania, "estaria ligada à regressão da libido ao narcisismo e consequentemente à "regressão desta libido ao ego. Esta regressão que instala a luta pelo objeto dentro do ego, exigiria uma grande quantidade de catexia muito elevada, podendo, posteriormente, ao fim dessa luta, resultar em/ mania" (FREUD, 2011, p. 130).

182 Catexia - que no *Dicionário de Psicanálise*, de Roudinesco e Plon, aparece como o verbete "investimento" - é um termo que Freud extraiu do vocabulário militar para designar "uma mobilização de energia pulsional que tem por consequência ligar esta última a uma representação, a um grupo de representações, a um objeto ou a partes de um objeto" (ROUDINESCO; PLON, 1998, p. 412).

está representada na obsessão que o autor tinha para reescrever e reduzir seus textos e que foi relatada pelo próprio escritor em uma de suas entrevistas, como a que concedeu a Joel Silveira, em 1938. Quando conversavam sobre o ofício da escrita, Graciliano Ramos fez uma comparação entre o ato de escrever e o trabalho das lavadeiras de Alagoas. Referindo-se à reescrita obsessiva de seus textos, observa que deve permanecer apenas o conteúdo que é absolutamente essencial:

> Falava-se do ofício de escrever, ele [Graciliano Ramos] disse:
> – Quem escreve deve ter todo o cuidado para a coisa não sair molhada.
> Também não entendi. Ele explicou.
> – Quero dizer que da página que foi escrita não deve pingar nenhuma palavra, a não ser as desnecessárias. É como pano lavado que se estira no varal.
> E prosseguiu – naquela manhã estava de língua solta:
> – Deve-se escrever da mesma maneira como as lavadeiras lá de Alagoas fazem seu ofício. Sabe como elas fazem?
> – Não.
> – Elas começam com uma primeira lavada. Molham a roupa suja na beira da lagoa ou do riacho, torcem o pano, molham-no novamente, voltam a torcer. Depois colocam o anil, ensaboam e torcem uma, duas vezes. Depois enxáguam, dão mais uma molhada, agora jogando a água com a mão. Depois batem o pano na laje ou na pedra limpa e dão mais uma torcida e mais outra, torcem até não pingar do pano uma só gota. Somente depois de terem feito tudo isso é que elas dependuram a roupa lavada na corda ou no varal para secar. A palavra não foi feita para enfeitar, brilhar como ouro falso. A palavra foi feita para dizer (RAMOS, 2014, p. 76-77).

Essa necessidade imperiosa de reescrever e de suprimir palavras supérfluas também está presente no volume *Cartas:* Graciliano Ramos (1986), numa missiva datada de 8 de outubro de 1932, à Heloísa Medeiros Ramos, sua esposa, Graciliano Ramos reafirma a necessidade que possui de reescrever e principalmente de eliminar todas as palavras que julgava supérfluas, num trabalho obsessivo de depuração da linguagem. Esses trechos referem-se, primeiramente, à escrita de *São Bernardo* e também, posteriormente, à escrita de *Angústia*:

> Resta-me agora o *S. Bernardo*. Tenho alguma confiança nele. As emendas sérias foram feitas. O trabalho que estou fazendo é quase material: tolice, substituição de palavras, modificação de sintaxe. Mas tenho trabalhado demais: um dia destes estive com os meus bichos de *S. Bernardo* das seis da manhã à meia-noite, sem me levantar da banca. [...]
> Quanto a mim, continuo a substituir e a cortar palavras em *Angústia*" (RAMOS, 1986 p.130;157).

O processo de reescrita e de cortes, nos textos do autor, é um traço recorrente em sua práxis literária, uma vez que essa se caracteriza sobretudo pelo teor melancólico, que também está presente em seus livros de memórias de infância.

3.5 A escrita melancólica em Infância: solidão e melancolia

Ao publicar *Infância*, em 1945, mesmo ano em que se filiou ao Partido Comunista do Brasil, Graciliano Ramos declara que o objetivo da obra não é construir uma narrativa sentimental e faz críticas ao próprio livro, depreciando[183] o seu valor. Como na escrita das *Memórias do cárcere*, o autor declara desejar retirar de si o foco da atenção do leitor, entretanto o faz, constantemente, representando a si mesmo. Ele é apenas mais uma criança dentre tantas de sua época:

> Quer isto dizer que julgue interessante o que narrei? Não, tudo aquilo é chinfrin, mas parece-me referir-se não apenas a um indivíduo, mas às crianças de classe média da minha terra – e, assim, julgo diluir-me no decorrer da narração, confundir-me com outros tipos (RAMOS, 2014, p. 170).

Nas páginas de *Infância*, nada há de evocação sentimental tão característica deste tipo de gênero memorial. O adulto que escreve se recusa a transformar as suas lembranças em idílio para, através da arte, destruir quaisquer ilusões e reafirmar o seu voto negativo ao mundo.

A memória coloca na infância do narrador as sementes da solidão e do castigo. No periódico *O observador econômico e financeiro*, em 1938, o escritor alagoano discorreu sobre o seu isolamento na infância. Perguntado sobre se era uma criança extrovertida ou se preferia fica só, o escritor responde, de modo desencantado:

> Profissão atual: escritor.
> Se era uma criança comunicativa ou preferia o isolamento:

183 Lebensztayn e Salla (2014) afirmam que, na década de 1940, Graciliano Ramos já havia se tornado uma figura consagrada de nossas Letras, "por mais que seu contradiscurso autodepreciativo se esmerasse por afirmar o contrário e, em sentido oposto, provocasse a eloquência dos louvores por ele negados" (RAMOS, 2014, p. 14).

– Era obrigado ao isolamento [...]
– Qual o brinquedo de que mais gostou?
– O que me permitiram foi ler romance[...]
– Que pretendia ser, quando era pequeno?
– Não me supunha capaz de nada.
– Por quê?
– Convenceram-me de que eu era um idiota.
– Que foi que decidiu da sua vocação?
– Não podendo falar com os outros, habituei-me a falar só: a escrever (RAMOS, 2014, p. 289-290).

A solidão do pequeno Graciliano, decorrente de ser considerada como uma criança inapta levou menino a se refugiar na leitura e mais adiante, na escrita, a sua melhor companhia. Em *Infância*, o adulto escreve, mas se deixa levar pelo menino solitário e melancólico. Nesse sentido, a memória fragmentada traz de volta o passado, que, no texto, reconcentra-se em pequenos escritos, os sinais da aprendizagem ríspida e do olhar que mira objetos nebulosos. "A recordação [...] não me faz supor que a minha cabeça fosse boa. [...] Era tanto quanto posso imaginar bastante ordinária. Creio que se tornou uma péssima cabeça" (p. 10). O narrador, logo nas primeiras páginas, já demonstra uma baixa autoestima ao falar de suas recordações, menosprezando a sua capacidade de rememorar.

Nas páginas de *Infância,* o menino não consegue adaptar-se às exigências da família, em especial, as do pai e por isso sente-se inferior, um ser insignificante. Como se lê nessa passagem em que se refere a si mesmo como um animal: "O animalzinho bisonho papagueava, e as gargalhadas estrugiam na sala, abafando a quizília de minha mãe" (p. 44). Essa "satisfação" em insultar e humilhar o ego provém de uma de suas funções específicas do próprio ego: "a consciência moral, ou (como ficará estabelecido depois de 1920, o superego)" (KEHL, 2011, p.20).

Da mesma forma, nas memórias da infância, o narrador mostra-se desejoso de ser repreendido, mesmo sabendo, por sua própria experiência, que o castigo infligido pelos pais ultrapassa os limites de seu entendimento de criança e que é marcado pela violência e pela humilhação[184]. É o que acontece quando o

184 Para Stringfellow (1994), com relação à questão da autodepreciação, sob a ótica psicanalítica: "A ironia envolve um ataque contra os adultos poderosos da infância, que provocará simultaneamente uma grande necessidade de autopunição expiatória; esta necessidade

menino vai, sem o conhecimento dos pais, acompanhar o moleque José para ver os restos de um incêndio: "Deviam repreender-me, dizer que me comportara mal abandonando o aceiro, as árvores, os periquitos, as flores. [...] a arguição e o castigo me dariam talvez um pouco de calma: eu esqueceria, nos lamentos e na zanga, a visagem terrível" (p. 98).

Essa satisfação em desejar ser castigado, reflete, de maneira irônica, a disposição sádica do narrador, que, em seu discurso, se mostra como alguém merecedor de todas as punições[185] e que nelas se regozija.

O sujeito, em seu discurso melancólico, mostra-se sempre como alguém que foi ofendido ou que sente ter sofrido uma grande injustiça. Isso só acontece porque as reações de sua conduta "provêm sempre da constelação psíquica da revolta, que depois em virtude de um certo processo se transportou para a contrição melancólica" (FREUD, 2010, p.61).

Essa questão fica patente em *Infância*, especialmente no que toca ao relacionamento da criança com os pais, como no importante trecho relativo ao sumiço do cinturão do pai, que foi o pivô de mais uma cena de maus tratos impingidos ao menino:

> Onde estava o cinturão? Impossível responder. Ainda que tivesse escondido o infame objeto, emudeceria, tão apavorado me achava. Situações desse gênero constituíram as maiores torturas de minha infância, e as consequências delas me acompanharam. [...] Esse foi o primeiro contato que tive com a justiça (p. 36-37).

Essa grande injustiça sofrida pelo menino ficará registrada para sempre e despertará as mais terríveis lembranças -"Hoje não posso ouvir uma pessoa falar

---

pode ser satisfeita pelos excessos de ironia auto-depreciativa" (tradução nossa). *"The irony involves an attack against the powerfull adults of chilfhood, it will provoke concurrently an especially great need for expiatory self-punishing; this need can be met by the excesses of self-deprecatory irony."* (STRINGFELLOW, 1994, p. 129) Essa análise sobre a utilização da ironia como "ataque conta os adultos poderosos da infância" nos remete à reflexão de Ieda Lebensztey n (2009) sobre a questão da "vingança" do memorialista, através da escrita, em relação aos adultos do passado.

185 A necessidade de castigo ou de punição é uma "exigência interna postulada por Freud como origem do comportamento de certos indivíduos que procuram situações penosas e humilhantes e se comprazem nelas (masoquismo moral)" (La Planche; Pontalis, 1986, p.371).

alto. O coração bate-me forte, desanima, [...] uma cólera doida agita coisas adormecidas cá dentro" (p. 35) – e marcará sua escrita sempre voltada para a busca da justiça. Por isso essas cicatrizes que não se apagaram[186] são defesas coléricas contra sua inclinação melancólica.

O autor, através da escrita de suas memórias, sejam elas de infância[187] ou do cárcere, lida com conflitos internos inconscientes, pois essa é uma instância fundamental e constitutiva da vida mental, que atua na história de cada ser humano, influenciando as condições que cada indivíduo possui de transformar o que acontece em sua existência. O modo como cada indivíduo enfrenta seus conflitos pode tanto engendrar o sintoma ou a doença como promover a criação e o desenvolvimento da pessoa. O escritor tende a criar distância crítica em relação aos eventos. Essa distância se manifesta muitas vezes no recurso ao discurso irônico.

O fracasso ou a frustração demasiada experimentados pela criança no percurso dessas descobertas de sensações de prazer e desprazer determina, em grande medida, os apetites, os desejos e comportamentos dela como adulto.

Ainda sobre a questão do relacionamento da criança com os pais, segundo a teoria freudiana, os sentimentos da menina em relação ao pai, bem como os do menino em relação à mãe, são, por natureza, ambíguos. A relação de uma criança com o pai e a mãe, ou com parentes adultos, ou com os irmãos é composta de

186 Como destaca Luís Tenório O. Lima (2009), as marcas indeléveis, na visão freudiana, são as reminiscências relacionadas com a existência do corpo e de suas vivências deste, o que faz com que se chegue à conclusão de que existe uma força que mantém a lembrança encoberta, oculta, reprimida, que inicialmente foi denominada por ele como censura e mais adiante repressão. Baseou-se nesse conceito para desvendar a instância da atividade mental a que denominou inconsciente. Desse modo, o inconsciente representa uma instância que, "em princípio, não é a favor nem contra a pessoa, mas atua de forma diferente: não é necessariamente percebida por nós, embora tenha tudo a ver com nosso histórico de vida" (LIMA, 2009, p. 24). A existência do inconsciente representa a força de nossos desejos, realizados ou insatisfeitos e que move nossas atitudes e nossos pensamentos o tempo todo.

187 Na concepção de Freud, em *Três ensaios sobre a teoria da sexualidade* (2016), a mente adulta é moldada na infância, de acordo com as experiências de prazer e desprazer que a criança vivencia em cada fase de desenvolvimento da libido. Por libido, como a energia corporal expressa pelos instintos sexuais. Segundo a sua teoria da sexualidade, a libido humana não só origina o prazer, mas também produz reflexos em nosso comportamento psíquico, o que significa que essa energia vital está por trás de tudo o que fazemos ou deixamos de fazer (FREUD, 2016).

paixão e ódio, atração e repulsa. Isso se dá pelo fato de o ambiente familiar ser aquele no qual a criança realiza o aprendizado do prazer, do desejo, do contato com o outro, o que é próprio da espécie humana. É o meio no qual se inicia o processo de se constituir como ser humano, que o diferencia dos outros animais.

Em *Infância*, na passagem referente ao cinturão, que citamos acima, a distância entre a escrita e o fato ocorrido é muito grande o que faz com que o impulso melancólico manifestado, por meio da rememoração, apresente-se num grau bem mais elevado. É o passado remoto que retorna da forma mais dolorosa e cruel.

> As minhas primeiras relações com a justiça foram dolorosas e deixaram-me funda impressão. Eu devia ter quatro ou cinco anos, por aí, e figurei na qualidade de réu. Certamente já me haviam feito representar esse papel, mas ninguém me dera a entender que se tratava de julgamento (p. 33)

O impulso melancólico se apresenta no fato de o passado estar muito distante (dez anos), inalcançável, no caso das *Memórias* e muito mais tempo, no caso de *Infância*. Através da memória, os acontecimentos vivenciados pelo narrador, vêm à tona, de forma dolorosa, pois este afastamento do vivido, paradoxalmente, torna o indivíduo mais apto a se avizinhar do passado (LAGES, 2007).

Outro exemplo significativo que está registrado em *Infância* sobre essa questão do relacionamento de amor e ódio ocorre quando o menino é acometido de conjuntivite, episódio já mencionado nesse trabalho. Como vimos, a mãe dá ao menino apelidos injuriosos: bezerro-encourado e cabra-cega. O primeiro é que traz maior sensação de humilhação ao menino, por se tratar de um nome dado a um animal intruso, como a criança que quer se imiscuir na relação parental.

> Quando uma cria morre, tiram-lhe o couro, vestem com ele um órfão que, neste disfarce, é amamentado. A vaca sente o cheiro do filho, engana-se a adota o animal. [...] Essa injúria revelou muito cedo minha condição na família: comparado ao bicho infeliz, considerei-me um pupilo enfadonho, aceito a custo (p. 144).

O menino, na condição de enfermo, com a visão deficiente, é comparado aos animais e o pior, a um animal intruso, ou seja, indesejado pela família, em especial pela mãe. Esse sentimento cruel de rejeição encontra um agravante que aguça o sentido de seu discurso melancólico e que encontra justificativa para a humilhação sofrida: "Censurando-me a inferioridade, talvez quisessem corrigir-me" (p. 144). Nesse sentido, a melancolia[188] é um comportamento que se assemelha a uma ferida que nunca se fecha, "atraindo para si, de toda parte, energias de investimento e esvaziando o ego até o empobrecimento total" (FREUD, 2011, p. 71).

Mesmo curado da oftalmia, o menino ainda sofria com as injúrias e com os apelidos pejorativos. Além disso, as imensas dificuldades com a leitura pareciam não ter fim. Quando foi novamente acometido pela doença, o sofrimento era ainda maior.

> Um dia as trevas se adelgaçavam, pedaços de mundo apareciam-me confusos na madrugada nebulosa. Queria fixar-me neles, cheio de alegria louca, a pestanejar furiosamente. Voltava às ocupações miúdas, às brincadeiras mornas e tranquilas. Já não era cabra-cega. Mas permanecia bezerro-encourado. Em silêncio, resvalava na tristeza e no desânimo. [...] Os meus desgraçados olhos vagueavam na página amarela, molhavam os contos execráveis do barão de Macaúbas. Os dedos emperrados manchavam-se de tinta, sujavam o papel, traçavam garranchos ilegíveis fora das linhas. [...] E, meses depois, nova pausa, novo mergulho na sombra (p. 149-150).

O narrador de *Infância,* ao alternar momentos de luz (saúde) e "sombra" (doença), novamente recorre a palavras que denotam fragmentação – "pedaços de mundo", "ocupações miúdas", ou seja, o apego às miudezas, às minúcias, – termos que favorecem a presença do discurso melancólico.

A ironia como simulação 'escrita' das "descargas afetivas, poderia ser possivelmente entendida, a partir da leitura de Benjamin, como uma das respostas – ou talvez, uma das defesas – mais contundentes aos maléficos influxos

188 Consoante a teoria freudiana, as razões que ocasionam a melancolia ultrapassam, na maior parte das vezes, "o claro acontecimento da perda por morte e abrangem todas as situações de ofensa, desprezo e decepção através das quais pode penetrar na relação uma oposição de amor e ódio ou pode ser reforçada uma ambivalência já existente. Esse conflito de ambivalência, de origem ora mais real, ora mais constitutiva, não deve ser desconsiderado entre os pressupostos da melancolia" (FREUD, 2011, p. 67).

melancólicos" (LAGES, 2007, p. 147). Nessa perspectiva, a escrita melancólica em *Infância* e nas *Memórias* evidencia-se através do discurso irônico, pois, através deste, Graciliano constrói sua narrativa, utilizando-o como arma para combater os influxos paralisantes.

Palavras finais

A escrita de Graciliano Ramos está intimamente ligada à sua experiência, às suas vivências no cárcere, no caso de *Memórias do cárcere* ou nos primeiros anos de vida, no caso de *Infância*. Nesses relatos autobiográficos, que pretendem se identificar com a própria vida do escritor é constante a presença do autoquestionamento que corresponde ao próprio questionamento da literatura. Essa autoindagação se concretiza através do discurso irônico, que é largamente utilizado na obra do autor, o que pode ser entendido, como esperamos ter mostrado, como um mecanismo de defesa contra os influxos melancólicos de sua escrita.

Ao direcionar o seu olhar para o passado, Graciliano Ramos faz o recorte que mostra suas incertezas, suas dificuldades de lidar com seus questionamentos, de se relacionar com as outras pessoas e a relevante revisão de valores que empreende ao longo das *Memórias*. Para concretizar essa visão panorâmica, que traz ao presente fatos importantes e dolorosos de seu passado, o escritor alagoano apega-se a pequenos acontecimentos, às insignificâncias, às miudezas para assim construir a matéria que representará as suas memórias. Em determinados momentos, o que é essencial será insignificante e vice-versa num processo em que o narrador se dá o direito de manipular o texto.

As hesitações e dúvidas inerentes à escrita da memória trazem, em seu bojo, na maior parte das vezes, além de um permanente autoquestionamento, uma constante autodepreciação da própria obra. Esse processo de autodepreciação – traço marcante na escrita melancólica – concretiza-se numa obsessão de caráter eminentemente narcisístico: a imperiosa necessidade de reescrever seus textos. Ao empreender uma revisão de seus escritos, o autor como que faz uma revisão de si mesmo. Nesse processo de auto-observação depreciativa, constrói-se a escrita de Graciliano Ramos que, como intelectual, debate-se em suas próprias contradições, optando por rearticular sua experiência, com suas "armas fracas", "armas de papel", através de um reiterado indagar – a si mesmo, ao outro, à literatura – sendo essa inquirição um recurso retórico poderoso em seu fazer literário.

As contradições na escrita do autor apresentam-se através da escolha de temas como uma aversão, uma repugnância que configuram um jogo de repulsa e atração muito presentes em sua obra. Esse jogo concretiza-se por intermédio de mecanismos típicos do uso do discurso irônico e marca a posição ambivalente do intelectual que se expressa por uma escrita melancólica. O escritor faz uso dos recursos que possui como intelectual para combater não só a injustiça contra si próprio, mas também a injustiça social que denuncia, sem utilizar para esse fim, um discurso panfletário.

Não sendo cooptado pelo sistema e sendo um autor independente ou "inclassificável", que foi vinculado, por razões históricas, ao Romance de 30, Graciliano Ramos valeu-se de sua condição de escritor para evidenciar a dimensão ética de seu ofício. Escrevendo *Memórias do cárcere*, o autor paga, devolve, retribui a "hospedagem" que recebeu nos porões do primeiro governo Vargas (1930-1945). Escrevendo *Infância*, o adulto-escritor também paga, retribui os maus tratos recebidos pela criança até a adolescência com uma escrita também de denúncia, que, segundo a fortuna crítica, pode explicar o estilo conciso do autor, a construção de personagens contraditórios e com grande dificuldade de se comunicar com as pessoas.

Uma estranha contradição se apresenta no estilo de Graciliano Ramos, a ironia, um recurso que desdobra o sentido, que o faz duplicar num mesmo enunciado; todavia, na escrita do autor, caracteriza-se por evitar o desdobramento, ou seja, uma tendência a uma prolixidade semântica. De fato, o uso do discurso irônico joga a favor do estilo sintético de Graciliano Ramos, de forma paradoxal.

Ainda com relação ao estilo, que por assim dizer "subtrai", retira elementos, corta passagens, deve-se citar a estratégia retórica de não utilizar o pronome "eu" nas *Memórias* para não se tornar o centro das atenções; entretanto, na obra, o escritor é o narrador e o protagonista da narrativa, tornando-se, portanto, ao contrário do que alega, o alvo das atenções e construindo uma escrita com forte autocrítica e autodepreciação, algo típico da persona melancólica.

Também em *Infância*, o autor é narrador e protagonista de uma narrativa, em que se destaca, especialmente, o papel de sua formação como leitor. O papel do leitor Graciliano Ramos possui importância fundamental no processo de criação do adulto-escritor. O escritor representa, de modo negativo, as figuras dos adultos com quem o menino convivia. A escrita do autor em *Infância* parece ser o resultado de uma espécie de complexo sadomasoquista formado pelas instâncias paterna, materna e seus sucedâneos, os educadores. É dessa forma que o narrador de *Infância* representa esses adultos: figuras impiedosas, que atuam de maneira sádica e como, segundo a teoria freudiana, a contraparte do sadismo é o masoquismo, de certa forma, podemos detectar certo prazer do narrador no relato desses sofrimentos, como uma espécie de liberação.

Exposto aos maus tratos, também no momento da alfabetização, persistia em seu íntimo, apesar de ter sofrido com as experiências frustradas, o desejo de entrar no universo das letras. Para se alfabetizar, o narrador necessita passar por grandes dificuldades e situações humilhantes, buscar leituras diversas daquelas que os adultos lhe propunham e criar sua própria interpretação dos signos e suas escolhas singulares de leitura. A busca por uma trajetória peculiar é uma obsessão para o leitor de *Infância* e para o adulto-escritor. A memória dos textos lidos está num passado que não pode ser recuperado e não é possível ao escritor estabelecer, de modo concreto, a distância entre o passado e o presente, o que leva o autor a mergulhar num mar de hesitações.

O protagonista de *Infância,* como leitor, empreende as suas escolhas. O adulto-escritor, que também é leitor, narra de maneira exemplar suas vivências, criando, de modo extraordinário, caminhos que se constroem num jogo de escrita e de leitura, que se configura como parte da experiência do escritor-leitor.

Nas narrativas de experiência em *Memórias do cárcere* e em *Infância*, o uso da ironia permite ao narrador tomar a devida distância para representar, através da escrita, fatos traumáticos. A ironia é, portanto, um meio pelo qual o estilo de Graciliano Ramos combate tendências autodestrutivas e autodepreciativas que constituem o traço melancólico que atravessa sua escrita, marcando-a com suas oscilações, para o alto e para baixo, para frente e para trás, entre alegrias e tristezas, ação e inatividade, regozijos e padecimentos, no decorrer dessas narrativas.

BIBLIOGRAFIA

ABREU, Casimiro de. Abreu, Casemiro de. **Primaveras**. Disponível em: http://www.dominiopublico.gov.br/download/texto/bn000163.pdf Acesso em 12 set 2013.

ACHARD, Pierre [*et al*] **Papel da memória**. Tradução e introdução: José Horta Nunes. Campinas, SP: Pontes, 1999.

ADORNO, Theodor W. O que significa elaborar o passado? In: ADORNO, Theodor W **Educação e emancipação**. Trad. Wolfgang Leo Maar. São Paulo: Paz e Terra, 1995.

____________. Posição do narrador no romance contemporâneo. In **Notas de literatura I**. Tradução: Jorge de Almeida. São Paulo: Duas Cidades/ 34, 2003.

AGAMBEN, Giorgio. **Estâncias**. Tradução: Selvino José Assmann. Belo Horizonte: Editora UFMG, 2012.

____________. **Infância e História**. Tradução: Henrique Burigo. Belo Horizonte: Editora UFMG, 2005.

____________. **O que resta de Auschwitz?** Tradução: Selvino J. Assmann. São Paulo: Boitempo Editorial, 2008.

AGOSTINHO, Santo. **Confissões.** Tradução: A. Ambrósio de Pina e J. Oliveira Santos. Petrópolis: Vozes, 2011.

ALLEMANN, Beda. "De l'ironie em tant que principe litteráire" In **Poétique, Revue de critique et analyse litteráires,** nº 36, nov. 1978.

ALMEIDA, Rogério Miranda de. Arte, superstição e "filosofia" no Renascimento. **Rev. Filosofia Aurora**, Curitiba, v. 27, n. 42, p. 895-916, set./dez. 2015.

ALMEIDA, Sílvio Luiz. **Racismo estrutural**. Coleção Feminismos Plurais. Coordenação: Djamila Ribeiro. São Paulo: Sueli Carneiro; Pólen, 2019.

AMADO, Jorge. Prefácio. In RAMOS, Graciliano. **Viagem**. São Paulo: Record, 1992.

AMORIM, Marcelo. **O trajeto autobiográfico de Graciliano Ramos**. (2011). Disponível em: http://muse.jhu.edu/login?auth=0&type=summary&url=/journals/romance- notes/v051/51.3.amorim.pdf Acesso em: 13 de julho de 2013.

ANDERSON, Perry. **Considerações sobre o marxismo ocidental:** nas trilhas do materialismo histórico. Introdução: Emir Sader. Tradução: Isa Tavares. São Paulo: Boitempo Editorial, 2004.

ANDRADE, Mario. **Macunaíma** – o herói sem nenhum caráter. Orgs.: Miguel Sanches Neto, Silvana Oliveira. Coleção Literatura Brasileira: Identidades em movimento / coordenação: Evanir Pavloski, Silvana Oliveira, Valdir Prigol. Chapecó: Ed. UFFS, 2019.

ARFUCH, Leonor. **O espaço biográfico:** Dilemas da subjetividade contemporânea. Tradução: Paloma Vidal. Rio de Janeiro: Ed. UERJ, 2010.

ARIÈS, P. **História social da família e da criança**. Trad. Dora Flaksman. 2ª ed. Rio de Janeiro: Guanabara, 1986.

ARISTÓTELES. **A poética clássica.** Tradução: Jaime Bruna. São Paulo: Cultrix,1997.

____________. **O homem de gênio e a melancolia** – o problema XXX, 1. Tradução: Alexei Bueno. Rio de Janeiro: Lacerda, 1998.

ASSIS, Joaquim Maria Machado de. **Memorial de Aires**. Obra completa em quatro volumes. Rio de Janeiro: Editora Nova Aguilar, 2008.

__________________. **Memórias póstumas de Brás Cubas**. Obra completa em quatro volumes. Rio de Janeiro: Editora Nova Aguilar, 2008.

ASSMANN, Aleida. **Espaços da recordação:** formas e transformações da memória cultural. Tradução: Paulo Soethe. Campinas: Editora da UNICAMP, 2012.

ASSIS, Joaquim Maria Machado. **Obra completa em quatro volumes.**Org. Aluísio Leite Neto. 2ª edição. Rio de Janeiro: Nova Aguilar, 2008.

AUERBACH, Erich. **Mimeses** – A representação da realidade na literatura ocidental. Coleção Estudos. Dirigida por J. Guinsburg. São Paulo: Editora Perspectiva, 2002.

AZEVEDO, Álvares. **Poemas malditos.** Belém: NEAD – Núcleo de Educação à Distância. Universidade da Amazônia. 2008.

BADINTER, Elizabeth. **Um amor conquistado**: o mito do amor materno. Tradução: Waltensir Dutra. Rio de Janeiro: Editora Nova Fronteira, 1980.

BAKHTIN, Mikhail. **Estética da criação verbal**. Tradução: Paulo Bezerra. São Paulo: Martins Fontes, 2003.

____________. **Teoria do romance II**. As formas do tempo e do cronótopo. Trad posfácio e notas: Paulo Bezerra. Organização da edição russa de Serguei Botcharov e Vadim Kójinov. São Paulo: Editora 34, 2018.

____________. **Problemas da poética de Dostoiévski**. Tradução: Paulo Bezerra. 2ª edição. Rio de Janeiro: Forense Universitária, 1997.

____________. **Questões de literatura e estética. A teoria do romance**. Tradução: Aurora F. Bernardine *et al.* São Paulo: Annablume – HUCITEC, 2002.

BALBURE, Brigitte. "Melancolia" In BALBURE, Brigitte et al. **Dicionário de Psicanálise** – Freud & Lacan. Tradutora: Leda Mariza Fischer Bernardino et al. Salvador, BA: Álgama, 1997.

BARBOSA, João Alexandre. A modernidade do romance. In PROENÇA FILHO, Domício (org.) **O livro do seminário**. São Paulo: L R Editores LTDA, 1982.

BARRETO, Afonso Henriques de Lima. **Triste fim de Policarpo Quaresma**. São Paulo: Paulus, 2005.

BARTHES, Roland. **O prazer do texto**. Tradução: J. Guinsburg. São Paulo: Perspectiva, 2002.

BASTIDE, Roger. **Poetas do Brasil**. São Paulo: EDUSP, 2002.

BASTOS, Hermenegildo. **Memórias do cárcere:** literatura e testemunho. Brasília: Editora da Universidade de Brasília, 1998.

BATISTA, Eloisy Oliveira. **Escritor, autor, narrador e herói:** a construção do *eu* em *Memórias do cárcere* Dissertação de mestrado. Instituto de Estudos da Linguagem. Programa de Pós-Graduação em Teoria e História Literária. Universidade Estadual de Campinas. Campinas, SP: 2011.

BELÉM, Euler de França. Carta de primo Levi para sua família no Brasil antecipa literatura sobre Auschwitz. **Jornal Opção**, São Paulo, 21 de julho de 2019. Disponível em: https://www.jornalopcao.com.br/colunas-e-blogs/imprensa/carta-de-primo-levi-para-sua-familia-no-brasil-antecipa-literatura-sobre-auschwitz-197897/ Acesso em 06 out 2020.

BENJAMIN, Walter. **Infância em Berlim, Rua de mão única**. Tradução: Rubens Rodrigues Torres Filho e José Carlos Martins Barbosa. São Paulo: Brasiliense, 2000.

_____________. **Magia e técnica, arte e política**. 5ª edição. Tradução: Sérgio Paulo Rouanet. São Paulo: Brasiliense, 1993.

_____________. **Origem do drama barroco alemão**. Tradução, apresentação e notas: Sérgio Paulo Rouanet. São Paulo: Brasiliense, 1984.

_____________. **Reflexões sobre o brinquedo, a criança e a educação**. Tradução: Marcus Mazzari. São Paulo: Duas Cidades, Ed. 34, 2002.

_____________. **Rua de sentido único e Infância em Berlim por volta de 1900**. Tradução de Isabel de Almeida e Sousa e Cláudia de Miranda Rodrigues. Prefácio: Susan Sontag. Lisboa: Relógio D'Água Editores, 1992.

BERLINK, Manoel Tosta. Prefácio. In: BURTON, Robert. **A anatomia da melancolia**. v. I. Trad. Guilherme Gontijo Flores. Curitiba: Editora UFPR, 2011.

BERMAN, Marshall. **Tudo o que é sólido desmancha no ar** – A aventura da modernidade. Trad. Carlos Felipe Moisés e Ana Maria L. Ioriatti. São Paulo: Companhia das Letras, 1986.

BERRENDONNER, Alain. **Eleménts de pragmatique linguistique**. Paris: Les Editions de Minuits, 1981.

BILAC, Olavo. **Tarde**. Poesias. Rio de Janeiro: Ediouro, 1978.

BINES, Rosana Kohl. **A arte da canhota:** o corpo da criança na escrita de Nuno Ramos Disponível em: www.gelwww.gelbc.com.br/pdf– revista/3303.pdf. Acesso em: 13/ 12/2013.

_____________. **Jogo de xadrez:** representando a violência para crianças. Disponível em bc.com.br/pdf– revista/2905.pdf Acesso em 01/12/2013.

BLIKSTEIN, Izidoro. "O inferno na obra de Graciliano Ramos: uma obsessão semiótica". **Jornal de psicanálise** (on line), 2011, vol. 44, nº 81, p. 233-244. Disponível em: www.pepsic.bvsalud.org/pdf Acesso em 13/09/2013.

BOLLE, Willi. "A ideia de formação na modernidade" In: GHIRALDELLI JÚ-

NIOR, Paulo. **Infância, escola, modernidade**. São Paulo: Cortez; Curitiba: Editora da UFPR, 1997.

___________. **Fisiognomia da metrópole moderna:** representação da história em Walter Benjamin. São paulo: EDUSP, 1994.

BOSI, Alfredo. A escrita do testemunho em *Memórias do cárcere*. **Revista de Estudos Avançados da USP.** Volume 9, nº 23. São Paulo: jan./abr. 1995.

___________. **História concisa da literatura brasileira**. São Paulo: Cultrix, 1993.

BOTO, Carlota. **A escola do homem novo:** entre o iluminismo e a revolução francesa. São Paulo: Editora da UNESP, 1996.

BOURDIEU, Pierre. Gostos de classe e estilo de vida In: ORTIZ, Renato. (org.) **A sociologia de Pierre Bourdieu.** São Paulo: Olho d'Água, 2003.

BRAYNER, Sônia. Graciliano Ramos e o romance trágico. In BRAYNER, Sônia. **Graciliano Ramos.** São Paulo: Civilização Brasileira, 1973.

BRUNACCI, Maria Izabel. **Graciliano Ramos**: um escritor personagem. Brasília: Editora da UNB, 2005.

BUENO, Luís. **Uma história do Romance de 30**. São Paulo: Editora da USP; Campinas: Editora da UNICAMP, 2006.

BULHÕES, Marcelo Magalhães. **Literatura em campo minado**. A metalinguagem em Graciliano Ramos e a tradição literária brasileira. São Paulo: Annablume/ FAPESP, 1999.

BURTON, Robert. **A anatomia da melancolia**. Vol. I Demócrito Júnior ao leitor. Trad. Guilherme Gontijo Flores. Prefácio: Manuel Tosta Berlinck. Curitiba: Editora UFPR, 2011.

___________. (2012). **A anatomia da melancolia**. v. II. A primeira partição. Causas da melancolia. Trad. Guilherme Gontijo Flores. Curitiba: Editora UFPR.

CABRAL, Leila Maria Rodrigues Daibs. **Memórias do cárcere:** Entreolhares. Um confronto entre as *Memórias do cárcere* de Graciliano Ramos e Camilo Castelo Branco. **Revista Forma breve**, novembro de 2011, pp.329-336.

CAMPOS, Haroldo de. "O Ulisses de Houaiss". In: JOYCE, James. **Ulisses**. 12ª ed. Trad. Antônio Houaiss. São Paulo: Civilização Brasileira, 2000.

CANDIDO, Antônio. **A educação pela noite e outros ensaios**. Companhia Editora Nacional, 1987.

___________. **Ficção e confissão.** Ensaios sobre Graciliano Ramos. Rio de Janeiro: Editora 34, 1992.

___________. **Formação da literatura brasileira**. Belo Horizonte: Editora Itatiaia, 1997, v. 1.

___________. **Literatura e sociedade** – Estudos de Teoria e História Literária. São Paulo: Companhia Editora Nacional, 1980.

___________. **O romantismo no Brasil**. São Paulo: *Humanitas* – FFLCH/USP, 2002.

CARONE, Marilene. "Nota explicativa" In FREUD, S. **Luto e melancolia**. Tradução: Marilene Carone. São Paulo: Cosac Naify, 2011, p.44.

CARPEAUX, Otto Maria. Visão de Graciliano Ramos.In RAMOS, Graciliano. **Angústia** (75 anos). São Paulo: Record, 2011.

CARVALHO, Lúcia Helena. **A ponta do novelo** – Uma interpretação de *Angústia,* de Graciliano Ramos. São Paulo: Editora Ática, 1983.

CARVALHO, Renato R. P.; PERES, Rossely S. M. **O masoquismo na teoria de Freud.** Letra Freudiana – Ano XI – nº 10/11/12. Disponível em: www.escolafreudianacom.br/110/file/artigos/letra1012/023.pdf Acesso em 15 de outubro de 2013.

CASTRO, Gilberto de. "O discurso da memória: um ensaio bakhtiniano a partir de *Infância* e *São Bernardo*, de Graciliano Ramos" **Bakhtiniana**, São Paulo: v. 1, n.6, p. 79-94, 2º semestre 2011.

CEIA, Carlos. **E-Dicionário de Termos Literários**. (2012, 2013). Disponível em www.edtl.com.pt/index.php Acesso em 15 de outubro de 2013.

CERIZARA, Ana B. **Rousseau e a educação na infância**. São Paulo: Scipione, 1990.

CHIARELLI, Stefania. "Na biblioteca de Hatoum: leituras e mediações" In CHIARELLI, Stefania; Geovana Dealtry; Lemos Masé. **Alguma prosa**. (orgs.) Rio de Janeiro: 7 Letras, 2007.

CIRLOT, Juan-Eduardo. **Dicionário de símbolos**. Tradução: Rubens Eduardo F. Frias. São Paulo: Publicações Dom Quixote, 2000.

COELHO, Marcelo. "Graça pôs uma pedra no meio do caminho" In: RAMOS, Graciliano. **Infância.** Org.: Elizabeth Ramos. Edição comemorativa 75 anos. São Paulo: Record, 2011.

COELHO, Nelly Novaes. Solidão e luta em Graciliano. In BRAYNER, Sônia. (org.) **Graciliano Ramos**. São Paulo: Civilização Brasileira, 1965.

CONRADO, Regina Fátima de Almeida. **O Mandacaru e a Flor:** a autobiografia *Infância* e os modos de ser Graciliano. São Paulo: Arte & Ciência 1997.

COSTA, Emília Viotti. **O historiador e a sociedade**. Disponível em www.marilia.unesp.br/revistas/index.php/cedem/article/view/517/413. Acesso em 31 de outubro de 2011.

COUTINHO, Carlos Nélson. Graciliano Ramos. In BRAYNER, Sônia. (org.) **Graciliano Ramos.** São Paulo: Civilização Brasileira, 1965.

CURY, Maria Zilda Ferreira. "*Infância*: a memória em fragmentos." In **Itinerários.** Revista de Literatura, nº 7, 1994. Disponível em www.seer.fclar.unesp.br/itinerarios/view/223/showtoc Acesso em 13 de janeiro de 2013.

DAL FARRA, Maria Lúcia. "**A preservação da infância na prática textual de Graciliano Ramos**" Disponível em: www.revistas.usp.br/revusp/rt/metadata/25941 Acesso em 11 de janeiro de 2012.

DAMIÃO, Carla. "O anti-subjetivismo em *Infância em berlinense por volta de 1900*" In: DAMIÂO, Carla. **Sobre o declínio da sinceridade**. Filosofia e autobiografia de Jean-Jacques Rousseau a Walter Benjamin. São Paulo: Edições Loyola, 2006.

DAVI, Tânia Nunes. **A prisão: um microcosmo do Brasil nas representações de Graciliano Ramos.** Disponível em www.fucamp.edu.br/editora/index.perp/cadernos/article/view/49 Acesso em 31 de outubro de 2011.

DÉCIO, João. "Graciliano Ramos e a conquista de um estilo" In **Itinerários** Revista de Literatura nº 7, 1994. Disponível em www.seer.fclar.unesp.br/itinerarios/view/223/showtoc Acesso em 13 de janeiro de 2013.

DELEUZE, Gilles; GUATTARI, Félix. **Kafka:** por uma literatura menor. Tradução: Julio Castañon Guimarães. Rio de Janeiro: Imago Editora, 1977.

DESCARTES, René. **Discurso do método**. As paixões da alma. Tradução: J. Guinsburg e Bento Pardo Júnior. 4ª edição. São Paulo: Nova Cultural, 1987.

DIAS, Ângela. **Identidade e memória:** os estilos Graciliano Ramos e Rubem Fonseca. Tese de Doutorado. Pós-Graduação em Letras. Universidade Federal do Rio de Janeiro. Rio de Janeiro: UFRJ, 1989.

DIAS, Maria Heloísa Martins. "*Angústia* ou o percurso introspectivo da imagem". In *Itinerários*. **Revista de Literatura,** nº 7, 1994. Disponível em www.seer.fclar.unesp.br/itinerarios/view/223/showtoc Acesso em 13 de janeiro de 2013.

DUARTE, Eduardo de Assis. **Jorge Amado:** romance em tempo de utopia. Rio de Janeiro: Record; Natal/RN: UFRN, 1996.

DUCROT, Oswald. **O dizer e o dito**. Trad. Eduardo Guimarães. Campinas: Fontes, 1987.

DUNKER, Christian Ingo Lenz. **O que é despersonalização?** Falando nisso 299. Disponível em: https://youtu.be/NMYNZkdalzc Acesso em 26 de jan. 2021

EL-JAICK, Sylmar Lannes. *São Bernardo* e *Vidas Secas:* indivíduo, modernização e história. In: HELENA, Lúcia. (org.) **Nação-Invenção:** ensaios sobre o nacional em tempos de globalização. Rio de Janeiro: Contra Capa/CNPq, 2004.

EL-JAICK, Sylmar Lannes **Graciliano Ramos**: a narrativa social como reflexão. Tese de doutorado. Niterói: Universidade Federal Fluminense, 2006.

ESPÍNOLA, Adriano. Território de inventos. In **Revista EntreLivros**. São Paulo: Duetto Editorial, novembro/06, pp. 52-54.

FANON, Frantz. **Os condenados da terra**. Tradução: Enilce Albergaria Rocha. Juiz de Fora/MG: Editora da Universidade Federal de Juiz de Fora, 2006.

FARIA, Octávio de. "Graciliano Ramos e o sentido do humano" In: RAMOS, Graciliano. **Infância**. São Paulo: Record, 1993.

FELDMAN, Helmut. **Graciliano Ramos**: reflexos de sua personalidade na obra Tradução: Luís Gonzaga M. Chaves e José G. Magalhães. Fortaleza: Imprensa Universitária do Ceará, 1967.

FERNANDES, Isabel. "Cronótopo". (2009) In: CEIA, Carlos (org.). **E-Dicionário**

de Termos Literários. Disponível em: https://edtl.fcsh.unl.pt/encyclopedia/cronotopo. Acesso em: 02 mar. 2021.

FERREIRA, Marieta de Moraes. **Getúlio Vargas** – uma memória em disputa. Disponível em www.cpdoc.fgv.br/producao– intelectual/arq/159.pdfAcesso em 15 de outubro de 2011.

FONSECA, Pedro Cezar Dutra. **Gênese e precursores do desenvolvimentismo no Brasil**. Disponível em www.ufrgs.br/decon/publionline/textosprofessores/fonseca/origens– do– desenvovimentismo.pdf Acesso em 14 de novembro de 2011.

____________. **Nem ortodoxia nem populismo**: o Segundo Governo Vargas e a economia brasileira. (2010) Disponível em: https://www.scielo.br/j/tem/a/8cKZ3vZNQwjsx9Fhc6PmGsK/?format=pdf&lang=pt Acesso em 12 de julho de 2021.

FORTES, Isabel. **Erotismo *versus* masoquismo na teoria freudiana**. Disponível em: www.scielo.br/pdf/pc/v19n2/a03v19n2 Acesso em 15 de maio de 2013.

FOUCAULT, Michel. **A ordem do discurso**. Aula inaugural no Collége de France, pronunciada em 2 de dezembro de 1970. Trad. Laura Fraga de Almeida Sampaio. São Paulo: Edições Loyola, 1999.

____________. **Microfísica do poder**. Tradução: Patrícia Faria. Petrópolis: Vozes, 2000.

____________. **Vigiar e punir**: história da violência nas prisões. Tradução: Raquel Ramalhete. Petrópolis: Vozes, 2007.

FREITAS, Norma Siqueira de. **Estéticas da prisão:** diálogos entre Literatura e Cinema. Tese de doutorado. Instituto de Letras. Programa de Pós-Graduação em Letras. Universidade Federal Fluminense. UFF, Niterói: 2008.

FREUD, SIGMUND. **"Gradiva" de Jensen e outros trabalhos**. Edição Standard das Obras Psicológicas Completas de Sigmund Freud. Tradução (direção geral): Jayme Salomão. Volume IX. Rio de Janeiro: Imago, 1996.

____________. **Inibição, sintoma e angústia**. Obras completas. Vol. 17. Tradução e notas Paulo César de Souza. São Paulo: Cia das Letras, 2014.

____________. "O instinto e seus destinos" In: FREUD, S. **Introdução ao narcisismo, ensaios de metapsicologia e outros textos** (1914– 1916). Obras completas. Vol. 12. Tradução e notas Paulo César de Souza. São Paulo: Cia das Letras, 2010.

____________. **Luto e melancolia**. Tradução, introdução e notas: Marilene Carone. São Paulo: Cosac Naify, 2011.

____________. **Observações psicanalíticas sobre um caso de paranoia relatado em autobiografia**. ("O caso Schreber"), Artigos sobre técnica e outros textos (1911 – 1913). Trad. Paulo César de Souza. São Paulo: Cia da Letras, 2010.

____________. **O infamiliar**. Edição comemorativa bilíngue. Obras incompletas de Sigmund Freud. Tradução: Ernani Chaves e Pedro Heliodoro Tavares. Belo Horizonte: Autêntica, 2019.

____________. "O problema econômico do masoquismo". In FREUD, Sigmund. **O eu e o Id "Autobiografia" e outros textos** (1923-1925). Tradução: Paulo César de Souza. Obras completas. Volume 16. São Paulo: Companhia da Letras, 2012.

____________. **Psicopatologia da vida cotidiana.** Obras Psicológicas Completas de Sigmund Freud. Tradução (direção geral): Jayme Salomão. Volume VI. Rio de Janeiro: Imago, 1996.

____________. **Três ensaios dobre a teoria da sexualidade**. Tradução: Paulo César de Souza. Obras completas. Volume 6. São Paulo: Companhia da Letras, 2016.

FRIAS, Ivan. Prefácio. In: PIGEAUD, Jackie. **Metáfora e melancolia:** ensaios médico-filosóficos. Tradução seleção de textos e prefácio: Ivan Frias. Rio de Janeiro: Editora PUC-Rio: Contraponto Editora Ltda, 2009.

GAGNEBIN, Jeanne-Marie. **Sete aulas sobre linguagem, memória e história**. 2ª edição. Rio de Janeiro: Imago, 2005.

_______________. **História e narração em Walter Benjamim**. São Paulo: Perspectiva, 2007.

_______________. Walter Benjamin ou a história aberta. In: BENJAMIN, Walter. **Magia e técnica, arte e política**. 5ª edição. Tradução: Sérgio Paulo Rouanet. São Paulo: Brasiliense, 1993.

GARBUGLIO, José Carlos. **Cultura e mediação em Graciliano Ramos**. (1994). Disponível em www.seer.fclar.unesp.br/itinerarios/view/223/showtoc Acesso em 13 de janeiro de 2013.

_______________ *et all.* (orgs.) **Graciliano Ramos**. Antologia & estudos. São Paulo: Editora Ática, 1987.

GENNETE, Gerard. **Palimpsestos.** A literatura de segunda mão. Tradução: Luciene Guimarães e Maria Antônia R. Coutinho. Belo Horizonte: FALE/ UFMG setor de publicações, 2006.

GIMENEZ, Ervin Torraldo. **Graciliano Ramos:** uma poética da insignificância. Disponível em: http://www.revistas.usp.br/eav/article/view/10395/12102 Acesso em 02 de agosto de 2013.

GHIRALDELLI JÚNIOR, Paulo. **Infância, escola, modernidade**. São Paulo: Cortez; Curitiba: Editora da Universidade Federal do Paraná, 1997.

GORENDER, Jacob. Graciliano Ramos: lembranças tangenciais. In **Revista de Estudos Avançados da USP**. Volume 9, nº 3. São Paulo: jan./abr. 1995.

GOETHE, Johann Wolgang Von Goethe. **Os anos de aprendizado de Wilhelm Meister**. Tradução: Nicolino Simone Neto. Apresentação: Marcus Vinícius Mazzari. Posfácio: Georg Lukács. São Paulo: Editora 34, 2009.

GUEDES-PINTO, Ana Lúcia; Fontana, CAÇÃO, Roseli Aparecida. As mulheres professoras, as meninas leitoras e o menino leitor: uma leitura a partir de *Infância* de Graciliano Ramos. **Cadernos Cedes**, 2004, vol. 24, p. 165-191.

GUÉRIOS, R. F. Mansur. **Do léxico à pré-história**. Disponível em ojs.c3sl.ufpr.br/ojs2/index.ph.letras/article/view/article/20074. Acesso em 02 de janeiro de 2012.

GUIMARÃES, J. Ubireval. **Graciliano Ramos e a fala das memórias**. São Paulo: SECOM, 1988.

GUIMARÃES, Raquel Beatriz Junqueira. "A memória de leitura em *Infância*, de Graciliano Ramos" **Anais do SILEL**,volume 2, número 2. Uberlândia: EDUFU, 2011.

HALBWACHS, M. **A memória coletiva**. Tradução: Beatriz Sidou. São Paulo: Centauro, 2006.

HAUTOUM, Milton. "Um solitário à espreita" Entrevista ao suplemento **Prosa**. Jornal *O Globo*, p. 5, 13/05/2013.

HELLER, A. **O homem do Renascimento**. Lisboa: Presença, 1982.

HOBSBAUM, Eric. **Era dos extremos** – o breve século XX. Tradução: Marcus Santarrita. 9ªedição. São Paulo: Companhia da Letras, 1994.

HOLANDA, Sérgio Buarque de. **Raízes do Brasil**. São Paulo: Companhia das Letras,2004.

HOUAISS, Antônio; VILLAR, Mauro de Sales. **Dicionário Houaiss de Língua Portuguesa.** Instituto Antônio Houaiss de Lexicografia e Banco de Dados da Língua Portuguesa S/C Ltda. Rio de Janeiro: Objetiva, 2001.

HUTCHEON, Linda. **Irony's edge:** the theory and politics of irony. London: Routledge, 1994.

____________. Modes et formes du narcisisme litteráire. **Poetique**. 29 fev. 1977, p. 90-106.

ISER, Wolfgang. **O ato da leitura:** uma teoria do efeito estético. v. 2. Tradução: Johannes Kretschmer. São Paulo: Ed. 34, 1999.

______________. "Os atos de fingir ou que é fictício no texto ficcional". In LIMA, Luís Costa. (org.) **Teoria Literária e suas Fontes.** V.2 Tradução: Heidrum Krieger Olinto e Luís Costa Lima. Rio de Janeiro: Livraria Francisco Alves S.A, 1983.

JOST, François. **La tradition du Bildungsroman.** Comparative Literature. Paris, vol. 02, 1969.

KAFKA, Franz. **Carta ao pai**. Trad. Marcelo Backes. Porto Alegre: L&PM Editores, 2004.

____________. **Na colônia penal**. Tradução: Modesto Carone. São Paulo: Cia das Letras, 2011.

____________. **O processo**. Tradução: Modesto Carone. São Paulo: Cia das Letras, 2008.

KAUFFMANN, Anna Luíza. "Ironia – considerações psicanalíticas" Disponível em: www.academia.edu/285211/ironia– consideracoespsicanaliticas Acesso em 12 de novembro de 2013.

KEHL, Maria Rita. "Freud fundador" In Revista *Cult.* Nº165, Ano 15, fevereiro de 2012.

______________. "Melancolia e criação" In: FREUD, Sigmund. **Luto e melancolia.** Tradução, introdução e notas: Marilene Carone. Posfácio: Modesto Carone. São Paulo: Cosac Naify, 2011.

KIERKEGAARD, S. **O conceito de ironia constantemente referido a Sócrates.** Trad.: Álvaro L. M. Valls. Petrópolis: Vozes, 1991.

KIFFER, Ana. **Corpo, memória, cadeia:** o que pode o corpo escrito? (2006). Disponível em:www.scielo.br.php?pid=S1517 Acesso em 23 de outubro de 2010.

KILOMBA, Grada. **Memórias da plantação.** Episódios de racismo cotidiano. Trad. Jess Oliveira. 1ªed. Rio de Janeiro: Cobogó, 2019.

KRISTEVA, Julia. **Estrangeiros para nós mesmos.** Trad. Maria Carlota Carvalho Gomes. Rio de Janeiro: Rocco, 1994.

______________. **Introdução à semanálise.** Tradução: Lúcia Helena França Ferraz. São Paulo: Perspectiva, 1974.

______________. **Sol negro** – Depressão e melancolia. Tradução: Carlota Gomes. Rio de Janeiro: Rocco, 1989.

LAGES, Susana Kampff. **João Guimarães Rosa e a saudade.** São Paulo: Ateliê Editorial/FAPESP, 2002.

______________. **Walter Benjamin:** tradução e melancolia. São Paulo: EDUSP, 2007.

LAMBOTTE, Marie-Claude. **O discurso melancólico:** da fenomenologia à metapsicologia. Tradução: Sandra Regina Felgueiras. Rio de Janeiro: Companhia de Freud, 1997.

LAMOUNIER, Bolivar; MENEGUELLO, Raquel. **Partidos políticos e consolidação democrática.** O caso brasileiro. São Paulo: Editora Brasiliense, 1986.

LAPLANCHE, L.; PONTALIS, J-B. **Vocabulário de psicanálise.** Tradução: Pedro Tamem. São Paulo: Livraria Martins Fontes Ltda, 1986.

LEBENZTAYN, Ieda. **Graciliano Ramos e a Novidade:** o astrônomo do inferno e os meninos impossíveis. Tese de Doutorado. Faculdade de Filosofia, Letras e Ciências Humanas. Departamento de Letras Clássicas e Vernáculas. Programa de Pós-Graduação em Literatura Brasileira. Universidade de São Paulo. São Paulo: USP, 2009.

___________________; SALLA, Thiago Mio. **Prefácio – Conversas com Graciliano Ramos:** calado e prosador do inferno. In: RAMOS, Graciliano. **Conversas.** Graciliano Ramos. Org: Thiago Mio Salla e Ieda Lebensztayn. Rio de Janeiro: Record, 2014.

LEITÃO, Cláudio. **Líquido e incerto**: memória e exílio em Graciliano Ramos. Prefácio de Eduardo de Assis Duarte. Niterói: EdUFF; São João Del-Rei: UFSJ, 2003.

LEITE Jr, Jorge. **Elementos para uma história do conceito de sadomasoquismo** Disponível em: www.academia.edu/5100172/elementos– para– uma– história– do– conceito– de– sadomasoquismo Acesso em 10 de setembro de 2013.

LEJEUNE, P. **O pacto autobiográfico**. De Rousseau à Internet. Tradução: Jovita Maria G. Noronha. Belo Horizonte: Ed. UFMG, 2008.

LEVI, Primo. **É isto um homem?** Tradução: Luigi Del Re. Rio de Janeiro: Rocco, 1988.

LIMA, Lúis Tenório Oliveira. **Freud**. 2ª edição. São Paulo: Publifolha, 2009. (Coleção *Folha Explica)*

LINS, Álvaro. "A infância de um romancista" In: LINS, Álvaro. **Jornal de crítica**. Rio de Janeiro: José Olympio, 1947.

LISPECTOR, Clarice. **A hora da estrela**. Rio de Janeiro: Livraria José Olympio Editora, 1977.

LOBATO, Monteiro. **Urupês**. São Paulo: Brasiliense, 1984.

LÖWY, M. **Walter Benjamin**: aviso de incêndio. Tradutora: Wanda Nogueira Brant. São Paulo: Boitempo, 2007.

LUKÁCS, Georg. **A teoria do romance**. Tradução: José Marcos Mariani de Macedo. São Paulo: Duas Cidades/Editora 34,2003.

MAAS, Wilma Patrícia. **O cânone mínimo**. O *Bildungsroman* na história da literatura São Paulo: Editora UNESP, 2000.

MAAS, Wilma Patrícia. **O romance de Formação (Bildungsroman) no Brasil.** Modos de Apropriação. Caminhos do Romance, 2005. Arquivo Eletrônico em formato Word. Disponível em: caminhosdoromances.iel.unicamp.br Acessado em 02/10/2013.

MAIA, Pedro Moacir. **Cartas inéditas de Graciliano Ramos a seus tradutores argentinos**. Salvador: EDUFBA, 2008.

MARCHEZAN, Luiz Gonzaga. "Graciliano Ramos, a infância e o inferno." **Anais XII Congresso Internacional da ABRALIC** – Centro, Centros – Ética, Estética. UFPR, Curitiba, Brasil. Disponível em www.abralic.org.br/anais/cong2011/AnaisOnline/.../TC0110-1.pdf. Acesso em 11 de maio de 2013.

MARTINS, Wilson. Graciliano Ramos, o Cristo e o grande inquisidor. In RAMOS, Graciliano. **Caetés**. 11ª edição. São Paulo: Livraria Martins Editora, 1975.

MATOS, Olgária. **O iluminismo visionário**. Benjamin, leitor de Descartes e Kant. São Paulo: Brasiliense, 1999.

MAZZARI, Marcus Vinícius. **Labirintos da aprendizagem** – Pacto fáustico, romance de formação e outros temas de literatura comparada. São Paulo: Editora 34, 2010.

MBEMBE, Achille. **Crítica da razão negra**. Tradução: Sebastião Nascimento. São Paulo: N-1, 2018.

MEDEIROS, Ana Vera Raposo. **A configuração das memórias em** *São Bernardo e Memórias do cárcere*. Disponível em www.revistas.ufg.br/index.php/sig/article/download/2841 Acesso em 13 de maio de 2020.

MEIRELES, Maurício. "Entre a política e a infância" Entrevista com Milton Hatoum. In **Prosa**. Jornal *O Globo*.06 de julho de 2013.

MELLO E SOUZA, Laura. **O diabo e a Terra de Santa Cruz**. São Paulo, Companhia das Letras, 1987.

MELO NETO, João Cabral de. **Serial e antes**. São Paulo: Nova Fronteira, 2000.

MEYER, Marlyse. **Folhetim, uma história**. São Paulo: Companhia das Letras, 1996.

MIRANDA, Wander Melo. **Corpos escritos**. São Paulo: Editora da Universidade de São Paulo: Belo Horizonte: Editora UFMG, 1992.

____________________. **Graciliano Ramos**. São Paulo: Publifolha, Coleção Folha Explica, 2004.

____________________. Posfácio. In RAMOS, Graciliano. **Memórias do cárcere**. Supervisão e posfácio de Wander Melo Miranda. São Paulo: Record, 2008.

____________________. Posfácio. "Vida e obra de Graciliano Ramos". In: MIRANDA, Wander Melo. **Graciliano Ramos**. São Paulo: Publifolha, 2004.

MOISÉS, Massaud. **Dicionário de Termos Literários** São Paulo: Cultrix, 1974.

MONTAIGNE, Michel de. **Ensaios.** Tradução de Sérgio Milliet. 2ª edição. São Paulo: Abril Cultural, 1980 (Os pensadores)

MONTESQUIEU. **Do espírito das leis.** Tradução: Sérgio Milliet. Coleção: Os pensadores. São Paulo: Abril Cultural, 1973.

MOOG, Viana. **Uma interpretação da literatura brasileira**. São Paulo: Corag, 2006

MORAES, Dênis. **O Velho Graça**. Rio de Janeiro: José Olympio, 1992.

MOREIRA, Ana Cleide Guedes. **Clínica da melancolia** São Paulo: Escuta/EDUFPA, 2002.

MORRIER, Henri. **Dictionaire de Poétique et de rhétorique**. Paris: Press Universitaires de France, 1961.

MOURA, Maria Isabel Nascimento. **Luís Carlos Prestes**. Disponível em www.histebr.fae.unicamp.br/navegando/glossario/verb– b– luis– carlos– prestes.htm Acesso em 29 de outubro de 2011.

MOURÃO, Rui. A estratégia narrativa de São Bernardo. In BRAYNER, Sônia. (org.) **Graciliano Ramos**. São Paulo: Civilização Brasileira, 1965.

MUECKE, D. C. **Ironia e irônico**. Trad. Geraldo G. de Sousa. São Paulo|: Perspectiva, 1995.

NAKAGOME, Patrícia Trindade. **Descoberta e limitação:** os livros autobiográficos de Graciliano Ramos. Dissertação de Mestrado. Faculdade de Filosofia, Letras e Ciências Humanas. Departamento de Teoria Literária e Literatura Comparada. Universidade de São Paulo. USP, 2008.

NEVES, Rodrigo Jorge Ribeiro. **Riachos a gemer no escuro:** experiência e narração em *Memórias do cárcere*. Dissertação de mestrado. Programa de Pós-Graduação em Letras. Universidade Federal Fluminense – UFF, Niterói, 2011.

NIETZSCHE, Friedrich. **Segunda consideração intempestiva**. Da utilidade e desvantagem da história para a vida. Tradução: Marco Antônio Casanova. Rio de Janeiro: Relume Dumará, 2003.

NITSCHACK, Horst. A escrita autobiográfica de Graciliano Ramos: buscando o espaço da subjetividade. In GALLE, Helmut et al.(org.) **Em primeira pessoa:** abordagens de uma teoria da autobiografia. São Paulo: Annablume; FAPESP; FFLCH, USP, 2009.

NUNES, Benedito. Reflexões sobre o moderno romance brasileiro. In PROENÇA FILHO, Domício (org.) **O Livro do seminário**. São Paulo: L R Editores LTDA, 1982.

OLIVEIRA, Ana M. Abrahão dos Santos. "A construção da linguagem em *Memórias do cárcere*" In: **Anais SAPPIL** – Seminário dos Alunos de Pós-Graduação de Língua e Literatura. Universidade Federal Fluminense – UFF, Niterói, outubro de 2013.

________________________________. "A educação do menino Graciliano Ramos: a presença das mulheres em *Infância* In: **Escritos**. Revista de Ciências Humanas. Especial Educação. Volume 6, dezembro de 2010.

________________________________. "Graciliano Ramos: a narrativa metalinguística e os «cárceres da linguagem»" In: **Revista Eletrônica do Instituto de Humanidades**. Duque de Caxias: UNIGRANRIO. Volume VI, Nº XXII, JUL-SET/2007. Disponível em www.unigranrio.br/unidades– acad/ihm/graduacao/letras/revista/galleries/downloads/textoanamaria22.pdf

________________________________. "Graciliano Ramos e os cárceres da memória". In: **Revista Querubim**. Faculdade de Educação. Niterói: UFF, Volume único, p. 10-14, 2011.

________________________________. "Graciliano Ramos: o artista e o intelectual das *Memórias do cárcere"* In: **Anais do JALLA** – IX Jornadas Andinas de Literatura Latino Americana – América Latina, Integração e Interlocução. Universidade Federal Fluminense, UFF, Niterói, agosto de 2010.

________________________________. *Infância*, de Graciliano Ramos, *bildungsroman* moderno? **Revista Estação Literária**. Londrina, vol. 18, pág. 25-38, maio 2017. Disponível em: http://www.uel.br/revistas/uel/index.php/estacaoliteraria/article/view/29124 Acesso em 18 fev 2021.

________________________________. **Literatura e história em *Memórias do cárcere*:** uma perspectiva crítica. Revista Querubim (Online)., v.172, p.20 – 25,

2012.

________________________________. Memória, experiência e testemunho: a violência na linguagem do corpo, em *Memórias do cárcere*, de Graciliano Ramos. **Revista Letras.** UFSM, ***nº 61, p. 115-130, dez. 2020.*** Disponível em: https://periodicos.ufsm.br/letras/article/view/42943/pdf Acesso em: 04 ago de 2021.

________________________________. "Memória e testemunho em Graciliano Ramos e o conceito de história, de Walter Benjamin". Revista Eletrônica da Pós-Graduação em Letras da Universidade Estadual de Londrina– **Estação Literária.** UEL. Disponível em www.uel.br/pos/letras/EL/vagao/EL8BArt14.pdf. Acesso em 12 de maio de 2020.

________________________________. **Memória, testemunho e escrita melancólica em *Memórias do cárcere* e *Infância*, de Graciliano Ramos.** Tese de doutorado. Niterói: Instituto de Letras. Universidade Federal Fluminense, 2014.

OLIVEIRA, Maria de. **Cacos da memória:** uma leitura de *Infância.* Dissertação de mestrado. Belo Horizonte: Faculdade de Letras da Universidade Federal de Minas Gerais, 1992.

PADRÓS, Enrique Serra. "Usos da memória e do esquecimento na História" In: **Literatura e Autoritarismo**. O esquecimento da violência. Disponível em: http://w3.ufsm.br/grpesqla/revista/num4/ass02/pag01.html Acesso em 02 de janeiro de 2012.

PEREC, Georges. **W ou a memória da infância**. Tradução: P. Neves. São Paulo: Companhia das Letras, 1995.

PEREIRA, Vilmar Alves. **Infância e sujeito no contexto do sujeito pós-metafísico** Tese de Doutorado. Faculdade de Educação da Universidade Federal do Rio Grande do Sul. Porto Alegre: UFRS, 2008.

PERES, Urânia Tourinho. "Uma ferida a sangra-lhe a alma". Posfácio In: FREUD, Sigmund. **Luto e melancolia**. Tradução Marilene Carone. São Paulo: Cosac Naify, 2011.

PIGEAUD, Jackie. Apresentação. In ARISTÓTELES. **O homem de gênio e a melancolia**. O Problema XXX, 1. Tradução: Alexei Bueno. Rio de Janeiro: Lacerda Editores, 1998.

______________. **Metáfora e melancolia:** ensaios médico-filosóficos. Tradução seleção de textos e prefácio: Ivan Frias. Rio de Janeiro: Editora PUC-Rio: Contraponto Editora Ltda, 2009.

PIGLIA, Ricardo. **O último leitor**. Tradução: Heloisa Jahn. São Paulo: Companhia das Letras, 2006.

PINTO, Manuel da Costa. Os cárceres da linguagem. **Revista Cult** – Revista Brasileira de Literatura. São Paulo: Lemos Editorial, janeiro/2001, pp. 44-51.

PINTO, Manuel da Costa. Subterrâneo expressionista. *In* **Revista EntreLivros**. São Paulo: Duetto Editorial, novembro/06, pp. 56-58.

PLATÃO. **República.** Tradução: Maria Helena R. Pereira. 9ª edição. Lisboa: Fundação Calouste Gulbbenkian, 2001.

PÓLVORA, Hélio. Retorno a Graciliano. In BRAYNER, Sônia. (org.) **Graciliano Ramos.** São Paulo: Civilização Brasileira, 1965.

PORTELLI, A. Tentando aprender um pouquinho: algumas reflexões sobre a ética na História Oral. In.: Projeto História (cultura e representação): **Revista do Programa de Estudos Pós-Graduados em História e do Departamento de História da PUC-SP**. São Paulo: PUC. n. 15, abr. 1997.

PROUST, Marcel. **Em busca do tempo perdido**. No caminho de Swann. 3ª edição. 9ª reimpressão. Tradução: Mário Quintana. Revisão: Olgária Chaim Féres Matos. Posfácio: Jeanne-Marie Gagnebin. São Paulo: Globo, 2012.

QUINTALE NETO, Flávio. Para uma interpretação do conceito de *Bildungsroman*. **Pandaemonium Germanicum**. nº 9, 2005, p. 185-205. Disponível em: https://www.revistas.usp.br/pg/article/view/73703 Acesso em: 9 de out de 2013.

RALLE, Andreoli Elena. "Critiques, discours critiques et critique du discours. (Aspects d'une écriture)" In **Itinerários.** Revista de Literatura, nº 7, 1994. Disponível em www.seer.fclar.unesp.br/itinerarios/view/223/showtoc Acesso em 13 de janeiro de 2013.

RAMOS, Clara. **Mestre Graciliano** – confirmação humana de uma obra. Rio de Janeiro: Civilização Brasileira, 1979.

RAMOS, Graciliano. **Angústia** (75 anos) Rio de Janeiro: Record, 2011.

________________. **Angústia**. 11ª edição. São Paulo: Livraria Martins, 1975.

________________. As celebridades, suas manias e predileções. Entrevista concedida ao periódico *A noite*, em 19 de dezembro de 1944. In: RAMOS, Graciliano. **Conversas.** Graciliano Ramos. Orgs. LEBENSZTAYN, Ieda; SALLA, Thiago Mio. Rio de Janeiro: Record, 2014, p. 167, p. 145;147.

________________ **Caetés**. 41ª edição. São Paulo: Record, 1993.

________________. **Cartas**. São Paulo: Record, 1986.

________________. **Cartas de amor à Heloísa**. São Paulo: Record, 1996.

________________. Como eles são fora da literatura: Graciliano Ramos. Entrevista a Homero Senna, em 18 de dezembro de 1948. In: RAMOS, Graciliano. **Conversas.** Graciliano Ramos. Orgs. LEBENSZTAYN, Ieda; SALLA, Thiago Mio. Rio de Janeiro: Record, 2014, p.198-199.

________________. Conversas com Graciliano Ramos. Entrevista concedida a Joel Silveira, em 1938. In: RAMOS, Graciliano. **Conversas.** Graciliano Ramos. Orgs. LEBENSZTAYN, Ieda; SALLA, Thiago Mio. Rio de Janeiro: Record, 2014, p.77.

________________. Entrevista ao *Jornal de Alagoas*. 1910. In: RAMOS, Graciliano. **Conversas.** Graciliano Ramos. Orgs. LEBENSZTAYN, Ieda; SALLA, Thiago Mio. Rio de Janeiro: Record, 2014, p. 51-52.

________________. Folclore político: n. 1649. Sebastião Nery. In: RAMOS, Graciliano. **Conversas.** Graciliano Ramos. Orgs. LEBENSZTAYN, Ieda; SALLA, Thiago Mio. Rio de Janeiro: Record, 2014, p. 349.

_______________. Graciliano Ramos: Romance é tudo nesta vida. Entrevista concedida a José Guilherme Mendes, em 1952. In: RAMOS, Graciliano. **Conversas.** Graciliano Ramos. Orgs. LEBENSZTAYN, Ieda; SALLA, Thiago Mio. Rio de Janeiro: Record, 2014, p.245-254.

_______________. Graciliano Ramos conta como escreveu *Infância*, seu recente livro de memórias. Entrevista concedida a Armando Pacheco, em 25 de outubro de 1945. In: RAMOS, Graciliano. **Conversas.** Graciliano Ramos. Orgs. LEBENSZTAYN, Ieda; SALLA, Thiago Mio. Rio de Janeiro: Record, 2014, p. 164-172.

_______________. Graciliano Ramos, escritor do povo e militante do PC. Entrevista concedida a Ruy Facó, em 26 de agosto de 1945. In: RAMOS, Graciliano. **Conversas.** Graciliano Ramos. Orgs. LEBENSZTAYN, Ieda; SALLA, Thiago Mio. Rio de Janeiro: Record, 2014, p. 157.

_______________. Graciliano Ramos recorda: febre, polinevrite e tuberculose e tuberculose. Heranças do presídio da Ilha Grande. Entrevista concedida à Tribuna Popular, em 12 de fevereiro de 1947. In: RAMOS, Graciliano. **Conversas.** Graciliano Ramos. Orgs. LEBENSZTAYN, Ieda; SALLA, Thiago Mio. Rio de Janeiro: Record, 2014, p. 183-187.

_______________. Perfil apressado do velho Graça. Entrevista concedida a Joel Silveira, em 9 de fevereiro de 1946. In: RAMOS, Graciliano. **Conversas.** Graciliano Ramos. Orgs. LEBENSZTAYN, Ieda; SALLA, Thiago Mio. Rio de Janeiro: Record, 2014, p. 175.

_______________. Primeiro plano. Causos. In: RAMOS, Graciliano. **Conversas.** Graciliano Ramos. Orgs. LEBENSZTAYN, Ieda; SALLA, Thiago Mio. Rio de Janeiro: Record, 2014, p. 369.

_______________. **Garranchos.** Graciliano Ramos. Org: Thiago Mio Salla. Rio de Janeiro: Record, 2012.

_______________. **Infância**. 38ª edição. Supervisão: Wander Melo Miranda. Rio de Janeiro: Record, 2006.

_______________. **Insônia**. 3ª edição. Rio de Janeiro: José Olympio, 1953.

_______________. **Linhas tortas**. 4ª edição. São Paulo: Livraria Martins Editora, 1971.

_______________. **Memórias do cárcere**. 37ª edição. Rio de Janeiro: Record, 2001. Volumes 1 e 2.

_______________ **Memórias do cárcere**. 1ª edição. Supervisão: Wander Melo Miranda. Rio de Janeiro: Record, 2008.

_______________. **São Bernardo**. 22ª edição. São Paulo: Martins Fontes, 1974.

_______________. **Graciliano Ramos**. Site oficial do escritor Graciliano Ramos.

Disponível em: www.graciliano.com.br Acesso em 20 set 2021.

________________. **Viagem**. 17ª edição. Rio de Janeiro: Record, 1992.

________________. **Vidas secas**. 83ª edição. São Paulo: Record, 2001.

RAMOS. Marilí. *Graciliano Ramos*. Alagoas: Igasa Indústria Gráfica Alagoana Ltda, 1979.

RAMOS, Ricardo. **Graciliano Ramos:** retrato fragmentado. São Paulo: Siciliano, 1992.

REIS, Tiago Tavares. "O peso na leveza: sensibilidades nas infâncias de Graciliano Ramos e Walter Benjamin." In **A Margem** Revista Eletrônica de Ciências Humanas, Letras e Artes. Uberlândia/MG: UFU, ano 1, nº 1, jan.jun de 2008. Disponível em: www.mel.ileel.ufu.br/pet/amargem1/margem1.e48.pdf

RIBEIRO, Gustavo Silveira. **Abertura entre nuvens:** uma reinterpretação de *Infância*, de Graciliano Ramos. Dissertação de mestrado. Belo Horizonte: Faculdade de Letras da Universidade Federal de Minas Gerais. UFMG, 2008.

RIBEIRO, Gustavo Silveira. **O drama ético na obra de Graciliano Ramos:** leituras a partir de Jacques Derrida. Tese de doutorado. Belo Horizonte: Faculdade de Letras da Universidade Federal de Minas Gerais. UFMG, 2012.

RICOEUR, Paul. **A memória, a história, o esquecimento**. Tradução: Alain François. Campinas: Ed. da UNICAMP, 2007.

ROTTA, Marco Antônio. **A concepção freudiana de melancolia**. Disponível em:wwwacervodigital.unesp.br/handle/123456789/5212.pdf Acesso em 15 de maio de 2012.

ROUANET, Sérgio Paulo. **Riso e melancolia:** a forma shandiana em Sterne, Diderot, Xavier de Maistre, Almeida Garret e Machado de Assis. São Paulo: Companhia das Letras, 2007.

ROUDINESCO, Elizabeth; PLON, Michel. **Dicionário de psicanálise.** Tradução: Vera Ribeiro e Lucy Magalhães. Supervisão: Marco Antonio Coutinho Jorge. Rio de Janeiro: Zahar, 1998.

ROUSSEAU, Jean-Jacques. **Confissões.** Tradução: José Benedicto Pinto e Rachel de Queiroz. São Paulo: Edipro, 2007.

ROUSSEAU, Jean-Jacques. **Emílio ou Da Educação**. Tradução de Roberto Leal Ferreira. Coleção Paideia. São Paulo: Martins Fontes, 1995.

ROUSSEAU, Jean-Jacques. **O contrato social**. Tradução de Lourdes Machado. São Paulo: Abril Cultural, 1973.

SANTANA, Jorge Alves. Romance de formação e o caso do Küstlerroman. Revista **Signótica**, vol. 15, nº 1, jan/jun 2003.

SANTIAGO, Silviano. "Mestre Graça não é piedade" In: Prosa, Jornal **O Globo**, 20 de julho de 2013, p. 3.

SANTIAGO, Silviano. **Em liberdade**. Rio de Janeiro: Paz e Terra, 1981.

SANTOS, Jeana Laura da Cunha. **A estética da melancolia em Clarice Lispector**.

Florianópolis: Editora da Universidade Federal de Santa Catarina, 2000.

SCHNAIDERMAN, Boris. Duas vozes diferentes em *Memórias do cárcere*? **Revista de Estudos Avançados da USP.** Volume 9, nº 23. São Paulo: jan./abr. 1995.

SCHWARZ, Roberto. **Ao vencedor as batatas**. São Paulo: Duas Cidades, 197

_______________. Prefácio com perguntas. In OLIVEIRA, Francisco. **Crítica à Razão Dualista.** O Ornitorrinco. São Paulo: Boitempo Editorial, 2003.

_______________. **Um mestre na periferia do capitalismo** – Machado de Assis. 4ª edição. São Paulo: Editora 34, 2000.

_______________. **Sequências brasileiras**. São Paulo: Companhia das Letras, 1999.

_______________. **Cultura e política**. São Paulo: Paz e Terra, 2005.

SCLIAR, Moacyr. O nascimento da melancolia. **Ide.** Psicanálise e cultura, São Paulo, 2008, 31 (47), 133-138.

_______________. **Saturno nos trópicos**: a melancolia europeia chega ao Brasil. São Paulo: Companhia da Letras, 2003.

SEDLMAYER, Sabrina. "Sobre os restos: *Infância berlinense por volta de 1900*" **Cadernos Benjaminianos**, nº 4, ago-dez 2011, p. 7. Disponível em: http://www.letras.ufmg.br/cadernosbenjaminianos/files/06sabrina.pdf Acesso em 12 jan. 2012.

SEGATTO, José Antonio. **A. Gramsci:** os *Cadernos do cárcere* e a revolução passiva. Disponível em: www.fclar.unesp.br/soc/revista/artigos– pdf– res/13-14/11-segatto.pdf Acesso em 12 de dezembro de 2008.

SELIGMANN-SILVA, Marcio. A literatura do trauma. **Cult** – Revista de Literatura Brasileira. Ano II, nº23, p. 40-47, 1999.

_______________. Globalização, tradução e memória. In: **Cadernos de Tradução**. Florianópolis: Universidade Federal de Santa Catarina, UFSC. 2008, pp.158-159. Disponível em: http://150.162.1.115/index.php/traducao/article/dowload/5530/4989 Acesso em: 02 de janeiro de 2012.

_______________. **História, memória, literatura:** o testemunho na era das catástrofes. Campinas: Editora da UNICAMP, 2003.

_______________. **Para uma crítica da compaixão**. São Paulo: Lumme, 2009.

_______________. **Violência, Encarceramento, (In) Justiça: Memórias de histórias reais das prisões paulistas**. Disponível em: http://seer.fclar.unesp.br/index.php/letras/article/view/303 .Acesso em 02 de janeiro de 2012.

SILVA, Kamilly B. A. **História, memória e literatura em** *Memórias do cárcere*, **de Graciliano Ramos.** Dissertação de mestrado. Faculdade de Filosofia e Ciências Humanas. Universidade Federal de Goiás. Goiás: Editora da Universidade Federal de Goiás, 2006.

SILVA, Márcia Cabral da. *Infância* **de Graciliano Ramos:** uma história de formação do leitor no Brasil. Tese de doutorado. Instituto de Estudos da Linguagem. Universidade Estadual de Campinas. UNICAMP. 2004.

SILVEIRA, Gustavo. **Abertura entre nuvens:** uma reinterpretação de Infância, de Graciliano Ramos. Dissertação de mestrado. FALE/ UFMG, 2008.

SILVEIRA, Joel. Conversas com Graciliano Ramos. In: LEBENSZTAYN, Ieda; SALLA, Thiago Mia (orgs). **Conversas:** Graciliano Ramos. 1ª ed. São Paulo: Record, 2014.

SONTAG, Susan. "Sob o signo de Saturno". In: BENJAMIN, Walter. **Rua de sentido único e Infância em Berlim por volta de 1900**. Trad. Isabel de Almeida e Sousa e Claudia de Miranda Rodrigues. Lisboa: Relógio D´água Editores, 1992.

SPERBER, D.; WILSON, D. Les ironies comme mentions. **Poétique**, Paris, Seuil, nº 36, p. 408-410, 1978.

STAROBINSKI, Jean. **A transparência e o obstáculo**. Tradução de Maria Lúcia Machado. São Paulo: Companhia das Letras, 1991.

STEINER, George. **Gramáticas da criação**. São Paulo: Editora Globo, 2003.

STRINGFELLOW, Frank. **The meaning of irony:** a psychoanalytic investigation. New York: State University of New York, 1994.

TREVISAN, Amarildo L. **Filosofia da Educação:** mímesis e razão comunicativa. Ijuí: Unijuí, 2000.

WEINRICH, Harald. **Lete:** arte e crítica do esquecimento. Tradução: Lya Luft. Rio de Janeiro: Civilização Brasileira, 2001.

ZAVALA, Lauro. "Para nombrar las formas de la ironia" In **Discurso,** otoño de 1992, pp. 59-83. Disponível em www.filos.unam.mx/mis– archivos/u8/01– zavala.pdf Acesso em 10 de abril de 2013.

pólen soft 80 g/m²
tipologia garamond
impresso no inverno de 2022